Josef Bader

Das ehemalige Kloster Sanct Blasien auf dem Schwarzwalde und seine Gelehrten-Akademie

Josef Bader

Das ehemalige Kloster Sanct Blasien auf dem Schwarzwalde und seine Gelehrten-Akademie

ISBN/EAN: 9783742893512

Hergestellt in Europa, USA, Kanada, Australien, Japan

Cover: Foto ©Lupo / pixelio.de

Manufactured and distributed by brebook publishing software (www.brebook.com)

Josef Bader

Das ehemalige Kloster Sanct Blasien auf dem Schwarzwalde und seine Gelehrten-Akademie

Das ehemalige

Kloster Sanct Blasien

auf dem Schwarzwalde

und

seine Gelehrten-Academie.

Von

Joseph Bader.

(Separat-Abdruck aus dem Freiburger Diöcesan-Archiv, VIII. Band.)

———•✦•———

Freiburg im Breisgau.
Herder'sche Verlagshandlung.
1874.
Zweigniederlassungen in *Strassburg*, *München* und *St. Louis*, Mo.

Quellen und Hilfsmittel.

1) Liber constructionis monasterii ad S. Blasium, bei Mone, bad. Quellensammlung IV, 76.
2) Series abbatum (necrologische Annalen) von S. Blasien, das. III, 598.
3) Liber actorum monast. S. Blasii oder Chronik des Andreas Letsch, daselbst II, 42.
4) Liber originum monast. S. Blasii von Abt Caspar I, im Landes-Archiv zu Karlsruhe, auszugsweise bei Mone, das. 56.
5) Mone, die Geschichtschreiber von S. Blasien, in der Einleitung zur bad. Quellens. I, 64.
6) P. Ziegelbauer, historia rei literariae ordinis S. Benedicti, herausgegeben von P. Oliv. Legipont, 1754.
7) P. Kettenacker, tabulae fundatorum et benefactorum monast. S. Blasii, Hbschr. im Landes-Archive.
8) Gerberti historia sylvae nigrae, 1783.
9) Feierlichkeit des im Stift S. Blasien eingeweihten neuen Tempels. S. Gallen, 1784 (mit acht Festreden).
10) Neugarti episcopatus Constantiensis, 1803 und 1862.
11) Necrologia congregationis San-Blasianae, von 1662 bis 1756 und 1803.
12) Catalogi patrum et fratrum congregat. San-Blasianae, von 1726 bis 1775 und 1807.
13) Nicolai, Reise durch Deutschland im Jahre 1781 (Berlin, 1796), 12. Band.
14) Grabmann, das gelehrte Schwaben. Ravensburg 1802.
15) Klüpfel, necrologium sodalium et amicorum literariorum. Friburgi et Constantiae 1809.
16) Waitzenegger, Gelehrten- und Schriftsteller-Lexicon der kathol. Geistlichkeit in Deutschland. Landshut 1822.
17) Dilmge, Auszüge aus interessanten Urkunden, Acten und Briefen. Handschr.
18) Kolb, bad. Lexicon, Art. S. Blasien (I, 120).
19) Baber, die ehemal. breisgauischen Landstände. Karlsruhe 1846.
20) Braun, Memoiren des letzten Abtes von S. Peter. Freiburg 1870.

Vorwort.

Mit der folgenden Abhandlung erfülle ich eine Pflicht der Dankbarkeit. Denn wie die Anfänge meiner Bildung für die vaterländische Geschichte es darthun, muß ich mich als einen Zögling der historischen Schule von S. Blasien betrachten. Meine Heimat liegt zwischen Schaffhausen und dieser ehemaligen Abtei, dadurch bin ich in frühen Jahren schon ein Schüler der sanctblasischen Gelehrten und des berühmten Geschichtschreibers der Schweiz geworden.

Ich schöpfte aus den Werken Herrgotts und Heers meine ersten diplomatischen Kenntnisse; aus Gerberts Sylva nigra den ersten geschichtlichen Unterricht über meine Heimatgegend (das Kletgau), aus Kreuters Buch die erste Bekanntschaft mit der Geschichte meiner zweiten Heimat (des Breisgaues), und erlernte aus Ussermanns und Neugarts trefflichen Arbeiten die primae lineae historischer Kritik, während es mir zur besondern Freude gereichte, die zerstreuten Handschriften Lucas Maiers zu sammeln und für meine eigenen historischen Versuche zu benützen.

Aber, wie diesen Epigonen der Blasianer, so hat Johann von Müllers geschichtschreiberisches Genie auch mich hingerissen und in die Bahn seiner Anschauungen gezogen. Schaffhausen und S. Blasien — wenn ich auf dem Felde vaterländischer Geschichte je etwas Ersprießliches geleistet, aus diesen Oertlichkeiten stammten die Keime dazu!

Unmöglich kann ein Jüngling an einem großen Landsmanne[1] wärmer hängen, als ich an Müller hieng, und obwohl das schwarz-

---

[1] Schaffhausen und Neukirch, wo Müller geboren und erzogen worden, gehören der Landschaft Kletgau an.

Baber, St. Blasien.   *

wälbische Benedictinerstift schon seit zwei Jahrzehenten aufgehoben war, so führte mich das Leben noch mit zweien seiner jüngsten Patres zusammen, welche mir mündlich ergänzten, was ich aus den Schriften der älteren Conventualen gesammelt. Es waren Pfarrer Speidel von Alpfen und Pfarrer Kleber von Dogern. Zumal hat mir der Erstere, ein durchaus gescheidter Kopf, manche interessante Nachricht mitgetheilt und manchen nützlichen Wink gegeben.

Alsdann, nach meiner Anstellung an unserm Landesarchive, wurde meiner Verwaltung auch das ehemalige sanctblasische Klosterarchiv (so weit dasselbe nach Karlsruhe gekommen) anvertraut, was mich in den Stand setzte, meine aus den Werken der erwähnten Gelehrten früher geschöpften Kenntnisse gründlichst zu vervollständigen und zu erweitern. Die gewonnene Vertrautheit mit den Schätzen dieses Archives war ein neues Band, welches meine Dankbarkeit an den Namen S. Blasien fesselte.

Was nun die folgende Abhandlung betrifft, so habe ich dieselbe wegen verschiedener hemmenden Umstände, welche während der Bearbeitung zusammentrafen, leider nicht in der Weise ausführen können, wie sie im Plane angelegt war. Namentlich hätte ich die sanctblasische Literatur gerne vollständiger und genauer angegeben, als es geschehen, und muß beßhalb den Leser um billige Nachsicht bitten. Wenn ich aber aus meinen früheren Arbeiten über S. Blasien hier Manches wieder wörtlich eingeflochten, so wird dieses wohl keiner Entschuldigung bedürfen.

Bader.

I. Die Brüder an der Alb bis zur Errichtung der Abtei S. Blasien.

Kaum eine andere Gegend des Schwarzwaldes übertrifft an öder, wilder, eigenthümlicher Natur das kleine Bereich der südöstlichen Abhänge des Feldberges, jene vereinsamten Höhen und Tiefen, wo die Quellenbäche der Alb und der Aha entspringen. Diese „Alb" entsteht durch Vereinigung der beiden Wasser des Bernauer und Menzenschwander Thales, und strömt unmittelbar dem Rheine entgegen, während die geringere „Aha", nachdem sie den Schluchsee gebildet, durch die finstere Schlucht der Schwarzhalde der Wutach zueilt, um mit derselben gleichfalls vom Rheinstrome aufgenommen zu werden.

Zwischen der Alb und dem Schluchsee dehnt sich über gewaltige Halden und Bergrücken der Blasienwald mit dem „Muchenlande" aus, in deren Rahmen sich Alles vereinigt, was einer Gebirgs- und Waldgegend den Charakter großartiger Wildheit verleihen kann. Denn hier, an den südlichen Abhängen hin, zwischen Felsriffen und Steingeröllen, haben sich in menschenloser Urzeit eine Menge jener Granitblöcke niedergelassen, welche von den höchsten Alpen losgebrochen und auf ungeheuern Eisschollen im weiten See zwischen den Schweizer- und Schwarzwald-Höhen umher geirrt.

Diese altersgrauen Blöcke des reinsten Granitgesteins lagern in allen Größen auf den grünen Bergwiesen und verleihen der Gegend ein besonders abenteuerliches Gepräge. Stolze Hochwaldungen von Roth- und Weißtannen umschließen die verschiedenen Halden, Auen und Thalgründe, wo einzelne Tannen-, Birken- und Erlengruppen, Rauchholder-, Brombeer- und dergleichen Gesträuche mit dem dürren Gefelse und Steingerölle malerisch abwechseln. Selbst der wilde Kirschenbaum zeigt sich da in geschützter Verborgenheit.

Das an den Blasienwald sich anlehnende Albthal verändert bei Neuhäusern ob der Kutterau seine südöstliche Richtung in eine streng südliche, erhöht aber von hier an seinen wildromantischen Charakter, welcher ihm in neuerer Zeit einen besondern Ruf erworben, in reichem Wechsel bis zu seinem Ausgange hinter Albbruck. Dermaßen zerfällt das Thalgelände in zwei ziemlich verschiedene Hälften, in das hintere und das vordere Thal, deren Scheidepunct die grüne Au zunächst unterhalb S. Blasien bildet.

Das Wassergebiet der hintern Alb, von der Kutterau bis hinauf an die Südhalde des Feldberges (beim Seebucke und Hochkopfe), ist von bedeutenden Höhen umschlossen, gegen Westen vom Herzogenhorne (4724′), vom Blößling (4372′) und von der hohen Zinke (4143′), im Süden vom Brestenberge und Hochkopfe (4218′), vom Arberge und von der Hächenschwander Höhe (3368′), gegen Osten von der Bären- und Schnepfenhalde (4400′), dem Habsberge (4031′) und Blasienwalde (2709′).

Dieses fünf Stunden lange und halb so breite Gebiet selbst aber umschließt (links der Alb) die „schöne Matte“, den Kuhkopf, Heuberg, Böß- und Windberg (4036′), solchem gegenüber (rechts der Alb) den Richberg, Ahornkopf und Kolwald, sodann die Orte Bernau, Rickenbach und Menzenschwand, endlich die Höhen der „Grafenmatte“ und des Tischbaumes (4336′). Am östlichen Abhange des Hochkopfes entspringen der Schwarzenbach und der Steinbach, wovon ersterer am Eingange des Bernauer Thales, letzterer dagegen bei S. Blasien in den Albfluß münbet.

Dergestalt ist die enge Thalgegend des ehemaligen Benedictiner-Stiftes von bedeutenden Höhen und Hochwäldern umgeben, welche ihr während der Winterszeit nur über die Mittagsstunden die wärmenden Stralen der Sonne gestatten. Indessen muß ich hier wiederholen, was schon anderswo über diese Lage gesagt worden. Die Berg- und Thalgegend von S. Blasien, so recht im Herzen des obern Schwarzwaldes gelegen, zeigt das Gepräge desselben im kräftigsten Ausdrucke. Es herrscht darin urweltliche, saftige, unerschöpfte Natur. Dichte Hochwaldungen, gewaltige Gneis- und Granitfelsen, tiefgrüne, kräuterreiche Berg- und Thalwiesen, üppiges Gesträuch von Stechpalm-, Rauchholder- und Brombeerstauden, herrliche Quellen des frischesten, süßesten Wassers und die reinste stälendste Luft — dieser Wechsel so köstlicher Gaben entschädigt die Bewohner während der schönen Jahreszeit für den Schnee und Nebel des langen und rauhen Winters[1].

Seit wenigstens tausend Jahren war die Gegend von S. Blasien der Cultur zugänglich und das Stift hat für den Anbau derselben alles Mögliche gethan; hieraus läßt sich schließen, welch’ ein Bild öder

---

[1] Sehr interessant ist es zu lesen, wie der Berliner Nicolai, welcher im Jahre 1781 auf seiner Reise nach dem Süden auch nach S. Blasien kam, die bortige Gegend geschildert hat, im 12. Band seines weitschweifigen Itinerars, S. 47.

Gebirgswildniß das Albthal und seine Umgebung gewährt haben, als die ersten Menschen sich darin angesidelt.

Die erste andauernde Bewohnung desselben fällt unzweifelhaft in die deutsche Zeit unter den Merovingern und Karolingern, denn der Typus der Bernauer und Menzenschwander ist vorherrschend germanisch und weitaus die meisten in der ganzen Gegend vorkommenden Oertlichkeits=Bezeichnungen sind entschieden deutsch; doch lassen andere die Vermuthung zu, daß schon im keltisch=römischen Zeitalter sich etliche Menschenkinder so weit hinauf ins Gebirge verloren[1].

Es will zwar die alte Sage, daß schon während der Christen= verfolgungen unter den römischen Kaisern sich einzelne Verfolgte in die Wildniße auch des schwarzwäldischen Albthales geflüchtet; wir halten das aber für eine Uebertragung aus späterer Zeit, wo allerdings da und dort in diesen Einöden ein frommer Waldbruder seine Hütte errichtet hatte, wie die Ortsnamen Bruderhalde, Einsidel, Zell und dergleichen bezeugen.

Nach der alten sanctblasischen Hauschronik lebten im 8ten und folgenden Jahrhunderte an verschiedenen Orten des Albgebietes solche weltverachtende Eremiten in schlechten Hürden, in Felsgrotten und Erdhölen dem Dienste des Herrn und der Arbeit ihres Unterhaltes. Da sich aber auf Stunden weit kein Hof, kein Weiler oder Dorf befand, so waren die nöthigen Nahrungsmittel an Fleisch, Mehl, Milch, Butter und Käse kaum zu erringen, wie geduldig und mühselig, unter den Beschwernissen des langen und harten Winters, die armen Ein= sidler auch umherwanderten, um ihr Nothbürftigstes zu sammeln[2].

Oefters war einer und der andere in der bittern Lage, sich mit dem Honig wilder Bienen, mit Wildobst, Strauchbeeren, Kräutern

---

[1] Die Bernauer und Menzenschwander sind ein Menschenschlag, welcher sich von den Bewohnern ihrer Nachbarschaft sehr unterscheidet, meistens Leute von hohem Wuchs, blondhaarig und blauäugig, während weiter abwärts im Albthale ein kleinerer, untersetzter und dunkler Schlag erscheint. Aber auch in seelischer Be= ziehung zeigen sie das germanische Wesen. Ihre Nahrungsquellen waren schon seit den ältesten Zeiten hauptsächlich die Viehzucht und die Holzschnefferei.

Mehrere Weiler und Flecken der Gegend heißen Schwand (Menzenschwand, Häcenschwand, Wittenschwand, Geschwänd, Schwand und Heppenschwand), ein Zeichen, daß ihre Feldgemarkungen durch „Schwänden" oder Abholzen und Ausreuten dem Walde abgerungen worden. Keltischen Ursprunges scheinen die Namen Alb, Präg, Bötz(berg) und Aha zu sein.

[2] Der liber constructionis macht eine düstere Schilderung des Albthales, in= dem er von den Eremiten erzählt: Horrida patiebantur a magnis nivium glebis et imbrium turbinibus, nec non violentia ventorum sive grandinum et pruinarum, quibus solitudines habundare solent in hemisphaerio nostro.

und Wurzeln behelfen zu müssen. Mancher erlag einer so harten und ärmlichen Lebensweise, wurde krank und starb hilflos dahin. Diese Noth führte die einzeln und entfernt von einander wohnenden Brüder endlich zusammen. Sie erinnerten sich der Worte des Herrn: „Wo zwei oder drei sich zusammen thun in meinem Namen, da werde ich unter ihnen sein."

Zum Orte ihrer gemeinsamen Wohnstätte erlasen diese Brüder eine erhöhte Stelle des grünen Thalgrundes, wo sich der Steinbach in den Albfluß ergießt. Hier erbauten sich dieselben hölzerne Hütten mit einem Kirchlein und erwählten den Tüchtigsten aus ihrer Mitte zum „Oberen" oder Vorsteher, dessen Anordnungen sie in freiwilligem Gehorsam getreulich zu befolgen gelobten. Dergestalt bildete sich um die Mitte des 9ten Jahrhunderts die „Zelle an der Alb", welche nachmals zu einem reichen und berühmten Gotteshause — zur Abtei S. Blasien erwuchs [1].

Der Vorsteher der Zelle, den die Brüder ihren „Vater" nannten, schrieb jeglichem derselben, je nach seinen Lebensjahren, Gaben und Kräften, die ihm obliegenden Geschäfte und Arbeiten vor. Die Rüstigeren wurden in die benachbarten Höfe, Weiler und Flecken geschickt, um die nöthigen Lebensmittel herbei zu schaffen; andere der Brüder dagegen waren für die Handarbeit daheim bestimmt, zumal für die Urbarmachung der nächsten Umgebung, und wieder andere für die Besorgung der verschiedenen gottesdienstlichen Geschäfte.

Das Alles jedoch konnte nicht geschehen ohne die Genehmigung

---

[1] Die Kritik des 18. Jahrhunderts verwarf die Sage von den Einsiedlern, und freilich konnte dieselbe aus der Legende des heiligen Blasius entstanden sein, welche berichtet, daß dieser menschenfreundliche Bischof von Sebaste (in Armenien) vor den Christen-Verfolgungen unter Kaiser Diocletian sich in eine Wildniß geflüchtet und ein Einsiedlerleben geführt, wo gezähmte Thiere seine Gesellschaft waren, bis ihn kaiserliche Jäger entdeckt und hinweggeführt, worauf er in hartes Gefängniß gerieth und nach vergeblichen Versuchen, ihn abtrünnig zu machen, im Jahre 283 enthauptet worden.

Aber warum sollten bei der Eroberung des Oberrheins durch die heidnischen Alemannen nicht einzelne christliche Priester mit ihren Büchern und Dienern in die Einöden des Schwarzwaldes geflüchtet und daselbst Einsiedeleien gegründet haben? Und warum wäre es so unwahrscheinlich, daß sich zeitweise der eine und andere Knabe oder Jüngling aus benachbarten Höfen und Weilern solch' einem Waldbruder angeschlossen, von ihm in literis unterrichtet und zum Nachfolger bestimmt worden, wodurch die Einsiedelei von Geschlecht auf Geschlecht geerbt? Wenn der Verfasser des liber constructionis seine Erzählung von den Eremiten auch etwas stark ausgemalt hat, so wäre das noch immer kein Grund, es in Abrede zu stellen, daß dieselbe auf einer ächten Ueberlieferung beruhe.

ben Regeln des benedictinischen Ordens erhalte[1]. Dieses Stift war das Gotteshaus Rheinau, welches zu den ältesten Klöstern am Oberrhein gehörte. Die Uebergabe fand im Jahre 858 statt und wurde 866 durch König Ludwig den Deutschen bestätiget. Zu gleicher Zeit brachten die Rheinauer Mönche eine Reliquie des heiligen Blasius nach der Albzelle, worauf dieselbe den Namen cella sancti Blasii oder Sanct-Blasien erhielt.

Nachdem sich nun die Brüderzal durch Zuwachs aus verschiedenen Gegenden ansehnlich vermehrt hatte, erbaute man ein gemeinschaftliches Zellenhaus und lebte in klösterlicher Gemeinschaft dem Dienste des Herrn durch Gebet und Studium, der Handarbeit in den Geschäften der Hauswirtschaft und des Landbaues, und der nöthigen Ruhe und Erholung, wie es die regula sancti Benedicti vorschrieb, welche den Albzellern von ihrem Diöcesan-Bischofe Erenfrid zu Costanz bereitwilligst gestattet worden.

Was das erwähnte Studium unserer Brüder anbelangt, so besaßen dieselben schon damals eine Schule, aber noch wenige Bücher, und da ihnen auch das Pergament mangelte, so waren sie gezwungen, auf Birkenrinde zu schreiben, um sich die nöthigsten Schriften der Bibel zu verschaffen[2]. Doch besserte sich's damit, als bei dem immer größeren Zuflusse fremder Bekenner auch Priester, Schriftkundige und kunstfertige Männer nach der Albzelle kamen.

Diese Zunahme der Bewohner hatte für die fromme Pflanzung auch eine Vermehrung des Besitzes und Einkommens derselben zur Folge, was den Brüdern die Mittel verschaffte, ihr hölzernes Bethaus in einen steinernen Bau zu verwandeln. Mit großer Anstrengung beschlugen sie das harte Granitgestein, wie sich's blockweise in der Gegend vorfand, und mühevoll führten sie die Mauern auf; aber manches Stück fiel ihnen wieder zusammen, was sie der Tücke des Bösen zuschrieben, und durch Gebet und unausgesetzte Arbeit überwanden. Auf gleiche Weise dämmten sie die wilde Alb, welche durch

---

[1] Ad stabiliendum inibi servitium S. Mariae (der Schutzheiligen von Rheinau), heißt es in der alten Notiz dieser Uebergabe.

[2] Libri ex arborum corticibus gab es auch anderwärts in alten Klöstern, wie denn S. Gallen noch 1414 ein solches Buch besaß. Die Birkenrinde hat mehrere Häute, auf deren einer sich trefflich schreiben und zeichnen läßt. Ziegelb. I, 582.

öfteres Austreten die am Ufer gelegenen Viehställe und Krautgärten
überschwemmte und verdarb, in die gehörigen Schranken ein.

So blühte die Albzelle freudig heran, als die Einfälle der
Hungarn, welche durch Baiern und Schwaben verheerend bis an
den Oberrhein vordrangen, ihr verderblich wurden. Im Jahr 925 zog
eine Schaar vom Bodensee durchs Rheinthal herab, zerstörte die Gottes=
häuser S. Gallen, Rheinau (die Reichnau blieb von ihnen verschont,
weil sie keine Fahrzeuge besaßen)[1], wurden bei Säckingen, wo sie
das reiche S. Fridolins=Stift zu plündern gedachten, von dem Frick=
thaler Helden Hirminger geschlagen, warfen sich hierauf in den
Schwarzwald, zerstörten daselbst die Albzelle und das Kloster
S. Trudbert, setzten auf Flößen nach dem Elsaße über, wo ihnen Graf
Lentfrid einigen Widerstand leistete, erfochten aber sofort einen
glänzenden Sieg und erlagen erst weiter im Lande den gegen sie auf=
gebotenen burgundischen Waffen.

Nach der Verwüstung der Albzelle zogen die geflüchteten Brüder
gen Rheinau, wo das dortige Kloster wieder hergestellt wurde; ihre
schwarzwäldische Heimat blieb verödet viele Jahre lang, bis ein neuer
Einsidler seinen Sitz daselbst wählte. Es war dieses der Freiherr
Reginbert von Seldenbüren (im Zürichgau), welcher am Hofe und
im Heere Kaiser Otto des Großen lange gedient und sich endlich aus
der Welt in die Einsamkeit begeben, um ganz und einzig seinem Gotte
zu dienen, semper coelestia meditans.

Reginbert kam im Jahre 948 nach der verlassenen Zelle des
heiligen Blasius an der Alb, stellte dieselbe nothdürftig wieder her und
bewohnte sie einige Zeit als einfacher Waldbruder, beschäftigte sich aber
angelegentlichst mit dem Gedanken, ein eigentliches Kloster daraus zu
machen. Er brachte es durch seine Freunde und Gönner zu Rheinau,
beim Bischofe zu Constanz und am kaiserlichen Hofe auch wirklich dahin,
daß die neue, von ihm erbaute Zelle[2] von ihrem Mutterstifte ge=
trennt, mit der umliegenden Wildniß bewidmet und unter dem Patro=
cinium des heiligen Blasius als selbstständige Abtei urkundlich be=
stätigt wurde.

Dieses Alles geschah zwischen den Jahren 948 und 983. Regin=
bert hatte keine Zeit, keine Mühe und kein Opfer an Geld und Gut
gespart, um sein frommes Ziel zu erreichen. Er stellte die alte zer=
fallene Kirche und die Zellen wieder her, bevölkerte dieselben wieder

---

[1] Diöcesan=Archiv IV, 270 f. VI, 272.

[2] Anno 948 initiatus est locus monasterii S. Blasii, wie die alte Nach=
richt lautet.

mit Mönchen unter einem Prior und befestigte sie in der Regel des heiligen Benedict, mit Genehmigung des Abtes zu Rheinau und des Bischofs von Constanz, trat hierauf selbst in den Orden — omnia sua Deo et sancto Blasio donans, und wurde als ein kluger, vielerfahrener, leutseliger Greis von allen geliebt und verehrt. Die Errichtung dieses Priorates fällt in die Zeit von 950 bis 955; sofort aber begab sich Rginbert an den kaiserlichen Hof, wo Otto I den alten Günstling und Waffengenossen huldreichst empfieng und seiner Bitte gnädigst entsprach, indem er „die neuerbaute Zelle mit ihrer Umgegend dem heiligen Blasius zu freiem Eigentume übergab und dem frommen Einsiedler, welcher sich zuerst daselbst niedergelassen[1], wie all' seinen Brüdern und Nachfolgern zu ewigem Besitze überließ."

Diese kaiserliche Gnade erlangte Reginbert noch kurz vor seinem Ableben im Jahr 963, die Bestätigungs-Urkunde der Schenkung und Freiheit blieb jedoch unvollendet liegen bis 983, wo der Sohn und Nachfolger Otto's des Großen, Otto der Zweite, dieselbe in aller Form ausfertigen ließ. Die Gränzmarken des der Zelle verwidmeten Gebietes wurden darin genau bestimmt und erstreckten sich vom Ursprunge der Alb an der Südhalde des Feldberges mit dem Höhenzuge des Herzogenhornes, Blößlings und Hochkopfes bis zum Urberge, sodann hinüber nach Heppenschwand und über die Höhe von Hächenschwand an die Schwarzach hinab, mit dieser aufwärts bis zum Schluchsee, von da über den Habsberg und sofort mit der Schnepfen- und Bärenhalde bis wieder zum Feldberge[2].

Innerhalb dieses Gebietes gehörte Grund und Boden mit Allem, was er trug und führte, als freies, unabhängiges Eigentum der Zelle des heiligen Blasius und erhielt in diesem Sinne den Namen des sanctblasischen „Zwinges und Bannes". Es war also auch hier, wie bei den übrigen Klöstern des Schwarzwaldes, dem neuen Gotteshause eine Wildniß vermacht worden, welche dasselbe durch seine Leibeigenen zu bevölkern und zu bebauen hatte.

Man kennt wohl wenig' Beispiele, wo sich Laienherren ein ähnliches Verdienst um die Cultivierung von Einöden erwarben, wie es bei den Klöstern meistens der Fall war. Und so müssen wir im Gange unserer Cultur das Gesetz bewundern, wornach ein geheimnißvoller Seelentrieb jene armen Einsiedler in schwärmerisch frommer Welt-

---

[1] Cella in sylva Swarzwalt noviter constructa a Reginberto eremita, qui primus ibi habitare coeperat, heißt es im k. Diplome.

[2] Eine nähere Beschreibung dieses Zwinges und Bannes geben meine Mittheilungen über das sanctbl. Walbamt in der Zeitschr. für Gesch. des Oberrh. VI, 97.

verachtung nach den Wildnissen des Schwarzwaldes drängte, wo aus
deren bescheidenen Zellen wohlgeordnete Gotteshäuser entstunden,
welchen die Freigebigkeit der Kaiser, Fürsten und Edelherren diese
Wildnisse überließ, damit sie dieselben der Bewohnung und Culti=
vierung eröffneten und so der Menschheit nützlich machten!

Was von den ersten Einsiedlern im Albthale mit unendlicher
Mühseligkeit begonnen, aber durch die Verwüstung der ungarischen
Horden unterbrochen war, nahm Reginbert wieder auf und setzte
es fort mit der gleichen unermüdlichen Arbeit. Das vermochte nur die
Alles beherrschende Glaubenskraft jener Menschen mit ihren
nach dem Himmel gerichteten Herzen.

Der Neubegründer des Albklosters, welcher den Glanz und die
Ehren des kaiserlichen Hofes verlassen, welcher sein irdisches Gut hin=
gegeben, um unter dem rauhesten Himmel, auf dem undankbarsten
Boden, stets bedroht von den Gefahren der Elemente, der wilden Thiere
und der Feindschaft böser Menschen, für die Zukunft eine Pflanz=
schule geistiger und materieller Cultur anzulegen — er lebte
selber in gottergebener Demuth unablässig dem Gebete, der Betrachtung
und den Sorgen der Klostergeschäfte [1].

Als Reginbert in hohem Alter sein wechselvolles, thätiges und
verdienstvolles Leben beschloß, erfüllte eine tiefe Trauer die Brüder der
Albzelle, denn sie verloren an ihm nicht allein einen liebevollen
Vater, sondern auch einen auf weithin angesehenen und einflußreichen

---

[1] Mone hält diesen bedeutenden Mann, weil er am Hofe Otto's des Großen
gelebt und dessen Gunst besessen, in den sächsischen Annalen aufgeführt worden und
die sächsischen Farben im Wappenschilde geführt, für einen gebornen Sachsen; diese
Umstände lassen sich aber auch anders erklären.

Die Herren von Berau (Bärenau) und jene von Selbenbüren besaßen das
gleiche Wappen, einen schwarzen Bären auf goldenem Schilde. Die Burg Berau lag
im schwarzwälbischen Alpgau, wenige Stunden von der Albzelle, und die Veste
Selbenbüren im benachbarten Zürichgau. Grafen in diesem Gaue aber waren die
alten Nellenburger, ein daselbst, wie im Alpgau und Hegau, reichbegütertes Ge=
schlecht, welches bei Otto dem Großen und seinen Nachkommen in besonderer Gnade
stund. Vgl. meine nellenburgischen Regeste in der oberrh. Zeitschr. I, 72.

Es ist daher höchst wahrscheinlich, daß Reginbert, ein Freiherr „von Berau",
mit dem Grafen Eberhart von Nellenburg nach Sachsen gezogen, dort am Hofe
und im Heere des Kaisers gedient, sich dadurch die Gunst desselben und als Lohn
seiner Treue das kaiserliche oder Reichsgut Selbenbüren erworben, und aus Dank=
barkeit, wie es auch die Nellenburger und andere Geschlechter gethan, die Farben
des sächsischen Kaiserhauses angenommen. Ein Gottfried von Berau, wohl der
letzte des Stammes, vermachte im Beginne des 12. Jahrhunderts an S. Blasien
sein ganzes Erbe und wurde Mönch daselbst, wohl nicht ohne besondere Beziehung
seiner Familie zu diesem Kloster.

Beschützer, welcher ihnen als ehrwürdiges Beispiel der Nachahmung vorgeleuchtet. Todtkrank an das Lager gefesselt, nahm er Abschied von ihnen, empfieng die heiligen Sacramente und hauchte ruhig seinen Geist aus. Er verschied am 13ten December des Jahres 963.

II. Schicksale der Abtei bis zum ersten Klosterbrande.

In Folge der ottonischen Schenkung wurde der erste Prior zum Abte erhoben und von Bischof Konrat zu Constanz in dieser Würde bestätiget. Es war der Bruder Bernger, geboren zu Hächenschwand, ein frommer, ernster, sittenstrenger Mann, welcher mit dem Stifter Reginbert die ganze Einrichtung des neuen Klosterwesens begonnen hatte und dieselbe sofort vollendete, indem er neben dem neu erbauten Münster nicht nur ein steinernes Conventhaus mit Capitelsaal, Refectorium, Dormitorium, Küche und Keller errichtete, sondern auch eine Herberge für Gäste, Pilger und arme Leute, nebst einem Siechenhause für die Kranken. Die kirchliche Einweihung des neuen Klosters geschah durch den Bischof Eberhart von Constanz am 15ten September des Jahres 1036.

Das alte Klostergebäude überließ man denjenigen Brüdern, welche „Geschrift nit können hand", den fratribus non literatis, welche daher die „äußeren Brüder", fratres extranei, genannt wurden. Ihnen lagen vornehmlich die Arbeiten der Haus- und Landwirtschaft ob, und es knüpfte sich an sie später das Institut der Laienbrüder, welches den Landbau des Klosters so trefflich förderte.

Nach dem Hingange des hochverdienten Abtes Bernger im Jahre 1045 wußte sich der listige Mönch Izo bei seinen Mitbrüdern so einzuschmeicheln, daß sie ihn zu dessen Nachfolger erkiesten. Bevor derselbe aber noch bestätiget war, trat er mit solcher Ueberhebung auf, daß sie ihn wieder fallen ließen und den Bruder Werner an seine Stelle erhoben, einen durch Weisheit und Frömmigkeit ausgezeichneten Mann, welcher die Neubauten seines Vorgängers in zierlichem Geschmack vollendete; auch erwarb er sich ein besonderes Verdienst durch sorgfältigen Anbau einigen Reutelandes in der Nähe des Klosters[1].

Abt Werner I, nach löblicher Verwaltung seines Amtes, verstarb am 28sten September 1068 und erhielt durch einstimmige Wahl zum würdigen Nachfolger den frommen Pater Giselbrecht. Dieser begann sein Regiment mit einer Reformation der bisherigen Regelzucht,

---

[1] Excoluit etiam novalia quaedam monasterio accommoda, wie der liber construct. kurz berichtet.

nach dem Beispiele anderer Klöster, wo die ursprünglichen Satzungen des benedictinischen Ordens mehrfach abgeändert und verschärft worden, um sie vor der Ausartung in einen zu weltlichen Geist möglichst zu bewahren.

Berühmt durch diese strengere Disciplin waren damals besonders die Stifte Clugni und Fructnar, von wo dieselbe in viele Benedictiner-Klöster übergieng und sowohl ihrem religiösen, als ihrem wissenschaftlichen Leben neuen Trieb verlieh. Denn so lange die Mönchsanstalten in ihren Einöden mit wilden Thieren und zerstörenden Elementen zu kämpfen hatten, so lange sie mit Ausrodung der Wälder und Beurbarung des Erdreiches beschäftigt waren, mußte die gelehrte und literarische Arbeit bei ihnen zurückstehen. Nachdem sie aber die rauheste Wildniß überwunden und sich durch ihre wohlgeordnete Wirtschaft, wie durch fromme Vergabungen, bereichert sahen, rangen sie in löblichem Eifer auch nach dem Ruhme gelehrter und künstlerischer Bildung.

Abt Giselbrecht sandte die Brüder Uto und Rusten nach dem Kloster Frubelle (Fructuarium), damit sie die dortige Regelzucht kennen lernten und heim brächten. Solches geschah auf Betrieb der Kaiserin Agnes, welche als Witwe in jenem Gotteshause lebte und die beiden Sendlinge freigebig unterstützte[1]. Von dem an herrschte zu S. Blasien die fructnarische oder clugnische Disciplin, wodurch daselbst ein neues geistigeres Leben erwuchs, denn sie verschaffte den clericalischen, gelehrten, literarisch und künstlerisch thätigen Brüdern das Uebergewicht über die Menge der ungelehrten und Laienbrüder. So gewann das Kloster durch strenge Regelzucht, durch den Flor seiner Schulen und die Pflege der Gelehrsamkeit eine immer glänzendere Stellung und bildete im 11ten und folgenden Jahrhunderte, wo die altberühmten Stifte S. Gallen, Reichenau und Rheinau schon abzunehmen begannen, mit Allerheiligen zu Schaffhausen und S. Aurel zu Hirschau die Trias der berühmtesten Gotteshäuser in ganz Schwabenland.

Giselbrechts Klosterverwaltung fiel in die Zeiten des heftigsten Kampfes zwischen Thron und Altar, unter Papst Gregor VII und Kaiser Heinrich IV, und da der treffliche Prälat mit seinen Mönchen standhaft zur Sache des heiligen Stuhles hielt, so suchten und fanden viele getreuen Anhänger der verfolgten Kirche in der Abgelegenheit von S. Blasien eine sichere Zufluchtsstätte. Sie waren dankbar dafür

---

[1] Agnes stund mit S. Blasien in Verbindung durch ihre Schwester Adelheit, die Gemahlin des Grafen Kuno, aus dem reichbegüterten Hause von Rheinfelden, welches das Gotteshaus ansehnlich begabte, um seine Grabstätte daselbst zu erhalten.

und beschenkten das Kloster mit Gütern, Zinsen und Gülten, mit Büchern, Kleinoden und anderen Gaben, wodurch sich dasselbe so be= reicherte, daß es einen großen Neubau vornehmen konnte.

Dieser Neubau war um so nöthiger, als der Zudrang zum Kloster immer stärker wurde. Abt Giselbrecht begann denselben mit Weg= räumung des alten hölzernen Zellenbaues der ersten Brüder, an dessen Stelle er eine Pfarrkirche für die Dienstleute des Klosters und die nächsten Umsassen errichtete. Seit beinahe dritthalb hundert Jahren hatte dieser Holzbau nun schon bestanden — die structura lignea, wie die Hauschronik bemerkt, habitationis anachoretarum, ubi in= primis confluxerant a diversis locis.

Die Pfarrkirche wurde im Jahre 1085 eingeweiht durch den Bischof Otto von Ostia, welcher später auf den päpstlichen Stuhl ge= langte. Alsdann erbaute Giselbrecht, noch kurz vor seinem Tode, eine Kapelle für das Krankenhaus, deren Einweihung durch den Bischof Gebhart von Constanz geschah, während seiner Flucht vor den kaiser= lichen Waffen. Der Abt, nach einer langen und rühmlichen Kloster= verwaltung, verstarb im Herbste 1086 und erhielt den Prior Uto zum Nachfolger, einen besonders gelehrten, weisen und beredten Mann, während dessen Regiment das Kloster zu ungeahnter Blüthe gedieh.

Unter ihm wurde das neue Münster erbaut mit Mauern von einheimischem Granit, mit Säulen, Gewölbebögen, Thüren= und Fenster= gestellen von weit hergeführten Sandsteinen — ein mühesames, kost= spieliges Werk, woran man 14 Jahre lang arbeitete[1]. Daneben ließ der Abt auch ein neues Conventhaus mit schönem Kreuzgange er= richten, wie das Münster, etwas entfernt vom bisherigen Gebäude, wonach ein altes und ein neues Kloster neben einander bestunden. Ersteres, die habitatio exterior, war den Laienbrüdern, Dienstleuten, Pfründnern, Armen und Fremden eingeräumt, welche zum Unterschiede von den schwarzgekleideten Mönchen eine graue Tracht erhielten.

Abt Uto erlebte noch die Einweihung des neuen Münster= und Klosterbaues durch den Bischof Gebhart und schied sodann im Oktober 1108 aus dem irdischen Dasein, mit dem Lobe eines besonders tüchtigen, einsichtsvollen und thätigen Vorstehers. Ihm glich in diesen Eigen= schaften sein Nachfolger Rusten, monasticae religionis custos amant= issimus, welcher das Conventhaus und den Kreuzgang vollendete, ein Krankenhaus mit einer Kapelle errichtete und den Neubau eines Abteihofes begann. Er verstarb im September 1125.

---

[1] Die inceptio novi monasterii S. Blasii wird von den sanctblas. Annalen bei Pertz in's Jahr 1092 gesetzt.

Seinem würdigen Nachfolger Berchtold gelang es, von zwei Päpsten und zwei Königen die nöthigen Bestätigungsbriefe über Besitzungen und Freiheiten des Klosters zu erlangen und die Schirmvogtei desselben aus der Hand des Bischofs von Basel, welcher sie im Namen des Kaisers durch den Freiherrn von Werrach selbstsüchtig verwaltete, an das Haus Zäringen zu bringen. Diese wichtige Veränderung geschah nach einem theueren Prozesse, worin auch die Waffen des beiderseitigen Kriegsvolkes eine Rolle gespielt, im Jahre 1241, noch wenige Monate vor dem Hingange des Abtes, welcher im Auslande, wahrscheinlich auf einer Romreise, verstarb.

So erfreute sich das Gotteshaus S. Blasien des besonders günstigen Geschicks, daß die Reihe seiner ersten Vorsteher, während eines Zeitraumes von beinahe drei Jahrhunderten, lauter Männer zählte, welche sich nicht allein durch asketische Frömmigkeit und Strenge, sondern auch durch Kenntnisse, Geist, Klugheit und Thatkraft ausgezeichnet. Sie galten für die Leuchten einer weiten Umgebung, wurden häufig — selbst von Fürsten und Herren zu Rathe gezogen und führten dergestalt ein freudiges Wachstum des Klosters an Gebäuden und Zierden, an Gütern und Einkünften, wie an Bewohnern und Gästen herbei.

Unter Abt Giselbrecht vermachten die Grafen von Rheinfelden dem heiligen Blasius ihre Güter am Schluchsee, woraus die Vogtei dieses Namens entstund; unter Uto die Freiherren von Wart ihr Besitzthum zu Weitnau, wie die Herren von Wolfhartsschwänd das ihrige zu Ochsenhausen, an welchen Orten der Abt sofort kleine Klöster erbaute; unter Rusten die Freiherren von Berau und Wislighofen ihre Güter daselbst, wo später eben solche Klösterlein gegründet wurden, der Herr von Nallingen sein Besitzthum an diesem Orte, wie die Freiherren von Werrach und Eistatt die Thäler Schönau und Todtnau mit dortigen Bergwerken; unter Berchtold aber der Freiherr von Kaltenbach den Berg Bürgeln und das Gut Sitzenkirch, wo man gleichfalls klösterliche Anstalten errichtete.

Aber nicht weniger, als die Trefflichkeit dieser Prälaten, trug zum Aufschwunge von S. Blasien die damalige Verfolgung der Kirche bei. Der Kampf zwischen Thron und Altar, die Gewaltthätigkeit des Imperiums gegen das Sacerdotium, hatte tief in's Leben der Bevölkerungen eingeschnitten; alles war in zwei Parteien getrennt, vom Palaste bis herab zur Hütte — es gab nur päpstlich und kaiserlich Gesinnte, welche sich ingrimmig haßten und befeindeten!

Kirchentreue Bischöfe wurden abgesetzt und vertrieben, standhafte Geistliche verhöhnt und verfolgt, während die kaiserliche Partei den Anhängern der Gegenpäpste überall zu den erledigten Stellen verhalf.

Man denke sich die Lage der papsttreuen Klöster, Pfarreien und Bevölkerungen in diesem wirren Kampfe der Parteien!

Der päpstlich gesinnte Adel sah sich den äußersten Gefahren ausgesetzt und vielfach genöthigt, der feindlichen Gewalt zu weichen oder seine bisherige Sache zu verlassen. Denn zu wild und roh in blinder Vertilgungssucht wütheten die kaiserlichen Horden; zu schwer hiengen die Wolken des Geschickes über den Getreuen der Kirche und zu düster erschien ihnen die Zukunft. An einem endlichen Siege verzweifelnd, vermachte manche Familie all' ihr Gut einem befreundeten Kloster und vergrub sich — Mann, Frau und Kinder, in die Abgeschlossenheit seiner Zellen. So thaten es bei uns die Freiherren von Berau, von Waldeck und von Kaltenbach!

Diese Drangsale aber hatten Wunderbares zur Folge. Die vertriebenen Bischöfe erschienen größer und verehrter; die bedrängte Geistlichkeit zeigte sich entschlossener und muthiger, das verscheuchte Volk anhänglicher, der bedrohte Adel hingegebener und begeisterter. Von all' diesem liefert uns die Geschichte des Gotteshauses S. Blasien ein überraschend reiches Bild.

Nachdem Bischof Gebhart von Zäringen, jener entschiedene, unerschütterliche Kirchenfürst, welchen der Papst den deutschen Prälaten als nachahmungswürdigstes Vorbild empfahl, im Jahre 1103 durch die Waffen der kaiserlichen Partei aus Constanz vertrieben worden, flüchtete er sich mit Meister Bernold, seinem Vertrauten, in die Abgeschiedenheit von S. Blasien. Daselbst lernte er den benachbarten Freiherrn von Kaltenbach kennen, besuchte ihn öfters auf seiner einsamen Burg, besprach sich mit der Familie über die Gefahren der Zeit und siehe — allesammt, Eltern und Kinder, entsagten der haber- und sündenvollen Weltlichkeit und verschlossen sich in die Mauern stiller Klosterzellen [1].

So wurde S. Blasien damals der Zufluchtsort einer Reihe von Jünglingen, Männern und Greisen, deren Vertrauen auf die Zeitlichkeit im tobenden Parteikampfe gewaltigen Schiffbruch gelitten. Denn das Elend der Welt, wie es ihnen täglich vor Augen trat, verscheuchte überall die sinnigeren, tieferen, gemüthreicheren Naturen; sie wendeten sich in schwärmerisch frommen Seelenstimmungen dem jenseitigen Leben zu, dessen Glückseligkeit die armen Märtyrer als Lohn ihrer Verachtung des diesseitigen zu erwerben glaubten [2].

---

[1] Das Nähere findet sich in Zells trefflicher Abhandlung über Bischof Gebhart, I, 307 dieses Archivs.

[2] Vita praesentis saeculi tam infidelis est et instabilis, ut nunquam

Dieſes myſtiſche Element im damaligen religiöſen Leben brachte die merkwürdigſten Erſcheinungen hervor, deren Sinn heutzutage kaum noch begriffen und daher meiſtens als Unſinn verurtheilt wird. Aber der Menſch iſt ein Gottesgeſchöpf, welches zwiſchen Himmel und Erde lebt, warum ſollte er ſeinen Blick einſt nicht ebenſo nach den Sternen gerichtet haben dürfen, wie er ihn zu unſerer Zeit nach den irdiſchen Dingen richtet?

Innerhalb des einzigen Jahrhunderts von 1070 bis 1170 zählte zu S. Blaſien jedes Geſchlechtsalter etliche frommen Eiferer, welche ihrer Bekehrung wegen[1] oder aus beſonderer Vorliebe für dieß herrlich aufblühende Gotteshaus dahin gekommen. Und die meiſten davon kamen nicht mit leeren Händen, wodurch daſſelbe, neben dem Gewinne ſeiner trefflichen Haus= und Landwirtſchaft, an irdiſchem Beſitztume überraſchend zunahm.

Unter Abt Giſelbrecht erſchien der Freiherr Ulrich von Uſenberg, welcher aus Dankbarkeit für eine wunderbare Rettung ſeines Lebens ſich in verſchloſſener Zelle dem beſchaulichen Leben widmete. Ihm folgten die Ritter Wigmann von Herznach und Arnold von Jb= lingen, deren der eine als Keller, der andere als Hirte des Kloſters diente, während die Prieſter Leuthold aus Blochingen und Mark= wart aus Eßlingen zu S. Blaſien das härene Gewand nahmen, um in ascetiſchem Büßerleben klöſterliche Handlanger=Dienſte zu leiſten.

Während der Verwaltung des Abtes Uto meldeten ſich die Grafen Berchtold von Frickingen und Ulrich von Sulz, unter Darbringung von reichlichen Gottesgaben, als Converſen an, indem ſie es nicht ver= ſchmähten, tamquam vilissima mancipia, die niedrigſten Geſchäfte zu verrichten, der eine in der Kloſterbäckerei und der andere in der Kloſter= küche, wo es ihn öfters traf, Fiſche am Schluchſee (zwei Wegſtunden von S. Blaſien) holen zu müſſen, was er immer nächtlicher Weile that, um den Abend= und Morgengottesdienſt nicht zu verſäumen.

In ähnlicher Weiſe erſchienen mit Vermächtniſſen die Ritter Ulrich von Walsweiler und Lambrecht von Farnau (miles satis nobilis) zur Bekehrung und Dienſtleiſtung; ſodann Berner von Bottingen, welcher dem Kloſterweber den Einſchlag bereitete, und Bernhart von Warmbach, von ſeinem Sohne todtkrank zu Pferde einhergebracht, um

---

amatoribus suis certam fidem dare potuerit. Ab origine enim mundi in se credentes fefellit et omnes exspectantes decepit, cunctos do se praesumentes irrisit et ita nullum omnino certum reddidit, ut omnibus probetur, fuisse mentita. Liber constr. §. 39.

[1] Ad morum conversionem, daher die Bezeichnung Conversi.

im Kloster sterben zu können! Ferner erschienen, um daselbst Mönche zu werden, die Priester Truto aus Gundelsheim, mit einem Geschenke von Büchern, Wigmann aus Oetweil und Leutfrid aus Ebersbach, welche sich durch Visionen bemerklich machten.

Unter Abt Rusten zählte S. Blasien neben den frommen, durch Erscheinungen namhaft gewordenen Conversen Trautmann aus Zürich und Leutfrid von Hotweil, auch einen auswärtigen Ordensbruder, den Bürgerssohn Heinrich aus Straßburg, welcher studiert und am dortigen Münster ein Canonicat erlangt hatte. Durch Geist und Wissen alle Collegen weit überstrahlend, war derselbe der Stolz und die Hoffnung seiner Familie, bis ihn ein verführerischer Umgang umgarnte und auf's Krankenlager warf, wo sich der gebeugte (doch im Herzen unverdorbene) Jüngling, in Folge einer psychisch merkwürdigen Bekehrung, sterbend noch zu einem Mönche von S. Blasien einkleiden ließ [1].

Auch in den Tagen des Abtes Berchtold und seiner nächsten Nachweser wurde S. Blasien von Leuten aller Stände als Bekehrungs- und Zufluchtsort aufgesucht. So ließen sich die Herren Engelhart von Westerheim, Heinrich von Hardeck und Gottbold von Taun als Conversen unter die äußeren Brüder daselbst aufnehmen, um die gewöhnlichen Arbeiten derselben zu verrichten; wie es auch Hermann von Achbuch that, welcher hernach die Ordensweihe erhielt, omnes amans et ab omnibus amatus; während die Priester Heilgos aus Neukirch und Albrecht von Leineck, dessen Schwestern zu Berau den Schleier nahmen, ebenfalls in den Orden der Sanctblasier traten.

Ferner wurde Leutgart, die Wittwe des Grafen von Bogen (eine geborne von Wirtenberg), welche zu Berau in's Kloster gieng, eine besondere Wohlthäterin von S. Blasien, indessen ihr Sohn Albrecht, der heldenmüthige, liebenswürdige Jüngling, im Kriegsdienste unter König Konrad III von einem feindlichen Pfeile tödtlich getroffen, sich (gleich jenem Heinrich von Straßburg) noch auf dem Sterbelager

---

[1] Fast rührend ist es, zu lesen, mit wie kindlich inniger Gläubigkeit der arme Verirrte im Empfange des Mönchsgewandes das Wundermittel seines Seelenheiles erblickte. Veterem hominem exutus novique hominis novis vestibus innovatus, oculis ac manibus ad coelum sublevatis, *Domine*, inquit, *ad te confugi, doce me, facere voluntatem tuam!* Cumque vestes multum desideratas tanto animi affectu complecteretur, ut jam nullius infirmitatis suae videretur meminisse, tota die illa, terrenis omnibus abiectis, solis coelestibus inhaerebat, ad sublimitatem eorum adstantes invitans. Ita demum die peracta tota nocte usque ad horam dominicae resurrectionis quiescens, eadem hora, qua vita nostra resurrexit, ipse quoque sine gemitu, sine querela, requievit in Domino (am Ostersonntage 1125).

zum sanctblasischen Mönche weihen ließ[1]. Und endlich sprach im Kloster der 96jährige Greis Iring ein, um unter die „zwölf Armen" aufgenommen zu werden[2]; ein höchst merkwürdiger Mann, welcher die halbe damalige Welt durchpilgert hatte, in Rom, Constantinopel und Jerusalem daheim war wie in seinem Vaterorte, und Wunderdinge zu erzählen wußte.

Dieser Iring, von der Natur mit einem seltenen Reisetalent begabt, hatte seine Pilgerfahrten schon als 17jähriger Jüngling begonnen. Unaufhörlich trieb es ihn weiter, bis er alles Merkwürdigste der damaligen Welt gesehen. Und nie verweilte der allzeit Rüstige länger unter dem gleichen Dache als einen Tag und eine Nacht; wo er ein solches nicht fand, genügte ihm der Schutz einer Grotte, einer Mauer, eines Baumes. Seine Kost beschränkte sich auf das Allernothdürftigste, und keine Gefahr, selbst nicht eine längere Gefangenschaft in Ketten und Banden, vermochte es, ihn von der Fortsetzung seiner Fahrten abzuschrecken[3].

Gegen Süden gelangte der kühne Pilger bis zur nubischen Gränze, gegen Osten bis zum Indus, gegen Westen bis an's atlantische Meer, gegen Norden bis nach Schottland und Island! Er durchwanderte Aegypten, Palästina, Syrien, Babylonien, Persien und Indien; sodann Armenien, Griechenland, Pannonien, Germanien und ganz Italien, auch Spanien, Gallien und Britannien.

Er durchschiffte das schwarze und das mittelländische Meer und berührte die Inseln Cypern, Kreta, Sicilien und Sardinien. Er sah am Nile die Trümmer von Theben und die Heimstätte des Mönchtums, im Indierlande die Elephanten-Heerden, in Armenien den

---

[1] Seine Familie, in der Hoffnung, er werde wieder genesen, um die so glänzend begonnene militärische Laufbahn fortsetzen zu können, war entschieden gegen diesen Schritt gewesen; da aber hatte der schwer Darniederliegende eines Tages, als Vater, Bruder und Oheime deßhalb in ihn drangen, dieselben durch folgende Worte umgestimmt: „Sagt mir doch, was ist an diesem weltlichen Leben und Treiben denn so Werthvolles, daß ihr mir nicht gestatten wollt, ihm zu entsagen? Wo sind die Reize und Annehmlichkeiten, welche euch veranlassen können, mir's zu verargen, wenn ich die ewigen Ehren den vergänglichen, meinen himmlischen Kaiser und König dem irdischen vorziehe?" Tandem, sagt die Hauschronik, eius precibus convicti annuerunt et priorem monasterii cum aliis fratribus advocaverunt, qui mox desideratum habitum ei imposuerunt monachumque eum S. Blasii fecerunt.

[2] D. h. die 12 Aeltesten, an welchen der Abt zu Ostern die Fußwaschung vorzunehmen pflegte.

[3] Noverat enim cum Paulo apostolo multos labores et pericula pati. Ferro ligatus miserabiliter multo tempore fuit.

Kaukasus, in Thessalien den Olymp und bei Catania den rauchen=
den Aetna; er betrauerte auf Island [1] den Rückfall dortiger Christen
in die Ausschweifungen des Heidentums, und betete zu Rom an den
Grabstätten der Apostelfürsten, auf Monte Cassino im Kloster des
heiligen Benedict, zu Antiochien am Stuhle des heiligen Petrus und
zu Jerusalem am Grabe des Herrn!

Nach diesen achtzig Jahre lang fortgesetzten Wanderungen erlas
der „greise Weltbürger" sich endlich das Gotteshaus des heiligen Bla=
sius, um daselbst den Rest seiner Tage in Ruhe zu verbringen. Seine
Erzählungen fesselten die Brüder in hohem Grade und Einer von ihnen
verzeichnete die Fahrten und Wanderungen dieses „fremden Aeltesten"
summarisch in die Kloster=Chronik [2], aber ohne zu melden, in welchem
Jahre derselbe endlich das Zeitliche gesegnet.

Man ersieht aus dieser langen Reihe von Grafen, Rittern, Prie=
stern und anderen Ankömmlingen, welche zu S. Blasien als Mönche
oder Laienbrüder der Welt entsagen und sich dem Himmel ergeben
wollten, wie das klösterliche Leben damals eine überaus hohe Ver=
ehrung erlangt hatte. Es galt für das größte Verdienst, die irdischen
Bande und Güter zu verlassen, um in stiller Abgeschiedenheit, in De=
muth und Entbehrung, zwischen den engen Wänden einer Zelle, unter
Gebeten und Kasteiungen, seinem Seelenheile zu leben. Die Macht
des Glaubens, das Vertrauen auf einen himmlischen Lohn für die
Opfer der Entsagung und Buße beherrschten fast allgemein die Ge=
müther. Die Worte Religion und Christentum hatten beinahe keinen
andern Begriff mehr, als den des Mönchtums. Edelleute, Bürger
und Bauern, Knechte und Mägde, Väter, Mütter und ganze Familien,
sogar ganze Ortschaften huldigten den klösterlichen Gelübben!

Dieses hohe Ansehen erlangten die Stifte und Klöster, weil
sie für viele, oft weite Landstrecken die einzigen Leuchten des Geistes
waren, die einzigen Pflegerinen der Ueberlieferung in Kunst und

---

[1] Der Name ist nicht bezeichnet, es heißt bloß: Quaedam Insula oceani in
extremis partibus occidentis ad septentrionalem plagam. Dieselbe kann aber
kaum eine andere gewesen sein.

[2] Zu bedauern ist, daß dieselbe nur ein Summarium von Jrings Erzählungen
mittheilt; wie viel dankbarer wäre es gewesen, statt der mancherlei Wundergeschichten,
welche oft einen so breiten Raum einnehmen, diesen Reisebericht ausführlicher ge=
geben zu haben! Unser Pilger, mundi civis, magnae gravitatis et veritatis vir,
war um 1095 geboren und gelangte um 1190 von seinen Fahrten zurück, dieselben
scheinen daher zum Theile mit den ersten Kreuzzügen und deren Folgen im Zu=
sammenhange gestanden zu sein, woraus sich die Möglichkeit eines so weiten Evaga=
toriums schon zu jener Zeit einigermaßen erklären ließe.

Wissenschaft, mit einem Worte — die einzigen Anstalten der Cultur und Bildung im edleren Sinne.

Wirft man einen Blick in's Innere des damaligen Klosterlebens zu S. Blasien, so dürfen mancherlei Vorkommnisse an dem Werthe bezeichneten Verdienstes nicht irre machen, waren sie ja meistens eine Wirkung des mystischen Geistes, welcher sich aus dem Schoße dunkler Gefühle und Ahnungen in's Reich des Uebernatürlichen emporschwang und durch das verführerische Spiel der Phantasie zu Erscheinungen gelangte, deren Wahrheiten und Täuschungen keine Gränzscheide mehr fanden. Jene frommen Selbstquäler unterdrückten in sich das sinnliche Element und rangen nach Dem, was man für Tugend hielt; dagegen gibt es Zeiten, wo man ein solches Ringen als lächerliche Thorheit verhöhnt, während die Berechnungen schmutziger Selbstsucht für die zeitgemäßeste Weisheit gelten.

Eine einflußreiche Rolle spielten damals auch zu S. Blasien die wunderbaren Gesichte (visiones) vieler Mönche und Laienbrüder. Dieselben wurden mit besonderm Interesse in die Hauschronik verzeichnet, was uns stutzig machen könnte; sie sind aber aus dem ascetisch-mystischen Herzens- und Gedankendrange jener meistens mit großer Gemüthsfülle begabten Menschen wohl zu erklären, ohne daß man die Seher oder Verzeichner trügerischer Absicht zu zeihen braucht[1].

Eine andere, keinerlei schiefem Urtheil ausgesetzte Seite der damaligen Glanzperiode unseres Stiftes waren seine Leistungen in der Gelehrsamkeit, in der bildenden Kunst, in den verschiedenen Handwerken und im systematischen Betriebe der Landwirtschaft. Werfen wir einige Blicke hierauf zurück.

Die Kloster-Schule zählte eine Reihe trefflicher Lehrer und bildete Männer heran, welche durch ihre gelehrten Arbeiten daheim und auswärts wieder höchst fördernd auf den Fortgang des wissenschaftlichen Lebens wirkten; ich erinnere nur an die beiden sanctblasischen Aebte Werner I und II, an die Aebte Frowin zu Engelberg und Konrat zu Muri, wie an die ausgezeichneten Geschichtschreiber Berchtold von Constanz und Otto von S. Blasien.

Alsdann setzt der neue Klosterbau unter den Aebten Uto und Rusten eine Bauhütte nebst verschiedenen Werkstätten voraus, und

---

[1] Sind ja die Wechselwirkungen zwischen Leib und Seele, wie die Geheimnisse des magnetischen Elementes in der menschlichen Natur, noch lange nicht genugsam erforscht, und begegnet es ja nicht selten noch heutzutage ganz gescheidten Leuten, daß ihnen ein gehabter Traum den lebhaftesten Eindruck der Wirklichkeit seines Inhaltes zurück läßt!

wie damals auch die bildende Kunst zu S. Blasien ihre Jünger und Pfleger gefunden, das dürften einige alte Miniaturgemälde und Stein= bilder [1], besonders aber die liturgischen Gewänder beweisen, welche im 12ten und folgenden Jahrhunderte daselbst gefertigt worden. Man be= sitzt noch einige Ueberbleibsel davon und bewundert die herrliche Nadel= malerei derselben, womit nur die schönste Stickarbeit der Neuzeit zu vergleichen ist [2]. Der stiftische Landbau endlich mußte für die ganze Umgegend als Musterwirtschaft gelten.

Von Abt Berchtolds nächsten Nachwesern verdienen die Prälaten Werner und Otto genannt zu werden. Jener, aus dem freiherr= lichen Geschlechte von Küssaberg, ehedem Lehrer an der Klosterschule, ein gelehrter, fleißiger und gottergebener Herr, suchte durch eine „Blu= menlese aus den Schriften der heiligen Väter" die überhandnehmende weltliche Lectüre der Mönche zu verdrängen, und dieser, von unbekannter Familie, machte sich durch seine Fortsetzung zu dem Geschichtsbuche des Abts von Freisingen rühmlichst bekannt.

Immer noch hatte sich das irdische Besitztum des Gottes= hauses vermehrt, befestigt und zur abgerundeten Herrschaft ausgebildet, während auch das geistliche Wesen sich in äußerem Ansehen fort= erhielt. Es waren wieder mehrere Klöster, wie Muri, Engelberg, Rheinau, Schaffhausen, Donauwerd, Maursmünster, Wessenbrunn und Lord), von S. Blasien aus mit Vorstehern versehen worden; die Klosterschule behauptete noch ihr altes Ansehen, und mehrere Mönche verfaßten ihre Kenntnisse und Erfahrungen in fleißig gearbeitete, wenn auch nicht eben geistreiche Bücher; daneben aber war manches Gute erloschen und manches Schlimme noch schlimmer geworden.

Um sich von der lästigen Handarbeit, wie die benedictinische Regel sie vorschrieb, frei zu machen, suchte der einfache Mönch immer häufiger die priesterliche Weihe, ohne daß Kunst und Wissenschaft etwas dadurch gewannen, indem die Menge der bruderschaftlichen Verbindungen mit anderen Gotteshäusern den Chordienst für die Abgestorbenen ungemein vervielfältigte, und das Bestreben der Aebte, die verschiedenen Klosterpfarreien möglichst mit Ordenspriestern zu besetzen, die Zahl derjenigen Brüder, welche der Gelehrsamkeit oblagen, oft sehr ver= minderte. Deutlich läßt sich wahrnehmen, wie der clericalische Cha= rakter, der ewige, monotone, düstere Chordienst, die einseitige Auslegung

---

[1] Zu diesen zähle ich die Standbilder des Klostergründers Reginbert, wie solche bei Gerbert (N. S. I, 178) beschrieben sind.

[2] Dr. Heider, liturg. Gewänder aus S. Blasien, jetzt im Stifte S. Paul in Kärnthen. Wien, 1860. Eine treffliche Schrift mit bildlichen Beigaben.

der Ordensregel und die beschränkte Art der mönchischen Theologie dem Klosterwesen von S. Blasien allmählig eine Richtung gegeben, welche von der früheren keineswegs vortheilhaft abstach.

Nach dem Hingange des Abtes Otto, im Jahre 1223, erneuerte sich die Vorsteherwahl zu S. Blasien, in Folge des damals herrschenden, durch die Kreuzfahrer heimgebrachten Siechtums der Elephantiasis, viermal schnell nach einander[1], wodurch 1247 der aus Hächenschwand gebürtige Mönch Arnold an die Abtei gelangte, welcher von der Krankheit verschont blieb und ein hohes Alter erreichte. Derselbe verwaltete das Stift, dessen ornator et ornamentum er genannt wurde, beinahe ein ganzes Geschlechtsalter hindurch, während der Wirren und Gefahren des großen Zwischenreichs, mit löblichster Umsicht und Thätigkeit. Seine Verwaltung ist durch viele guten und schlimmen Ereignisse bezeichnet.

Das erbitterte Zerwürfniß zwischen Papst und Kaiser war durch das Wormser Concordat von 1122 beigelegt, dafür aber hatte sich der politische Kampf zwischen den gewaltigen Parteien der Welfen und Waiblinger erhoben, dessen Folgen zur Auflösung aller einheitlichen Reichsgewalt führten, wodurch Deutschland einem innerlichen Kriege verfiel, welcher dasselbe in unsägliches Verderben stürzte.

Für die Stifte und Klöster entsprang hieraus die traurige Veränderung, daß der Adel, welcher dieselben früher so hoch verehrt und so reichlich begabt, sie nunmehr vielfach beeinträchtigte, befehdete und beraubte. Dergestalt hatte S. Blasien schon seit den Unruhen unter König Friderich II durch die Gewaltthätigkeiten der benachbarten Edelherren hin und wieder an Gütern, Leuten und Gefällen empfindlichen Schaden erlitten, und diese Bedrängnisse mehrten sich mit der steigenden Rechtlosigkeit des Zwischenreichs. Viele der Bedränger und Schädiger zwar, von vermittelnden Freunden gemahnt oder von Vorwürfen des Gewissens gestachelt, sühnten ihre Schuld wieder mit nicht geringen Opfern; gleichwohl blieb mancher Verlust unersetzt und das Stift gerieth in sichtbaren Verfall seines Wohlstandes.

---

[1] Die Series abbatum (bei Mone III, 601) besagt: Anno domini MCCXXIII, xii Kalendas Augusti (am 21. Juli) obiit dominus Otto, abbas huius loci. Anno domini MCCXXXVII Hermannus secundus resignavit abbatiam. Anno domini MCCXL Heinricus abbatiam resignavit. Anno domini MCCXLVII Arnoldus primus abbatiam resignavit. Diese drei Abdankungen geschahen in Folge der erwähnten Krankheit. Dann aber heißt es: Anno domini MCCLXXVI, v Kalendas Augusti (am 28. Juli) obiit dominus Arnoldus secundus, qui prediorum acquisitione ac edificiorum constructione nulli antecessorum suorum inferior, morte subita mundo subtractus.

So hatte schon unter Abt Otto und dessen Nachfolger der klet=
gauische Ritter Rudolf von Radeck, wegen seines schädlichen Treibens
„der Schaden" genannt, sanctblasische Besitzungen durch Raub und
Brand verwüstet und war vom Landgerichte im Jahre 1225 zu einer
Entschädigung des Stiftes verurtheilt worden[1]. Ein ähnliches Sühn=
opfer mußte der benachbarte Freiherr Heinrich von Krenkingen dem
Gotteshause 1266 für den beträchtlichen Schaden darbringen, welchen
er demselben ebenfalls per rapinam et incendium zugefügt.

Am ärgsten aber trieb es der nächste Nachbar von S. Blasien, der
Freiherr Hugo von Tiefenstein. Derselbe hatte zwei kinderlose Oheime,
wovon der ältere zu S. Georgen bei Stein am Rheine in den Orden
trat und dem Kloster sein ganzes Erbe unter der Bedingniß verschrieb,
daß es bei Ibach auf dem Brühl, wo er gewohnt, ein Klösterlein er=
richte, was sofort auch geschehen. Der jüngere Oheim dagegen wurde
Mönch zu S. Blasien, ebenfalls unter Verschreibung seines Erb=
theiles an das Gotteshaus.

Diese Verschleuderung des tiefensteinischen Familiengutes an die
todte Hand verdroß aber nicht allein den natürlichen Erben, sondern
auch den Grafen Rudolf von Habsburg, welcher als Verwandter oder
als Landesherr[2] an die fragliche Hinterlassenschaft einigen Anspruch zu
haben glaubte. Daher verjagte er die Mönche aus der Neuenzelle,
wie man das Ibacher Klösterlein nannte, zerstörte sie und bemächtigte
sich sämmtlicher derselben gewidmeten Güter. Da dieser Gewaltschritt
jedoch gar zu bittern Tadel hervorrief, so stellte der Graf die Zelle
wieder her und übertrug sie mit entsprechendem Einkommen einem Welt=
priester zur Versehung.

Wie nun aber Herr Hugo von Tiefenstein die Erbtheile seiner
Oheime in Händen des Stiftes S. Blasien und des Grafen von
Habsburg sehen mußte, faßte derselbe gegen beide einen tiefen Groll,
welchen er trotz einer urkundlichen Versöhnung[3] von 1243, zeitlebens
im Herzen trug. Als daher um's Jahr 1268 der Krieg zwischen dem

---

[1] Der Schaden belief sich auf mehr als 100 Marken Silbers, wofür der excom=
municirte Schädiger dem Stifte sein Hofgut zu Bierbronnen abtrat.
[2] Die Habsburger waren durch eine lenzburgische Erbtochter schon frühe in den
Besitz der Grafschaft Hauenstein gelangt.
[3] In dieser Urkunde bekennt Hugo, daß er, cum ecclesiam S. Blasii occasione bellorum sive alias saepius laesisset et plurimum damnificasset, diesen
Schaden unter Vermittelung der Herren von Klingen, von Krenkingen und Rhein=
felden mit seinem Hofgute zu Tegerfelden ersetzt habe. Die Sühne geschah in
castro Tüffenstein, wobei zugegen waren Abt Arnold mit einigen Geistlichen,
Herr Hugo mit Frau, Kindern, Bruder und etlichen Rittern.

Grafen und dem Bischofe von Basel ausgebrochen, übergab er letzterem seine Stammveste zur Besatzung; das habsburgische Kriegsvolk jedoch bemächtigte sich ihrer und zerstörte sie.

Da bereitete sich Hugo eine Wohnung in der Bildsteinflue am Urberge, zunächst bei S. Blasien, wo er als tief erbitterter Feind des Stiftes und des Grafen aus diesem Schlupfwinkel täglich auf deren Leute lauerte, sie überfiel und beraubte, bis ihn ein gräflicher Kriegs= knecht überraschte und niederstieß [1].

Unter solchen Gefahren und Beeinträchtigungen hätte S. Blasien wohl traurig verkommen müssen, wäre nicht Abt Arnold II während der ganzen kaiserlosen Zeit sein Vorsteher geblieben. Dieser treffliche Prälat verschaffte dem Stifte eine Reihe frommer Vermächtnisse, erkaufte aus dem Ertrage der Silberminen, welche man im Todtnauer Thale eröffnet hatte, von dem verschuldeten Adel viele vortheilhaft gelegenen Güter, stellte die durch Feuersbrünste eingeäscherten Zellen zu Bürgeln, Berau und Sitzenkirch, von reichen Almosen unterstützt, in Kurzem wieder her, gründete die Kirche am Schluchsee und sicherte die von einer Sitzenkircher Nonne gestiftete Zelle zu Gutenau in ihrem ge= fährdeten Besitztum. Auch wahrte der Abt sein Gotteshaus bei dessen hergebrachten Rechten und Freiheiten nicht nur gegen Fürsten und Adel, sondern selbst gegen die höchste Kirchengewalt.

Seit längerem nämlich war es am römischen Hofe üblich geworden, auf erledigte Kirchenstellen aller Art s. g. Anwartschafts= oder Einweisungsbriefe zu ertheilen, womit man ein sehr einträgliches Ge= werbe trieb, da sich die Bewerber in ihren Spendesummen oft leiden= schaftlich überboten. Diesem Mißbrauche unterlagen am meisten die deutschen Kirchen, denn stets durchzogen eine Anzahl fahrender Pfaffen mit ihren päpstlichen Provisionsbriefen das Reich. Auch S. Blasien blieb von denselben nicht verschont; Abt Arnold aber wußte die Pfarrstellen seines Stiftes vor dem Eindringen fremder Priester zu schützen, indem es ihm gelang, die Gunst des heiligen Vaters und da= durch zwei Befreiungsbullen in diesem Betreffe zu erwerben.

So hat dieser Prälat, an welchem etwa einzig zu tadeln wäre, daß er aus zu strengen Begriffen von klösterlicher Regelzucht seinen Mönchen alle weltliche Beschäftigung, namentlich das Ausfertigen von Urkunden, völlig untersagte, wodurch die Gelehrsamkeit sicherlich wenig gewann — so hat Abt Arnold in einer der schwersten Zeiten

---

[1] Diese Ereignisse hat ein Zeitgenosse lateinisch aufgezeichnet, wie eine Ab= schrift bei Wülberz darthut. Die Aufzeichnung wurde später auch in's Deutsche übertragen und von Abt Caspar in seine Stifts=Chronik aufgenommen.

beinahe dreißig Jahre lang mit seltener Umsicht, Thätigkeit und Aus=
dauer sein vielgefährdetes Stift verwaltet.

Vor seinem Hingange erlebte derselbe noch die Freude, den Grafen
von Habsburg, dessen Gunst ihm stets bewahrt geblieben, auf den
deutschen Thron erhoben und damit die Einheit des Reiches wieder her=
gestellt zu sehen. Als er verstarb, zählte S. Blasien, neben einer
Menge einzelner Höfe und Grundstücke, über 100 ganze Dorfschaften,
mehr als 30 Kirchen, Bethäuser und Zellen und gegen 40 Lehen=
oder Dienstmannen!

Unter dem nächsten Abte Heinrich II, dessen Verwaltung in die
ruhigen Zeiten König Rudolfs fiel, wie (trotz der damaligen Thron=
streite des Reiches) unter den drei folgenden Vorstehern Berchtold II,
Heinrich III und Ulrich I, schritt unser Gotteshaus auf dem Wege
des Gedeihens immer noch freudig fort. Immer noch herrschte darin
eine kluge Oekonomie, welche der Fahrläßigkeit, der Schwelgerei
und Verschwendung zu steuern besorgt war. Man kannte wenig andere
Ausgaben, als die wohlbemessenen für das Nöthigste und verwendete
die ersparten Summen auf den Ankauf neuer Ländereien, auf die
Erbauung neuer Kirchen, die Verschönerung des Gottesdienstes
oder die Vermehrung der Bücherei. Freilich überwog dabei das
Streben nach irdischem Besitze schon fast alles andere, und die materiellen
Interessen wurden in den Klosterschriften mit derselben Wichtigkeit be=
handelt, wie früher die religiösen und geistigen.

Unter diesen günstigen Verhältnissen hatte Abt Ulrich 1314 die
Verwaltung des Stiftes übernommen, und dasselbe erreichte unter ihm
für jene Zeiten die höchste Stufe des Wohlstandes und Glanzes. Der
kluge Prälat gewann durch seine Anhänglichkeit an die Partei Friderichs
des Schönen in dem Wahlstreite gegen Ludwig von Baiern so sehr die
Gunst des österreichischen Hauses, daß Herzog Leupold dem Stifte
nicht allein die Neuenzelle am Jbache, sondern auch den benachbarten
Wallfahrtsort im Todtmoos[1] vermachte. Hiezu fügte Ulrich eine
Reihe zum Theil wichtiger Ankäufe aus den Erträgnissen der Todtnauer
Bergwerke, wovon schon seine Vorweser über 4000 Marken Silbers
auf die Erwerbung von Gütern und Leuten, von Gilten, Zehenten und
anderen Gerechtsamen verwendet hatten. Und weil weder die Fehden
der Gegenkönige in der Nähe spielten, noch bei der überwiegenden
Stimmung des Volkes und Adels für Oesterreich eine thätliche Par=

---

[1] Ueber die Neuenzelle vgl. meine Abhandlung in der oberrhein. Zeitschr.
IX, 356, und über die Kirche im Todtmoos den Abdruck eines alten Aufschriebes
in meiner Herda von 1841, S. 89.

teiung die Ruhe des Landes störte, so durfte man von der Kloster=
verwaltung dieses ausgezeichneten Abtes noch eine glückliche und ruhm=
volle Zukunft erwarten.

Das Glück aber ist falsch; wenn es am meisten schmeichelt, verbirgt
sein Lächeln eine Tücke des Verderbens. In demselben Jahre 1322, wo
die österreichische Partei durch die Niederlage von Mühldorf einen so
erschütternden Schlag erhalten, am Vorabende des Festes Philippi und
Jacobi, brach im Gasthause zu S. Blasien unversehens Feuer aus,
griff bei dem herrschenden Winde unwiderstehlich um sich und verzehrte
in wenigen Stunden das Dach= und Innenwerk des Münsters, den
Schlaf= und Speisesaal, die Küche, die Werkstätten, zwei Kapellen, die
Bibliothek und die Prälatur mit der ganzen Hofstatt[1]. Nichts blieb
verschont, als das Archiv in seinem feuerfesten Gewölbe und das alte
Klostergebäude jenseits der Steinach.

Was der klösterliche Fleiß, Gelehrten= und Kunstsinn seit fünf
Jahrhunderten geschaffen und aufbewahrt, die besten Vorräthe, die ehr=
würdigen Altertümer, der kostbare Kirchenschmuck, alle Chorbücher und
beinahe der ganze Schatz der Bücherei, von den Birkenschriften der
ersten Brüder bis auf die Handschriften Abt Heinrichs, lagen vernichtet.
Von der „köstlichen Bibliothek, die hoch berühmt gewesen und von
gelehrten Leuten viel besucht“, sagt die Klosterchronik: „Es sind darin
gesin griechisch' Bibeln, viel' alter Scribenten der Theologie und
andere Geschichtbücher; es hat auch Bücher darin gehabt uf birchene
Rinden geschrieben, so von Anfang des Klosters hergekommen.“

Wer von den obdachlos gewordenen Brüdern nicht im äußern oder
alten Klosterbaue jenseits der Steinach noch seine Unterkunft fand,
wanderte nach den verschiedenen auswärtigen Zellen des Stiftes und
nach befreundeten Gotteshäusern, wo man diese Gäste theilnehmend
beherbergte, während Abt Ulrich daheim für schnelle Wiederherstellung
der nothwendigsten Wohnungen sorgte und den Neubau des Münsters,
des Dormitors, Refectors und Abteihauses begann.

Der Bau schritt aber nur langsam voran; denn seit diesem Brande
wurde der Abt von einem Unfalle nach dem andern betroffen, und als

---

[1] Habet, sagt Gerbert über diesen Brand, autographa descriptio: *Anno domini 1322, venerabili abbate Ulrico, huius nominis primo, monasterio praesi-
dente, in vigilia beatorum apostolorum Philippi et Jacobi, monasterio* (Münster)*,
capella beatae Mariae, domo infirmorum, refectorio, coquina, officinis, keminata
domini abbatis, capella s. Benedicti, nec non duabus domibus incendio deva-
statis. Periit etiam irreparabili manuscriptorum codicum damno* Bibliotheca
*tot maiorum nostrorum laboribus tantisque sumptibus comparata. Ingens haec
et incomparabilis quidem iactura!*

derselbe bei völlig erschöpfter Stiftscasse, sich durch Erhebung des halben Zehents der sanctblasischen Pfarreien und andere Hilfsmittel aus der drückendsten Noth gerettet, belegte ihn der Gegenpapst Nicolaus mit dem Kirchenbanne, weil er unter Berufung auf die erworbenen Freibriefe keine päpstlichen Aufdringlinge in die Pfarrstellen des Stiftes zuließ. Dieser Bann wurde zwar durch den rechtmäßigen Papst Johann XXII für ungültig erklärt; aber Ulrich, von Alter, Sorgen und Anstrengungen gebeugt, überlebte das nicht lange mehr, indem er 1334 verstarb.

III. Die Abtei bis zur Erhebung des Abtes zum Fürsten.

Ulrichs Nachfolger, Abt Peter von Thaingen, vollendete den neuen Klosterbau und bemühte sich mit rühmlichstem Eifer, die Bibliothek wieder herzustellen, indem er Bücher zusammen kaufte, wo sie nur immer aufzutreiben waren, und viele Abschriften von Werken anderer Kloster-Bibliotheken besorgen ließ. Ebenso eifrig suchte derselbe den stiftischen Grundbesitz durch vortheilhafte Ankäufe zu erweitern, wozu die Mittel vorhanden waren, nachdem viele Vasallen zur schnelleren Erholung des Stiftes ihre Lehen restituiert und mehrere frommen Hände freiwillige Gaben dargebracht hatten.

Hierauf aber wurde das Glück dem neu erblühenden Gotteshause abermals treulos, denn als (seit 1361) der nächstfolgende Abt Heinrich, ein Edler von Eschenz, mit gleicher Thätigkeit den Ruhm und Wohlstand von S. Blasien zu heben suchte, hinderten ihn hieran nicht allein die Verwirrungen, worin alle geistlichen Verhältnisse durch das damalige Schisma der Kirche geriethen, sondern auch noch viele mit dem gotteshäusischen Waldvolke im Hauenstein entstandenen Irrungen und Streitigkeiten[1].

Seit dem Abgange der Herzoge von Zäringen hatte S. Blasien ohne besondere Schirmvögte unmittelbar unter dem Schutze des Reichsoberhauptes gestanden. In Folge aber des gesunkenen Ansehens der deutschen Könige und der Unruhen in Helvetien wurden dem Stifte von vielen seiner Hörigen die schuldigen Zinse, Zehenten und Abgaben oft hartnäckig verweigert, indem das Landvolk fast überall anfieng, sich an die Städte zu hängen, welche damals eine so vor=

---

[1] Die Urkunden=Regeste darüber finden sich in meiner Abhandlung über das sanctbl. Waldamt, in der oberrh. Zeitschr. VI, 360. Dort erscheint Herzog Albrecht im Jahre 1371 als „oberster und erblicher Vogt und Schirmer und auch als rechter Castvogt" der Abtei S. Blasien.

herrſchende Rolle ſpielten. Da nun Abt Heinrich alle geiſtlichen Zwangsmittel vergeblich aufbot, ſo blieb ihm kein anderes Mittel der Abhilfe, als daß ſein Gotteshaus der Reichsunmittelbarkeit entſagte und ſich unter den oberherrlichen Schutz der mächtigen Fürſten von Oeſterreich ſtellte, welche es vormals ſo reich beſchenkt und auch in dieſer jüngſten Noth wieder mehrfach unterſtützt hatten.

Der im Jahre 1370 erfolgte Anſchluß an das Haus Oeſterreich war ein folgenreiches Ereigniß für S. Blaſien, im Guten und Schlim= men. Das Stift wurde beſchützt und begünſtigt, wie ein Liebling; es wuchs neuerdings an irdiſchem Beſitztum und weltlichem Glanz; es ſpielte bald eine Hauptrolle in den Vorlanden — jener Geiſt aber, welcher ſo lange Zeit ſeine Beſtrebungen, ſeinen religiöſen und wiſſen= ſchaftlichen Eifer geleitet, gieng verloren und die Kloſterherren fiengen an, ihre Intereſſen zuweilen auch durch Mittel zu verfolgen, deren ſich nur mönchiſcher Stolz und pfäffiſche Liſt bedienen konnten!

Dieſes zeigte ſich zunächſt in dem Verhältniſſe des Stiftes zu ſeinen Unterthanen auf dem Walde. Dieſelben hatten während des Thronſtreites zwiſchen Friderich von Oeſterreich und Ludwig dem Baiern einen Schutzverein wider innere und äußere Feinde unter ſich ab= geſchloſſen, welchen man die „hauenſteiniſche Einung" nannte. Schon ſeit Längerem war der Verein in Irrungen mit dem Gotteshauſe ge= rathen, ohne merkliche Folgen zu veranlaſſen. Kaum aber befand ſich daſſelbe unter öſterreichiſchem Schutze, als der Volksunwille zum Ausbruche kam.

Die Kloſter=Beamten mochten, pochend auf dieſen Schutz, rück= ſichtsloſer gegen die Waldleute geworden und in ihrem Amtseifer hin und wieder zu weit gegangen ſein, was im Jahre 1371 einen Auflauf hervorrief, wobei mit Glocken geſtürmt, ein Pfründner des Stiftes ge= waltſam hinweggeführt und gegen die ſanctblaſiſchen Amtleute mit Schmach= und Drohworten getobt wurde.

Die Herzoge erließen ſofort ein ſtrenges Verbot gegen derlei Zu= ſammenrottungen und beauftragten ihre Landvögte, die ſtreitenden Parteien wo möglich in Güte zu vergleichen. Aber der Kampf der hauenſteiniſchen Waldleute mit dem Stifte S. Blaſien war einmal ausgebrochen und erneuerte ſich, je nach Geſtalt der Zeiten, immer wieder bis in's 18te Jahrhundert herab[1].

---

[1] Aus den mannigfachen Abhängigkeits=Verhältniſſen, worin das hauenſteiniſche Waldvolk zu dem Stifte S. Blaſien geſtanden, laſſen ſich die Urſachen der Jahr= hunderte langen Irrungen und Streitigkeiten zwiſchen beiden Theilen unſchwer er= klären. Es gab im Hauenſteiniſchen ſ. g. Freileute, welche ſtiftiſche Lehen= und

Diese mit jedem Jahrzehent sich mehrenden Verlegenheiten von Außen führten allmählich auch im Innern des Klosterlebens schlimme Zustände herbei. So hatte schon Abt Heinrich männlich zu kämpfen für die Behauptung seiner Würde und der Rechte seines Gotteshauses, sowohl wider den Gegenpapst Urban, als wider den von demselben ernannten Gegenabt Konrat Goldast von Stein, welcher den päpst= lichen Bannstral über S. Blasien gebracht und deßhalb vom Convente entschieden verworfen wurde. Unter solchen Wirren gieng das Stift, obgleich äußerlich immer noch wachsend an Reichtum und Macht, sicht= bar seinem innern Zerfalle entgegen.

Wo waren jene Tugenden der ersten Brüder, die Einfalt und Strenge der Sitten, der religiöse Eifer, die Demuth und Genügsamkeit, die freudige Arbeitsliebe und Thätigkeit, welchen S. Blasien seine Aufnahme, seine Blüthe, seinen Ruhm verdankte? Es hatte sich Alles in ein leeres, muth= und geisttödtendes Formelwesen verwandelt. Die damaligen Mönche sahen die Pflicht ihres Berufes fast allein im Gebete und Gesange für das Seelenheil der Lebenden und Verstorbenen. Daher der endlose Chordienst, dessen Beschwerlichkeit man zum Ver= dienste erhob und auf übertriebene Weise zu steigern suchte.

Schon um Mitternacht wurden die Gradual=Psalmen mit dem Cursus Marianus und gegen Morgen die Matutin mit den Laudes und Suffragien abgehalten. Alle Betstunden fiengen mit den Lieblings= psalmen an, welche man in der Fastenzeit kniend entrichtete, wobei die Schüler auf ihrem Angesichte vor dem Altare lagen. Am Charfreitag sprach man außer dem gewöhnlichen Gebete den ganzen Psalter

Zinsgüter besaßen und davon den alljährlichen Lehen= oder Bodenzins und bei Hand= wechseln den Ehrschatz, den Gutsfall oder das Drittel entrichteten und gewisse Fron= dienste leisteten. Die sanctblasischen Leibeigenen aber, die eigentlichen „Gottes= hausleute", besaßen entweder Stiftsgut, oder fremdes Herrengut, oder beiderlei Güter zugleich, und waren dem Stifte, außer der an ihrer Person haftenden Schuldig= keit des Rauchhunes und Leibfalles, zum Gutsfalle oder Drittel, zum Grundzinse und zur Fronleistung verpflichtet. Und überdieß erkaufte das Stift zu verschiedenen Zeiten von dem verarmenden Adel die Vogtrechte über mehrere der bezeichneten Güter, bezog also auch die „Vogtsteuer" davon.

Aus diesen vielfach verstrickten Verhältnissen mußten sich in Folge von Heiraten, Todesfällen, Handänderungen, Erbschaften, Gutsverkäufen und Wegzügen mehr und mehr Verstöße ergeben, was häufig zu Rechtsstreitigkeiten führte und eine wachsende Erbitterung erzeugte, welche durch die hauensteinische Einungs=Verfassung nicht wenig genährt wurde. Denn innerhalb dieser Verfassung stunden Freileute und Eigenleute auf dem Boden ganz gleicher Berechtigung, was die letzteren dazu verleitete, nach dem Vorbilde der benachbarten Schweizer, noch eine weitere Freiheit und Gleichheit in Anspruch zu nehmen.

und gieng baarfuß während des Gottesdienstes. Neben den vielen
Jahreszeitfesten ward für jeden verstorbenen Mitbruder dreißig Tage
lang das ganze Seelenamt mit dem Psalter abgehalten[1]. Täglich
machte man Umzüge zu den Altären, Kapellen und Gräbern. Jeden
Sonntag übten die Priester das Fußwaschen unter sich, täglich aber
dasselbe an einigen Armen, welche das Almosen des Klosters abholten.
Alle Handlungen, das Essen, Trinken, Spazieren und Arbeiten,
wurden mit Ablesen von Gebeten begonnen und beschlossen.

Gleich streng und hart war auch die Lebensweise der Brüder.
Ihre tägliche Kost bestand in Habermuß, Gemüse, Brot und etwas
Wein; Eierkuchen, Honig, Butter und Fische gehörten zu den Lecker=
bissen, und Fleisch erhielten nur die Kranken. Die Handarbeit in
freier Luft, welche den Mönchen sonst zur Abwechselung, Erholung
und Stärkung von Leib und Seele gedient, wurde durch den Chordienst
immer mehr beschränkt und bestand zuletzt nur noch im Heuen.

Traurig war das Loos eines Bruders, wenn er der klösterlichen
Zuchtruthe verfiel; er wurde mit dem Brevier, seinem einzigen
Tröster, in ein enges, spärlich erleuchtetes Gemach zu kürzerer oder
längerer — zuweilen lebenslänglicher Einsamkeit verdammt, und konnte
hier Verschuldetes abbüßen oder durch unverschuldete Leiden die Mär=
tyrerkrone mönchischer Entsagung erwerben[2].

Vergeblich hatte sich Abt Konrat von Stein um Erlangung der
sanctblasischen Inful angestrengt; die Brüder, obgleich noch immer mit
dem päpstlichen Banne belegt, erwählten aus ihrer Mitte den Johann
Kreutz von Todtnau, dessen kluge Friedfertigkeit das Stift in so schweren
Zeiten und bei so vielen mächtigen Feinden, nicht allein den äußeren Ge=
fahren möglichst entrückte, sondern auch im Innern durch Schärfung
der klösterlichen Zucht und Erweiterung des Besitzstandes bestens empor=

---

[1] Eine charakteristische Erscheinung des mittelalterlichen Klosterwesens waren die
Confraternitäten oder Verbrüderungen zwischen verschiedenen Gotteshäusern zum
Zwecke gegenseitiger Freundschaft im Leben und im Tode (fraternitas plenaria in
morte pariter et in vita, cum unanimitate precum), wobei das Nachhalten bei
Todesfällen die Hauptsache ausmachte.

S. Blasien stund seit seiner ersten Verbrüderung mit Clugny von 1048
während eines Jahrhunderts schon mit 60 Stiftern und Klöstern in solchen Verbrü=
derungen (dieselben sind benannt bei Mone, bad. Quellenf. III, 610), woraus man
auf die Folgezeit einen Schluß ziehen kann. Da nun jede Todesfeier eines Klo=
sters in allen verbrüderten Gotteshäusern auf die gleiche Weise abgehalten werden
mußte, so läßt sich denken, wie diese Confraternitäten den Chordienst mit Exequien
überlasteten.

[2] Diese Schilderung beruht auf den Angaben eines Abrisses der sanctblasischen
Geschichte von Pfarrer Lucas Maier in dessen „Alpegovia."

zubringen suchte. Daß die Zelle zu Ochsenhausen (seit 1093 ge=
gründet) sich vom sanctblasischen Mutterstifte endlich losriß, konnte er
nicht mehr verhindern. Denn schon unter seinem Vorgänger hatte der
ochsenhausische Prior, als Anhänger des Papstes Urban, den über
S. Blasien von demselben verhängten Bann dazu benützt, sich zum
selbstständigen Vorsteher seines Gotteshauses zu erheben, was
ihm mit Hilfe des Bischofs von Constanz, trotz allen Gegenbemühungen,
im Jahre 1404 endlich durchzusetzen gelang.

Sein gleichnamiger Nachweser, aus der schafhausischen Familie
Duttlinger, wurde am Concile zu Constanz neben dem Abte von
Füßen zum Aufseher der Benedictiner=Klöster in der mainzischen Pro=
vinz ausgerufen, mußte die Stadt aber wieder verlassen, als durch die
Acht des Herzogs Friderich ganz Vorderösterreich in Verwirrung ge=
rieth und S. Blasien wegen seines besondern Verhältnisses zu diesem
Fürsten die Gefahr vielfachen Verlustes zu befürchten hatte[1].

Es gieng dieselbe jedoch glücklich vorüber. Abt Johann erlangte
von dem neuen Papste Otto die Bestätigung aller Güter, Freiheiten
und Rechte seines Gotteshauses. Unter ihm erhielten auch die Stifte
S. Gallen, Reichenau und Engelberg ihre Vorsteher aus seinem Con=
vente. Mit dem Bischofe Otto von Constanz vertrug er sich dahin,
daß die sanctblasischen Priester beim Antritte ihrer Pfarreien 20
Gulden erlegen sollen mit Ausnahme der von den Landdecanen befreiten
Kirchen zu Berau, Schönau, Todtnau, Todtmoß, Weitnau, Wislighofen,
Hächenschwand, Bernau, Menzenschwand und Schluchsee.

Nach dem Hinscheiden des Abtes Johann im Herbste 1429 er=
langte der Pater Nicolaus Stocker aus Kenzingen den erledigten
Krummstab. Die ersten Jahre seiner Verwaltung brachte dieser Prälat
größtentheils am Concile von Basel zu. Er besaß daselbst ein eigenes
Haus, worin er längere Zeit den Aeneas Sylvius beherbergte.
Die Angelegenheiten des Stiftes riefen ihn aber öfters wieder heim,
zumal wegen der Bedrückungen und Angriffe, welche dasselbe durch den
Freiherrn von Krenkingen zu erdulden hatte. Dieser Faustrechts=
ritter besaß die Veste Weißenburg am Rockenbache bei Bonndorf
und schädigte von dort aus mit seinen Gesellen die sanctblasischen
Güter in der Nachbarschaft, auf Ansprüche gestützt, wie sich deren das

---

[1] In der Vollmachtsurkunde für seine beiden Vertreter am Concil (die Aebte von
Petershausen und Reute) sagt er: Praeliis, hostilitatibus saevis et atrocibus,
inter quae et quas monasterium meum pene cum omnibus possessionibus,
rebus et pertinentiis suis situatum existit, irrecuperabiliter quassatur, *nosque
sine periculo, corporis et rerum,* ad dictum concilium redire nequeamus.

frivole Junkertum damals häufig zu bedienen pflegte, um von den Kirchen und Klöstern einiges Geld zu erpressen.

So hatte der Freiherr, trotz allen Abmahnungen des Kaisers, dem Stifte 1435 wieder zwei Höfe zu Schönenbuch ausgeplündert und niedergebrannt. Da wendete sich der bedrängte Abt an die Väter des Concils, welche den Brandstifter sofort mit dem Kirchenbanne belegten und Fürsten und Städte aufforderten, denselben in ihren Gebieten nirgends mehr zu dulden. Diese Maßregel war aber von so wenig Erfolg, daß Nicolaus nach drei Jahren die Stiftsmannschaft aufbieten mußte, um das Räubernest am Rockenbache belagern, einnehmen und zerstören zu lassen.

Die zu jener Zeit laut gewordenen Klagen über die Ausartung der Stifte und Klöster veranlaßten im Jahre 1439 eine große Versammlung der Aebte des Benedictinerordens, wobei Abt Nicolaus den Vorsitz führte. Bald hierauf aber von König Friderich wieder nach Basel beordert, ließ er im Concile durch seinen Secretär eine geharnischte Rede über die damalige päpstliche Wahlparteiung vortragen; doch blieb diese öffentliche Thätigkeit des wohlmeinenden Prälaten ohne sichtbaren Erfolg, und er würde in den Jahrbüchern seines Stiftes weniger lobreich erwähnt sein, hätte man ihm nicht die schöne Erwerbung der Herrschaft Blumeneck zu verdanken gehabt, wodurch der erste Grund zur nachmals wieder erlangten Reichsunmittelbarkeit des Stiftes S. Blasien gelegt war.

Nicolaus verschied im Herbste 1460 und der neue Abt Peter Bösch aus Todtnau folgte ihm schon während des ersten Jahres seiner Würde in die Ewigkeit, worauf der Conventherr Christoph von Greut an dessen Stelle erwählt wurde. Dieser Prälat erlangte eine päpstliche Exemtions=Bulle für sein Stift in Betreff des Verbots der Milchspeisen während der Fastenzeit, weil dasselbe in einer so hohen, öden, unfruchtbaren, waldigen und kalten Gegend liege, wo man drei Vierteljahre lang Schnee und Eis habe, und weder Wein, noch Oel, noch Korn und andere Früchte pflanzen, also ohne Milch und Käse nicht leben könne[1].

Alsdann erkaufte er die zwischen dem blumeneckischen und Stiftsbanne gelegene Herrschaft Gutenburg, und veranstaltete 1467 zur

---

[1] Cum dictum monasterium, heißt es im Dispensationsbriefe von 1467, in vasta solitudine et in loco alto, infertili, nemoroso et frigido, ubi propter frigora et terrae altitudinem nives per tres anni partes sedent, situatum sit. Diese Schilderung gleicht völlig noch jener, welche im liber constructionis von der Gegend S. Blasiens gemacht worden.

Hebung vieler alten Mißhellungen mit den stiftischen Hörigen in der Einung Hauenstein, unter Zuziehung dortiger Abgeordneten, die Abfassung eines Dingrotels, worin nach dem Laute der Urkunden und Kundschaften in 83 Artikeln die beiderseitigen Rechte und Pflichten genau verzeichnet wurden[1].

Im Uebrigen war Christophs Regierungszeit eine sehr unglückliche. Denn als in den damaligen Kriegswirren der österreichischen Vorlande die Waffenmacht der Eidgenossen vor der Stadt Waldshut lag, wurden dem Stifte bei einem Streifzuge in die benachbarte Waldgegend nicht nur seine Höfe zu Gutenburg, Gurtweil, Indlighofen, Remetsweil und Birndorf geplündert und niedergebrannt, sondern es trotzte der Feind dem Abte, welcher ihm nach Hasenhäusern entgegen gegangen, um sein Gotteshaus durch Unterhandlung zu retten, noch ein Brandgeld von 3000 Gulden ab. Und hernach, als man die bedrängte Waldstadt endlich zu entsetzen beschloß, hatte S. Blasien die österreichische Mannschaft wochenlang auf seine Kosten zu beherbergen und zu verpflegen.

Diese Schläge von Außen aber waren nicht das Schlimmste, was unsern Abt niederbeugte; im Innern des Stiftes entsprang damals noch ein größeres Uebel — die Spaltung der Conventherren in zwei leidenschaftlich gegen einander erbitterte Parteien. Denn seit den Zeiten des Heinrich von Eschenz hatte sich der Adel auch des Klosters S. Blasien zu bemächtigen gesucht, ganz gegen den ursprünglichen Geist desselben, indem die Aebte meistens Schwarzwälder Bauernsöhne (aus Bernau, Hächenschwand, Weitnau, Todtnau) oder Abkömmlinge bürgerlicher Familien aus dem Breisgau, Schweizer- und Schwabenlande (von Meßkirch, Ochsenhausen, S. Gallen, Thayngen, Schafhausen, Kenzingen) waren.

Ein durch den Bischof von Constanz und den Herzog von Oesterreich im Jahre 1481 veranlaßtes Schiedsgericht zu Waldshut glich zwar die Irrung auf dem Papiere aus, in den Gemüthern aber wirkte der gegenseitige Groll noch immer fort, weil die adelige Partei mehr nach weltlicher Pracht und Behaglichkeit strebte, während ihre Gegner auf wirtschaftliche Sparsamkeit, christliche Eintracht und klösterlichen Gehorsam drangen. Daß der Abt das Stiftseinkommen großentheils zur Heilung der im Schweizerkriege erhaltenen Wunden, wie zum Ankaufe der Herrschaft Gutenburg und anderer Besitzungen,

---

[1] Diese Oeffnung ist eine Erneuerung des alten (in 75 Artikeln bestehenden) Weisthumes von 1383, welches ich in der oberrhein. Zeitschr. VI, 107 bis 119 mitgetheilt, von wo dasselbe in die Grimm'sche Sammlung übergegangen.

und nicht vielmehr zur Aufbesserung des Pfründenwesens der Convent=
herren oder für andere dergleichen Interessen verwendete, das konnten
ihm die Junker im Mönchshabit um so weniger verzeihen, als er
selber von Geburt ihr Standesgenosse war [1].

Nachdem Abt Christoph 1482 ein Opfer seines Grams über
dieses Zerwürfniß geworden, suchte die adelige Partei durch eine
freche Intrigue an's Ruder zu kommen. Dabei spielte die Hauptrolle
Herr Eberhart von Reischach, welcher „mit Anderen vom Adel, deren
damals viele im Convent gewesen", das Widertheil des Abtes bildete.
Derselbe mußte deßhalb aus dem Kloster weichen und trat zu Freiburg
in den Karthäuser Orden, verließ aber nach kurzer Zeit auch diesen
wieder, um sich bis zum Ableben Christophs bei seinen Verwandten
in der Nachbarschaft des Stiftes aufzuhalten.

Kaum nun war Herr Eberhart vom Tode seines alten Feindes
und über den Tag der neuen Abtswahl heimlich benachrichtigt, als er
mit einem imponierenden Anhange plötzlich zu S. Blasien erschien.
Da gelang es den Junkern im Convente, die Widerpart einzuschüchtern
und die Wahl ihres Candidaten durchzusetzen. Der Neugewählte legte
sofort seine weltliche Tracht bei Seite und trat wieder in den benedic=
tinischen Orden, was jedoch erst nach kostspieligen Verhandlungen mit
den Karthäusern endgültig geschehen konnte.

Bald genug legte Abt Eberhart seinen wahren Character an
den Tag, indem er in der Würde eines geistlichen Vorstehers wie ein
weltlicher Fürst auf dem glänzendsten Fuße zu leben begann.
Seine Tafel war eben so üppig an Speisen und Getränken als zahl=
reich besucht vom benachbarten Adel, und wenn er auswärts wohin
ritt, geschah es nie ohne eine Begleitschaft von wenigstens zwölf
Rittern. Für solche Verschwendung des Kloster=Einkommens konnten

---

[1] Gerbert berührt dieses Zerwürfniß kaum, was mich veranlaßt, aus Caspars
Chronik hier Folgendes darüber anzuführen: „Es ist jm (dem Abte Christoph)
noch ain größerer Unfal zugestanden. In dem 20. Jar seiner Regierung hat sich ain
Widerwillen erhebt under dem innern Convent (der Klostergeistlichen) gegen disen
Prelaten von wegen etlicher liederlicher Ansprach, so sie zu Ursach namen, und
hänktend darmit an sich Etlich' des ussern Convents (der Conversen) sammt jren
Fründen vom Adel und andern, und erhebend sich klagweis gegen den Prelaten."
Sodann, nach dem Berichte über die schiedsgerichtlichen Verhandlungen, heißt es weiter:
„Und doch hat sich solcher Handel erhebt zu ainer Unruh, was dann gern beschieht,
wo man brüderliche Liebe und gaistliche Zucht vollbringen soll und aber bößer Samen
darein geworfen wird, wie auch hier beschehen, als da etlich gaistliche Personen
gewesen, denen mehr daran gelegen, daß sie zu weltlicher Pracht gefördert würden,
und die darneben mehr betrachtet, wie viel Weines und anderes über die Noth=
durft raichen möcht', anstatt zu mehren des Gottshauses Renten und Gülten."

weber die zierlichen Meßgewänder, noch die prächtige Orgel, welche
unter ihm gefertiget wurden, als Ersatz gelten; denn kaum reichte die
weisere Verwaltung der nächsten Aebte hin, um die schweren während
seines neunjährigen Regimentes dem Stifte verursachten Wunden und
Schäden wieder zu heilen und auszubessern.

Einen Vortheil hatte das hochmüthige, verschwenderische Treiben
des Prälaten Eberhart, es schlug für S. Blasien dem adeligen Fasse
den Boden aus; denn von diesem infulierten Junker an bis zur Aufhebung des Stiftes wurde (mit Ausnahme des Patriciers Gerbert)
kein adeliger Conventuale mehr zur Abtswürde erhoben, wie
überhaupt während der zwei letzten Jahrhunderte nur noch sechs Conventherren mit dem Adelsprädicate in den Stifts-Catalogen erschienen.

Damit aber waren Geist und Richtung unseres schwarzwälbischen
Stiftes für die Zukunft ausgesprochen. Wohl hatte es früher, wie in
anderen Gotteshäusern, auch dorten adelige Aebte von ausgezeichneter Tüchtigkeit, Frömmigkeit und Gelehrsamkeit gegeben; allein dieselben stammten aus dem alten, hohen, eigentlichen Adel, welcher mit
dem 12ten Jahrhunderte schon stark zusammen schmolz, während der
niedere, der Dienst- und Soldaten-Adel, desto üppiger emporwucherte
und an Fürstenhöfen, in Städten, auf dem Lande, in Stiften und Klöstern
eine einflußreiche Stellung gewann. Dieser Einfluß jedoch zeigte sich
häufig als einen höchst unheilvollen, namentlich in geistlichen
Häusern, wo seine Folgen durch die Ausschreitungen eines frivolen
Junkerlebens nicht selten alle Regelzucht, alle gelehrte Thätigkeit und
priesterliche Würde verdrängten[1]. Vor einer solchen Gefahr hat das
Jahr 1482 die Abtei S. Blasien gesichert.

---

[1] Alles in der Welt hat seine Schattenseite, jene des mittelalterlichen Adels
begreift man in dem Ausdrucke „Junkertum." Der deutsche Ritteradel hatte
seine Blüthezeit im 12. und folgenden Jahrhunderte, wo derselbe eine erste Zierde
der Nation war; seine wachsende Geltung aber und der Umstand, daß sich diese
Ritter- und Dienstmannsfamilien großentheils der Besitzungen und Rechte des ab-
nehmenden Dynastenadels zu bemächtigen wußten, machten sie stolz, üppig und
ausschweifend, wodurch ihr Stand, bei der herrschenden Fehbelust, in eine steigende
Ueberschuldung und damit in ein trauriges Verkommen gerieth. Erst nachdem
sich der Adel während des 16. Jahrhunderts in seinen begabteren Söhnen mit glücklichem Erfolge auf die Studien an den Hochschulen und auf die neue Kriegs-
kunst verlegt hatte, gelangte er wieder zu verdientem Ansehen und Einfluß.
Ueber das Eindringen des Ritteradels in die Stifte und Klöster vgl. man
das Diöcesan-Archiv VI, 244. Der Familie von Reischach, deren schon 1191,
1200 und 1253 in Salemer Urkunden erwähnt wird, hat Gerbert in der S. N.
einen längern Absatz gewidmet, um an die Verdienste derselben zu erinnern, dem
Schatten gegenüber, welchen der apostatische Eberhart auf sie geworfen.

Dem Abte Eberhart folgten als nächste Nachweser der nallingische Propst Blasius Wambach aus Obereckingen, „ein leider ebenso hoch= betagter und presthafter, als wohlgesinnter Mann“, und der weiland alpirsbachische Bruder Georg Eberhart aus Horb am Neckar, ein gelehrter und wohlerfahrener Prälat, welcher mehrere Baureparationen vornahm und besonders die Besitzungen und Rechtsamen des Stiftes durch päpstliche und kaiserliche Bestätigungsbriefe zu sichern suchte.

Die damalige von Fehden und anderen Uebeln erfüllte Zeit machte diese Sorgfalt für S. Blasien doppelt nöthig; denn es entbrannte in dessen Nachbarschaft der neue Schweizerkrieg. Die eidgenös= sische Waffenmacht näherte sich abermals der Waldgegend; die Städte Thiengen, Stülingen und Blomberg wurden eingenommen und nieder= gebrannt, und dazwischen mehrere sanctblasische Höfe am Vor= wald, welche nach dem alten Schweizerkriege wieder hergestellt worden, auf's neue beraubt und verwüstet.

Der Nachfolger des Abtes Georg war Johann Spielmann von Betmaringen, bisher Prior und Großkeller, ein in den Geschäften des Stiftes besonders geübter Mann, dessen Verwaltung aber von der ganzen Härte eines widerigen Geschickes betroffen wurde. Denn nicht bloß erhoben sich in den gräflich lupfischen Gemeinden Stülingen, Bet= maringen, Bonndorf und Ewatingen, wo S. Blasien viele Güter und Rechte besaß, die ersten Empörer des großen Bauernkrieges von 1525, sondern es gesellte sich denselben auch das stiftische Wald= volk bei, dessen Jahrhunderte alter Widerwille gegen seine geistliche Obrigkeit jetzt in einen blutigen Rachetaumel ausbrach.

Am ersten Maitage des verhängnißvollen Jahres überfielen die vereinigten Haufen aus dem Hauensteinischen, Stülingischen und Fürstenbergischen mit flatternder Fahne das Stift, verjagten dessen Be= wohner, welche nicht schon geflohen, schwelgten mit Essen und Trinken, nahmen vom Hausgeräthe, was Jedem gefiel, und zerschlugen das Uebrige, rissen in der Kirche die Grüfte auf und beraubten die Leich= name ihres Schmuckes, gossen Kugeln aus den bleiernen Pfeifen der Orgel [1], zerstörten die Bibliothek und trieben selbst mit dem Aller= heiligsten ihren Uebermuth.

Der hauensteinische Anführer, Redmann Uehlin von Niedermüle, hatte diese Ausschweifungen nicht gebilligt; er huldigte aber auch nicht, als die Waldleute nach dem jämmerlichen Ausgang ihrer Sache zur

---

[1] Diese Orgel war dasselbe treffliche Werk, welches 1488 (unter Abt Eberhart) der sanctblasische Laienbruder Konrat Sittinger geliefert, wie er auch der Ver= fertiger der Münster=Orgel von S. Trubbert gewesen.

Unterwerfung genöthigt wurden. Abt Johann redete noch für den=
selben bei dem Hauptmanne der österreichischen Executions=Mannschaft,
jedoch vergeblich. Man wollte ein abschreckendes Beispiel statuiren und
knüpfte den Armen, wie einen Strauchdieb, an eine Eiche auf. Drei
Tage nachher aber fand man seine Rechte an das Thor von S. Blasien
genagelt, mit der Beischrift: „Diese Hand wird sich rächen", und bald
hierauf wurde das Kloster mit Pulver in die Luft gesprengt[1].

Abt Johann verstarb im Frühlinge 1532. Von seinen drei
nächsten Nachfolgern Gallus Haas aus Möhringen, Johann
Wagner aus Zurzach und Kaspar Müller aus Schönau, stellte
ersterer, ein ernsthafter, ehrlicher, geschäftskundiger Herr, und letzterer,
ein in jeder Beziehung ausgezeichneter Vorsteher, die verwüsteten Ge=
bäulichkeiten des Stiftes wieder her. Es ist bewundernswerth, was
besonders Abt Caspar hierin geleistet, nicht allein in S. Blasien,
sondern auch auswärts in den stiftischen Orten.

Dabei lieferte dieser Prälat noch eine umfassende Geschichts=
Beschreibung seines Stiftes und arbeitete auf's Rühmlichste, ganz im
Sinne der alten Väter, welche ihm als Vorbilder galten, an der Wieder=
aufnahme desselben. Er legte die Mißhellungen mit dem Waldvolke
bei, vertrug sich auf mehreren Tagsatzungen (1545, 1551, 1557, 1559
und 1569) mit dem österreichischen Waldvogte über streitige Puncte
der landesfürstlichen Obrigkeit, der Landsaßerei, Schutz= und Schirm=
verwandtschaft; wie mit dem Markgrafen von Baden, dem Herzoge
von Wirtenberg und dem Grafen von Lupfen über verschiedene
Irrungen wegen stiftischen Gütern und Rechten in deren Gebieten.

Ferner traf er mancherlei Verordnungen für den Haushalt zu
S. Blasien und stellte ein eingegangenes Spital für Arme und Kranke
daselbst wieder her. Auch machte sich unter ihm der Pater Kretter
besonders verdient durch die Wiederherstellung des Chorgesanges
und die Unterweisung der Klosterjugend in der Musik. Als Caspar
nach einer dreißigjährigen Stiftsverwaltung im Frühlinge 1571 den
Seinigen durch den Tod entrissen ward, fühlten sich dieselben wie eine
Familie von ihrem sorgenden Vater verlassen; er war seit Rusten
und Ulrich unstreitig der größte, verdienteste Abt.

Zu Caspars Nachfolger erhob man dessen Freund und Namens=
bruder, aus dem Geschlechte der Thoma von Mülheim an der Donau,
welcher sich eifrigst bemühte, wieder eine ansehnliche Bibliothek her=
zustellen, die Novizen und jüngeren Brüder zum Studium der Wissen=

---

[1] Die Begebnisse des Bauernkrieges in Bezug auf S. Blasien erzählt aus=
führlich der dortige Schulmeister Letsch in seinem liber actorum.

schaften anzufeuern und eine Reformation der Mönchszucht vorzunehmen. Auch that er Vieles für die Ausschmückung des Münsters, wo unter ihm die berühmte amerbachische Orgel aufgestellt wurde.

Dem Abte Caspar II folgte in diesen Bestrebungen seit 1596 Martin Meister aus Fützen, dessen besonderes Verdienst es nicht allein war, daß er die Reichsherrschaft Bonndorf käuflich an das Stift erwarb, sondern es gieng sein Bestreben hauptsächlich auch dahin, Mönche zu bilden, welche fromm, gelehrt und nützlich seien[1]. Und es gelang ihm, sowohl für S. Blasien, als selbst noch für andere Klöster, tüchtige Lehrer heranzubilden.

Abt Blasius II, welcher auf Martin folgte, war ein eifriger Förderer der klösterlichen Regelzucht und deshalb zu Rom ein sehr beliebter Prälat; aber seine Regierung fiel in die Zeiten des 30jährigen Krieges. Er mußte sich mit den Seinigen nach der Schweiz flüchten und starb daselbst im Jahre 1638, nachdem S. Blasien durch die Pest und die Schweden entvölkert und verwüstet worden.

Noch im schweizerischen Exile erwählten die Blasianer ihren Mitbruder Franz Chullot zum Abte, dessen Bestreben nach der Wiederherstellung des Friedens es war, die Wissenschaften unter seinen Mönchen möglichst zu fördern. Besonders führte er das Studium der hebräischen Sprache ein und die Pflege der einheimischen Geschichte, worin sich die Patres Tritt, Kofer, Gebel, Burghart, Eiselin, Schenk und Arnold hervorthaten[2].

Auch unter dem nächsten Abte Otto Kübler, zwischen 1664 und 1672, blühten die sanctblasischen Musen, worauf aber unter dessen Nachfolger Roman der französische Krieg sie wieder verscheuchte, da dieser Prälat nach der Einnahme von Freiburg durch die feindlichen Waffen im Jahre 1677 mit den Seinigen, wie sein Vorweser Blasius, nach der Schweiz entfliehen mußte.

Uebrigens waren damals aus S. Blasien eine schöne Anzahl von Brüdern als Lehrer und Vorsteher nach anderen Gotteshäusern verlangt. So hatten sich die Patres Rösch, Dieterich, Beckhart,

---

[1] Eius prima et ultima cura fuit, sagt Gerbert, ut in eius vita perhibet P. Placidus Rauber, abbas postea Schwarzacensis, *efficere et habere monachos, qui pii primum, deinde docti et sibi et aliis prodesse possint.*

[2] Dum anno 1643 respirare paululum per Suecos licuisset, ad instauranda studia literarum animum intendit, initiumque factum linguae hebraicae, compluresque tunc erant monachi San-Blasiani, qui praeter alia scientiarum genera, quae domi forisque in scholis publicis et monasteriis profitebantur, imprimis historiam patriam monasteriique S. Blasii illustrarunt. So Gerbert.

Rauber und Fabri nach Schwarzach begeben, wo erſterer zum Abte erkoren wurde, welchem ſeit 1638 die Blaſianer Gebel, Hug und Salwei in dieſer Würde nachgefolgt. Das alles war der mönchiſchen Ausdauer möglich, trotz den Wirren und Drangſalen des Schweden= krieges und der folgenden franzöſiſchen Kriege.

Dem Abte Roman folgte 1695 Auguſtin Fink aus Wolfach, ein ſtiller, wohlwollender Herr, deſſen Friedensliebe nicht allein durch das Waffengetümmel der Jahre 1703 und 1713, ſondern auch durch die erneuerten Unruhen der Hauenſteiner, ſchwer bedrängt wurde. Gleichwohl erwies er ſich ſehr beſorgt für das Gedeihen ſeines Stiftes, für die Seelſorge der ſtiftiſchen Pfarreien, für die klöſterliche Disciplin und die Pflege der Wiſſenſchaften, weshalb man von ſeinen Mönchen mehrere nach auswärts als Lehrer verlangte, wie den Pater Elverenz zum Novizenmeiſter nach Fulda, die Patres Saal und Ecks zu Pro= feſſoren nach Schuttern, und den Pater Sedelmaier nach Salzburg, wo derſelbe auch als Schriftſteller thätig war.

Abt Auguſtin ſchied aus dem Leben im Jahre 1720 und erhielt zum Nachfolger den Pater Blaſius Bender aus Gengenbach, welcher ſchon ſeit längerer Zeit am Kaiſerhofe zu Wien, im Beſitze des einfluß= reichſten Vertrauens [1], die öffentlichen Angelegenheiten ſeines Stiftes

---

[1] Abt Auguſtin, welcher im Herbſte 1720 ſein Amtsgebiet im Züricﬁſchen be= ſucht hatte und bei dieſer Gelegenheit vom Züricher Magiſtrate bewillkommt worden, ſchrieb darüber nach Wien an ſeinen Großkeller, Pater Blaſius Bender, unter Anderem: „Bey der Malzeit ſetzte ſich Herr Bürgermeiſter Eſcher zue mir und gab mir einen Kuß mit vermelden, er hätte mir Etwas in auriculam zu ſagen, nemblich, ich könnte dem Stande Zürich auch einen Gefallen erweiſen. Auf mein Befragen ſagte er, er wiſſe, daß ich bey ihrer kayſerlichen Majeſtät ſehr wohl angeſchrieben ſey und einen Pater zu Wien habe, der bey allen hohen Stellen ganz intrant und äſti= miert wäre, ja (sunt formalia) Alles erhalten könne, was er wolle. Ich möchte daher ihre Angelegenheit wegen des Zolles recommendieren. Ich replicierte: Wollte wünſchen, ſo glücklich zu ſein, ſolches Verlangen effectuieren zue können. Am andern Tag führten mich einige Herren des Magiſtrats in der Stadt herumb, alles Sehenswürdige zue beſichtigen, da dann nit genueg zue beſchreiben, was für ein Concursus hominum ſich hervor gethan, worbey Herr Stark zue mir geſagt, ich ſolle nur ſehen, wie Groß und Klein mich äſtimiere und einen ſo lieben und getreuen Mitbürger zue begrüeßen verlange.“

Ein auf Benders Wahl erſchienenes Lobgedicht, welches ich vor mir habe, drückt die freudigſten Hoffnungen aus, denen man in Folge derſelben ſich hinzugeben berechtigt ſei. Es heißt darin:

    Es ſollte Blaſius das Stift Sanct Blaſy zieren,
      Der Himmel hatte ihn zu dieſer Würd’ erſeh’n;
    Wo Tugend und Verſtand die freien Vota führen,
      Da muß nach beſtem Wunſch die beſte Wahl ergeh’n.

besorgt und die Ehrenstelle eines kaiserlichen Hofcaplanes erlangt hatte. Nachdem der gewandte Diplomat zum Abte erwählt worden, ernannte ihn Karl VI zum Botschafter des Erzhauses bei der schweizerischen Eidgenossenschaft, wo er 1727, mitten in den günstigsten Geschäften, einem frühen Tode erlag.

Dieser Abt Blasius III, ein besonderer Pfleger der klösterlichen Regelzucht, hatte seinen weltlichen und Klosterbeamten die trefflichsten Dienst-Instructionen ertheilt und für die wissenschaftliche Blüthe des Stiftes die eifrigste Sorge getragen. Er bereicherte die schon ansehnlichst erwachsene Bibliothek mit seltenen Werken und schickte etliche von seinen jüngeren Mönchen, worunter sich der Pater Herrgott befand, in die Congregation des heiligen Maurus zu Paris, um dieselben nach der dortigen Methode in den Studien ausbilden zu lassen. Welch' ein glücklicher Schritt das war, zeigte sich in Bälde, denn mit der Rückkunft des Paters und seiner Genossen begann für S. Blasien eine neue Periode wissenschaftlichen Ruhmes.

Der Nachfolger Benders, Abt Franz II, aus der freiburgischen Familie Schächtelin, unternahm den Neubau seines Gotteshauses und vollendete denselben im Jahre 1747, ungeachtet des französischen Krieges und der neu ausgebrochenen Unruhen des haunsteinischen Waldvolkes, welches ihm entschieden die Huldigung nach bisherigem Wortlaut verweigerte. Dieses Zerwürfniß führte endlich, unter Vermittelung der vorländischen Regierung, im Jänner 1738 zu einem Abkommen, wornach das Stift gegen die Loskaufsumme von 58,000 Gulden auf seine Leibrechte in der ganzen Einung für immer verzichtete [1].

Aber nicht allein neu aufgebaut wurde damals S. Blasien, sondern für einen Theil seiner Besitzungen auch wieder unmittelbar unter das Reich gestellt, wie Gerbert in den kurzen Worten berichtet: Monasterium novum quod e fundamentis Franciscus abbas anno 1728 excitare coeperat, ante mortem perfecit, et anno 1746 axioma principis sacri romani imperii a Francisco I imperatore

---

Ganz Breisgau preist die Treu', die Klugheit und Verdienste,
    Wodurch dieß edle Haupt in Freude es versetzt.
Sein viel erprobter Rath gereicht ihm zum Gewinnste,
    Wenn er der Stände Wohl fortan damit ergetzt.
Dem hohen Kaiserhof sind seine Qualitäten
    Schon lange her bekannt; es freut sich Stadt und Land,
So zum Vertreter ihn erwählet und erbeten,
    Weil gut er Alles führt mit Kopf und Mund und Hand.

[1] Die Actenstücke über diesen wichtigen Receß sind abgedruckt in meinen Mittheilungen über die ehemal. sanctblas. Niedergerichte (oberrhein. Zeitschr. VII, 338).

recepit, quo jam titulo passim antecessores superioribus saeculis in chartis caesareis honorati leguntur.

Schon im Jahre 1734 war Abt Franz von Kaiser Karl VI, dessen besondere Gunst er zu erwerben gewußt, zum kaiserlichen Geheimrathe mit Sitz und Stimme ernannt worden, eine Ehrenstellung, deren sich bisher im ganzen Breisgau noch Niemand erfreut hatte. Ferner verlieh ihm derselbe das Prädicat „ehrwürdig", welches nur die geistlichen Reichsfürsten zu erhalten pflegten, sodann das Amt eines „Erb- und Erzhofcaplans" und die Stelle des Präsidenten beim breisgauischen Prälatenstande[1], worauf endlich unter Kaiser Franz I, wie erwähnt, seine Erhebung in den reichsfürstlichen Rang erfolgte.

IV. Erwerbung der Grafschaft Bonndorf und der reichsfürstlichen Würde.

Das Stift S. Blasien erwarb seinen Land- und Güterbesitz zunächst durch die frommen Vergabungen der Kaiser und Könige, der Fürsten und des Adels; sodann durch eigene Beurbarung von Waldstrecken und Einöden, und endlich durch wohlberechnete Ankäufe und Umtausche. Es war eine lange Arbeit der Mühe, der Umsicht und Ausdauer, auf dem unwirtbaren Schwarzwalde, unter all' den Stürmen und Drangsalen der Jahrhunderte, ein so wohlgeordnetes und blühendes Stiftsgebiet zu schaffen, wie die letzten Fürstäbte es besaßen.

Den Grundstock des sanctblasischen Landbesitzes bildete das erste von den Ottonen verliehene Widemgut des s. g. Zwinges und Bannes; an dieses schlossen sich zunächst die vom herzoglichen Hause von Rheinfelden und Anderen vergabte Vogtei Schluchsee[2], wie die vom einheimischen und auswärtigen Adel vermachten Besitzungen in den Thälern Schönau und Todtnau, auf dem Berge Berau und bei Betmaringen im Alpgau, bei Bürgeln, Weitenau, Sitzenkirch und Gutnau, bei Eschbach, Krozingen und Hügelheim, Efringen und Haltingen im Breisgau, wie ferner zu Wislig-

---

[1] Nach einem Schreiben des Paters Herrgott an den Pater Prior zu S. Blasien, d. d. Wien, den 30. Juni 1734.

[2] Die Königin Adelheid von Ungarn, eine Tochter des Herzogs Rudolf von Rheinfelden (nachmaligen Gegenkönigs), war eine besondere Freundin des Gotteshauses S. Blasien, welches sie exemplo parentum suorum mit reichen Gaben beschenkte; nam progenitores sui locum istum praediis suis aliisque inumeris beneficiis ditaverunt. Sie wollte daselbst begraben sein, und von ihren Brüdern Berchtold und Otto, welche das Stift gleichfalls reichlich begabten, beschloß der erstere, seinen Todestag bei den Blasianern zu erwarten.

Baber, St. Blasien.   3

hofen, Seldenbüren und Birmensdorf im Zürichgau, zu Schweisingen im Aargau und endlich zu Rallingen und Ochsenhausen in Schwaben.

Weil aber die meisten dieser Besitzungen sehr zerstreut lagen und von verschiedenen anderen Gebieten unterbrochen waren, so gieng das Streben des Stiftes dahin, dieselben durch Ankäufe und Austausche möglichst zu vervollständigen und abzurunden, wozu sich während des 13ten und folgenden Jahrhunderts bei der zunehmenden Verschuldung der benachbarten Adelsfamilien reichliche Gelegenheit darbot. So erkaufte Abt Heinrich II etwa 45 größere und kleinere Güter für 765, Abt Berchtold II gegen 30 Besitzungen für 1970, Abt Heinrich III über 13 Güterstücke für 66, Abt Ulrich I, deren 6 für 95 und Abt Heinrich IV deren gegen 70 für 500 Marken Silbers, die Mark zu etwa 24 Gulden.

Da S. Blasien in seinen besseren Zeiten eine musterhafte Haus- und Landwirtschaft führte, welche ihm ein schönes Einkommen abwarf (noch im Jahre 1383 belief sich dasselbe auf die Summe von 550 Marken Silbers), und da hiezu noch das Erträgniß der Bergwerke von Todtnau und Schönau kam[1], so war das Stift schon in der Lage, bedeutende Gelder auf die Erwerbung von Gütern und Berechtigungen verwenden zu können. Und daneben dauerten auch die frommen Vergabungen fort, deren in den Jahren von 1288 bis 1388 wenigstens ein halbes Hundert geschahen.

Aber nicht allein durch Erweiterung seines Grundbesitzes wußte sich S. Blasien zu einem blühenden Wohlstand empor zu schwingen, sondern eben so sehr durch landwirtschaftliche Verbesserungen seiner Güter. Es besaß viele ausgedehnten Wildnisse und Einöden, welche nichts trugen, als Bau- und Brennholz, was damals von keinem Werthe war. Diese uncultivierten Landstrecken allmählig an-

---

[1] Während des 12. Jahrhunderts war das Wiesenthal vom Feldberge bis gegen Zell, welches man die „todte und die schöne Au" nannte (augia Todtnowe et Sconowe cum sylva), an S. Blasien gekommen und damit auch das Eigentum der dortigen Silberberge. Das Stift verlieh von denselben einen Theil an s. g. Froner oder Bergmeister (magistri argentifodinarum) um den 20. bis 40. Pfenning und gegen die Verbindlichkeit der Froner, den ihm vorbehaltenen andern Theil auf ihre Kosten zu bebauen. Abt Caspar weist auf Urkunden von 1164, 1247 und 1374 zurück, wonach in diesen Jahren die stiftischen Bergwerke besonders ergiebig gewesen, und Abt Gerbert berichtet: Anno 1247 Arnoldus II abbas, accedente *copioso ex fodinis Todtnaviensibus proventu,* egestatem ut plurimum a monasterio depulit. Vgl. Trenkle, Gesch. der schwarzwäld. Industrie (Karlsruhe 1874), S. 20.

zubauen und ergiebig zu machen, mußte daher ein hauptsächliches Augenmerk der Stiftsverwaltung sein.

Durch bloße Verleihung öden oder bewaldeten Grundes und Bodens an stiftische Leibeigene und benachbarte Freileute zur Anlage von Neureuten (Schwänden) würde jedoch wenig erreicht worden sein, weil es mit zu vielen Schwierigkeiten verbunden war, indem solchen Unternehmern häufig das Nöthige entweder an Fähigkeit, oder an Satz, oder an Ausdauer mangelte. Denn wahrlich, es war keine geringe Aufgabe, in den rauhen, entlegenen und unwegsamen Gegenden des sanctblasischen Schwarzwaldes neue Maierhöfe zu errichten und zu bewirtschaften. Dazu gehörten Mittel, Verständniß, System, Fleiß und Geduld in nicht gewöhnlichem Grade.

Hier hatte also das S t i f t unmittelbar selber Hand anzulegen, was aber bei der eingetretenen großartigen Entwickelung des Benedic- tiner-Ordens nicht anders mehr möglich war, als durch die C o n v e r s e n oder „Laienbrüder", deren Anzahl sich zum Vortheile der Haus- und Landwirtschaft schon frühe sehr vermehrt hatte. Denn verlangte auch die ursprüngliche Ordensregel von ihren Bekennern, sich den nothwen- digen Lebensunterhalt mit e i g e n e r H a n d zu verschaffen, so gerieth diese Vorschrift bei den veränderten Zeitforderungen mit der höhern Aufgabe und dem geistigen Streben des Ordens doch mehr und mehr in Widerspruch, da man die meistens durch G e l e h r s a m k e i t oder K u n s t f e r t i g k e i t ausgezeichneten und mit der Priesterweihe versehenen Väter und Brüder nicht auch zur Führung des Pfluges und der Schaufel verwenden konnte. Es mußte ein Auskunftsmittel gefunden werden, um in beiden Richtungen den Ordenszweck zu erreichen, und dermaßen hat die Anstalt der L a i e n b r ü d e r ihre zeitgemäße, praktische Verwendung erhalten.

Die wachsende Anzahl der verschiedenen durch die Drangsale der Zeit in d i e K l ö s t e r gedrängten Leute lieferte dieser Anstalt auch immer die nöthigen Kräfte; denn wer daselbst nicht die S c h u l e n durchlaufen hatte, konnte nicht völlig in den Orden treten, sondern mußte sich mit dem untergeordneten Range der äußeren oder Laienbrüder be- gnügen, welche neben dem Gelöbnisse, sich nicht eigenmächtig vom Kloster zu entfernen, die Gelübde der Enthaltsamkeit und des Gehor- sams ablegten und einen Mönchshabit erhielten, aber vom i n n e r n Klosterleben getrennt blieben und (wenn sie nicht als Handwerker oder Künstler arbeiteten) mit den Geschäften der H a u s - u n d L a n d w i r t - schaft beauftragt waren.

Diese H a l b m ö n c h e nun, durch ihre drei Gelübde ganz in der Gewalt der Aebte, von allem Chor-, Schul- und Priesterdienste frei,

3 *

und allein für die Handarbeiten bestimmt, diese Klosterknechte im grauen Habit, machten es den Klöstern möglich, ihre Haus= und Land= wirtschaft in jener umfassenden und planmäßigen Weise zu be= treiben, welche noch jetzt unsere Bewunderung verdient. Es wird daher wohl gerechtfertigt sein, die Einrichtung, den Erfolg und das Verdienst einer solchen Anstalt etwas näher zu besprechen.

In den Wildnissen, womit man Gotteshäuser, wie S. Blasien, zu bewidmen pflegte, erlasen verständige Aebte und Convente die zum Anbaue geeignetsten Plätze und schickten eine Anzahl von Laien= brüdern zur Beurbarung dahin, welche sofort eine Hütte aufrichteten und mit dem nöthigen Viehe und Geschirre versehen die Anlage eines Hofes begannen. Die zähe Natur und strenge Ordnungsmäßigkeit der laienbrüderischen Einrichtung, bei dem systematischen Betriebe ihrer Arbeit, führte dann zu Erfolgen, wie sie anders schwerlich zu erreichen waren. Denn die Bruder= oder Mönchshöfe erweiterten sich schnell an Gebäulichkeiten, an Viehstand und Baugelände, und in Gegenden, wo dieselben vom fremden Grundbesitze durchkreuzt lagen, suchte man sie ver= mittelst entsprechender Ankäufe oder Austausche zu vervollständigen und ab= zurunden. Das Institut der Laienbrüder entwickelte sich aber bezüglich des Landbaues um so nachhaltiger und praktischer, als die meisten sanct= blasischen Conversen aus schwarzwäldischen Bauern=Familien stamm= ten, also von Hause aus mit dem Betriebe der Viehzucht und mit der Herstellung von Reutefeldern (d. h. mit dem Schwänden, Reuten, Branden, Umbrechen und Einsäen) vertraut waren. Dergestalt ver= besserten sich die Verhältnisse und steigerte sich die Ergiebigkeit der im Selbstbau des Klosters betriebenen Maierhöfe in einer Weise, daß sie als wahre Musterwirtschaften für die Hofbauern der Um= gegend gelten konnten [1].

Indessen dauerte diese Art des Anbauens und Bewirtschaftens nur so lange, bis dasselbe einen genugsamen Grad erreicht hatte und die Klöster so reich waren, daß sie mehr auf Erhaltung, als auf Erweiterung bedacht sein mußten. Daher gieng ihr Selbstbau all= mählig ein, indem sie die Bruderhöfe, entweder ganz oder in gewisse Theile zerschlagen, an ihre Hörigen zu Erblehen oder fröndhofsweise [2]

---

[1] Ueber die alten Mönchshöfe von S. Blasien habe ich in der oberrh. Zeit= schrift VI, 250 Eingehendes mitgetheilt.

[2] Die Fröndhöfe des Stiftes unterschieden sich von den Mönchshöfen da= durch, daß sie in Zeitpacht gegeben waren, während letztere von den Laienbrüdern bebaut wurden. Der Abt konnte einen seiner leibeigenen Bauern zwingen, einen Fröndhof zu übernehmen, und ihn ohne Weiteres wieder entsetzen, wenn er nicht entsprach. Die meisten sanctblasischen Maierhöfe auf dem Schwarzwalde befanden

verliehen, wodurch dann die Anstalt der Laienbrüder ihren umfassenden Zweck verlor und sich auf einen Ueberrest von Geschäften für die nächste Hauswirtschaft und die Handwerke beschränkte.

Die Aebte und Convente von S. Blasien hielten auch sehr darauf, daß über die Besitzungen und Einkommenstheile des Stiftes genaue Beschriebe und Verzeichnisse angefertigt wurden, welche man von Zeit zu Zeit sorgfältig erneuerte. So ließ nach dem großen Klosterbrande Abt Ulrich im Jahre 1328 einen neuen Gränzbeschrieb des sanctblasischen Zwinges und Bannes fertigen, wie Abt Heinrich 1351 einen Rotel über alle stiftischen Zinse[1], welchen man, nach dem Ausbruche der schweizerischen und hauensteinischen Unruhen, zwischen 1373 und 74, in ein großes Urbar umschrieb; und wahrscheinlich in Folge dieser Wirren veranstaltete dieser Abt 1383 die s. g. Waldamts-Oeffnung, eine genaue Beschreibung der Pflichten und Rechte des sanctblasischen Waldvolkes. Pater Gündelwang aber, Propst zu Neuenzell, beschrieb 1430 die Besitzungen und Rechte seiner Kirche, und durch Abt Christoph wurde mit Waldvogt und Einungsmeistern im Jahre 1467 eine Renovation der Oeffnung von 1383 vereinbart[2].

Auf solche Art und Weise der Erwerbung und Verbesserung seines Landbesitzes gelangte S. Blasien allmählig zu einem namhaften Gebiete von Höfen, Weilern, Flecken, Schlössern, Vogteien und Herrschaftsrechten, welches nach herkömmlicher Eintheilung und Bezeichnung in zwei Herrschaften und acht Aemter zerfiel. Eine kurze Beschreibung derselben dürfte hier um so eher am Platze sein, als man sie kennen muß, um zu verstehen, wie sich die sanctblasischen Reichsherrschaften gebildet.

Die Herrschaft Blumeneck bestund in dem gleichnamigen Schlosse und Dörflein, den Flecken Lausheim, Grimelshofen, Aselfingen und Ewatingen mit mehreren benachbarten Höfen; die Herrschaft Gutenburg dagegen ebenfalls in dem gleichnamigen Schlosse und Oertlein, den Flecken Uehlingen, Krenkingen, Tetzelnheim und Breitenfeld mit benachbarten Höfen und Gerechtigkeiten. Diese beiden Herrschaften wurden nach dem Erwerbe der Grafschaft Bonndorf als Obervogteiamt

sich ursprünglich im Selbstbau des Klosters oder lagen im Fröhnberecht, weil man möglichst freie Hand über dieselben behalten wollte. Vgl. meine Abhandlung über „die alte Thalverfassung von Schönau und Todtnau", in der Zeitschrift für Gesch. des Oberrheins I, 197.

[1] Diese Pergamentrolle hat die Ueberschrift: Anno domini MCCCLI conscripti sunt Census monasterii S. Blasii secundum alphabeti ordinem.

[2] Diese Güter- und Einkommens-Beschriebe sind von mir besprochen in der oberrh. Zeitschr. VI, 99 und 107; sodann IX, 369.

„Blumeneck" zu Ewatingen und als Obervogteiamt „Gutenburg" zu Gurtweil derselben völlig einverleibt.

Das Basler Amt begriff verschiedene Grundstücke, Gefälle, Ze-henten und andere Berechtigungen in fast allen Dörfern und Gemar-kungen von der österreichischen Herrschaft Rheinfelden über das Wiesenthal bis hinab an die hochstift-basel'sche Landvogtei Schliengen. Was von deren Gränzen zwischen dem Rheine und Hochgebirge bis hinab an die Dreisam und den Kaiserstuhl in zahlreichen Ortschaften dem Stifte zugehörte, begriff man unter dem Amte Krozingen.

Vom Feldberge über das Hauensteiner Ländlein mit den zugewandten Thälern Todtnau und Schönau, wie über alle sanctblasischen Güter und Rechte von der Schwarzach und Schlücht bis in den Kletgau hinaus erstreckte sich das große Walbamt. Die Besitzungen im klet-gauischen und stühlingischen Wutachthale hießen das Wutenamt.

Die Herrschaft Seldenbüren und die später dazu erworbenen Güter der Umgegend bildeten das Züricher, wie die verschiedenen am Aar- und Reußflusse meistens ehevor den Freiherren von Klingen und von Tiefenstein gehörigen Besitzungen das Klingenauer Amt. Die dem Stifte in der Baar und im angränzenden Hegan zustehenden Güter und Rechte hießen das Villinger, wie endlich jene im Neckarthale bei Cannstatt und Eßlingen das Nallinger Amt[1].

Die Schlösser Blumeneck und Gutenburg mit ihrem anhangenden Gebiete lagen im obern Alpgau, welcher sich von der Schlücht bis zur Wutach erstreckte und die Grafschaft Stühlingen genannt wurde, jenes an der nordöstlichen, dieses an der südwestlichen Spitze desselben. Die Erbschaft des um 1170 erloschenen stühlingischen Grafengeschlechtes war an die benachbarten Freiherren von Küssaberg und von diesen um 1250 an die schwäbischen Freiherren von Lupfen geerbt, welche bis zu ihrem Erlöschen im Jahre 1582 als Landgrafen die hochgericht-liche und hochforstliche Obrigkeit mit den übrigen Regalien im oberalp-gauischen Gebiete ausgeübt.

Der landgräflichen Hoheit dieses Dynastenhauses unterlagen also nicht allein die Herrschaften Blumeneck und Gutenburg, sondern auch die f. g. fünf Flecken (Bonndorf, Münchingen, Wellendingen, Gündel-wangen und Boll), welche den ursprünglichen Kern bildeten, woran sich die sanctblasischen Reichsherrschaften angeschlossen. Und weiter unterlagen der lupfischen Landeshoheit die f. g. drei Gerichte (Birken-

---

[1] Von diesen Aemtern habe ich in der oberrh. Zeitschr. I, 452 das Klingenauer, II, 194 und 329 das Basler und Krozinger, III, 355 das Gutenburger, V, 96 das Züricher und VI, 96 das Walbamt ausführlich beschrieben.

dorf, Grafenhausen und Betmaringen), deren Grundeigentum einestheils gräflich und anderntheils stiftisch war.

Als Nachfolger des Hauses Lupfen in der Landgrafschaft Stüh= lingen erschienen aber seit 1582 die oberelsäßischen Freiherren von Mörsberg und die baierischen Grafen von Pappenheim, erstere als Allobial=Erben, namentlich der Grundherrschaft Bonndorf, letztere als Erwerber der reichslehenbaren landgrafschaftlichen Rechte oder der Landesherrlichkeit im obern Alpgau. Aber die Grafen, wie die Freiherren überbürdeten sich in Folge des Aufwandes für Behauptung ihrer stühlingischen Besitzungen und Rechte mit einer solchen Schulden= last, daß sie endlich genöthigt waren, mit S. Blasien bedeutende Verkaufsverträge abzuschließen.

Der Freiherr von Mörsberg trat dem Stifte im Jahre 1609 für die Summe von 240,000 Gulden seine Grundherrschaft Bonndorf, und der Graf von Pappenheim im Jahre 1612 um den Kaufschilling von 116,500 Gulden seine Regalien über diejenigen Theile der Land= grafschaft Stühlingen ab, wo dasselbe von früher her bereits Grund= und Niedergerichtsherr war.

Das alte stühlingische Grafschaftsgebiet zerfiel also jetzt in zwei Hälften, in die pappenheimische, welche den Namen der „Landgraf= schaft Stühlingen" fortbehielt, und in die sanctblasische, welche „die Grafschaft Bonndorf" genannt wurde. Jene vererbte 1639 an die Grafen von Fürstenberg, diese aber theilte man in die vier Aemter Blumeneck, Betmaringen, Gutenburg und Bonndorf ab, wovon letzteres aus den fünf Flecken und drei Gerichten bestund.

Durch diese Erwerbungen, deren endliche Erzielung im Ganzen einen Aufwand von mindestens 250,000 Gulden gekostet, gelangte S. Blasien nun völlig in den grund= und landesherrlichen Besitz zweier Drittel der alten Grafschaft des obern Alpganes, was dem damaligen Abte Mar= tin I die Grundlage darbot, worauf er den reichsfürstlichen Rang zu erlangen suchte. Dieses Bestreben stieß jedoch auf mehrfache Schwierig= keiten. Es wurde dem Prälaten im Jahre 1614 vorerst nur die kaiser= liche Belehnung mit den landesherrlichen Befugnissen und Regalien über die Grafschaft Bonndorf ertheilt und sofort von den Unterthanen derselben die Huldigung geleistet [1].

Die Unterthanen der sanctblasischen Reichslande durften sich über diese Veränderung füglichst erfreuen; denn unter ihren bisherigen Herrschaften hatten sie in einer peinlichen Lage der Unsicherheit und

---

[1] Das Nähere hierüber findet sich in der Babenia (neuere) II, 290, 328, und bei Kürzel, Beschreib. des Amtsbez. Bonndorf (Freib. 1861), S. 15.

Verwirrung gelebt. Der Freiherr Joachim von Mörsberg war ein tollköpfischer Verschwender und der tiefverschuldete Reichsmarschall Max von Pappenheim ein Landesherr, welchem es niemals möglich gewesen, für Land und Leute irgend Etwas zu thun. Dieselben gelangten daher in Zuständen an S. Blasien, deren Ordnung und Verbesserung ein erstes Augenmerk für die Stiftsverwaltung sein mußten.

Martins Nachfolger, Abt Blasius II, suchte 1638 auf jene kaiserliche Belehnung hin, Sitz und Stimme am schwäbischen Kreistage und in der Reichsversammlung zu erhalten, die Wirren des 30jährigen Krieges jedoch vereitelten dieses Bestreben. Erst dem Abte Franz I gelang es, seine Aufnahme in das schwäbische Grafencollegium cum sessione et voto durchzusetzen, und erst Abt Franz II, wie bereits erwähnt, wurde 1746 für sich und seine Nachweser zum Reichsfürsten mit allen Prärogativen dieser Würde erhoben [1].

Von dem an lautete der Titel des Prälaten: „Wir, des heiligen römischen Reiches Fürst und Abt zu S. Blasien auf dem Schwarzwalde, Herr der Reichsgrafschaft Bonndorf und der vorderösterreichischen Herrschaften Staufen und Kirchhofen, wie auch zu Gurtweil und Oberrieb, der kaiserlichen Majestät erblicher Erzhofcaplan in den vorderen Landen und des dortigen Prälatenstandes jeweiliger Präsident."

V. Rückblick auf die gelehrten und literarischen Leistungen von S. Blasien.

Das Gotteshaus S. Blasien besaß, wie wir gesehen, schon in sehr früher Zeit eine Schule, anfangs nur für die zum Klosterleben bestimmten Knaben und Jünglinge, seit Errichtung der Abtei aber noch eine weitere für die Jugend der benachbarten Freileute und Adeligen. Erstere hieß die schola interior, letztere die schola exterior [2]. Diese Schulanstalten bildeten einen wesentlichen Bestandtheil des klöster-

---

[1] Das kaiserliche Decret über diese Standeserhöhung ist vom 10. December 1746, die Beurkundung über den Eintrag desselben in das Kanzlei-Titularbuch des Kammergerichts zu Wetzlar aber erst vom 13. Februar 1765.

[2] Sicherlich war mit der Einführung der benedictinischen Regelzucht in der Albzelle auch eine eigentliche Schule an die Stelle des frühern Einzelunterrichts daselbst eingerichtet worden; denn studia literarum excolebantur in ordine Benedictino a primis eius incunabulis. Und so geschah es, sagt der Liber constructionis, ut nobiles (regionum illarum) filios suos Patri (dem Prior nämlich) et conventui sub patrocinio S. Blasii commendarent, qui pueri adulti et in sacros ordines promoti, presbyterii gradum conscendentes, laudabiliter se tenuerunt, in tantum, quod in brevi scholam pro se tenuere in loco.

lichen Lebens und erlangten bald einen bedeutenden Ruf durch den Eifer und die Trefflichkeit ihrer Lehrer.

Es ist daher wohl erklärlich, wenn schon in der Albzelle einige Brüder vorhanden waren, welche es verstunden, Bücher abzuschreiben und geschichtliche Aufzeichnungen abzufassen, und wenn hierauf, unter den ersten Vorstehern der Abtei, die Gelehrsamkeit und Literatur zur erfreulichsten Blüthe gelangten. Wer würde es wohl ohne sichern Nachweis glauben, daß tief in den Einöden des Schwarzwaldes, am Abhange des Feldberges, schon zu Zeiten der sächsischen und fränkischen Könige, nicht allein die griechische Bibel, sondern auch die Naturgeschichte des Plinius gelesen und abgeschrieben worden!

Aus der sanctblasischen Schule sind Männer hervorgegangen, welche im stillen Heimatkloster, oder anderwärts in Gotteshäusern, oder im öffentlichen Leben, wie später an Universitäten, als Lehrer, Gelehrte, Schriftsteller und Vorsteher ersprießlich und löblich gewirkt, deren Reihe in steigender Anzahl bis zur Aufhebung des Stiftes sich fortgesetzt hat, wornach dasselbe schon vor seiner letzten Glanzperiode „gegen achtzig namhafte Scribenten" aufzuweisen hatte.

So soll bereits im 9ten Jahrhunderte der Prior Erenfrid eine Chronik der Albzelle begonnen haben, welche von ungenannten Aebten und Mönchen fortgesetzt worden. Unter dem ersten Abte Bernger aber bildete sich der ausgezeichnete Theologe Werner heran, der ein gelehrtes (jetzt verloren gegangenes) Werk über „die heilige Dreieinigkeit" verfaßte, und nachdem er zur Abtswürde gelangt, als venerabilis pater das Stift mit belobter Weisheit und Frömmigkeit verwaltete. Zu seiner Zeit leitete der Mönch Bernhart als Lehrer die Schule, worin ihn Meister Berchtold von Constanz ablöste, der princeps philosophorum jener Tage.

Berchtold soll in der Schule von S. Blasien erzogen und hierauf wegen seiner canonistischen Gelehrsamkeit an das Domstift zu Constanz berufen worden sein. In dem damaligen Kirchenstreite veröffentlichte er mehrere Streitschriften für die Sache Papst Gregors VII und seines Diöcesan-Bischofs Gebhard III, dessen vertrauter Freund und treuer Begleiter er war auf seiner Flucht im Jahre 1085, wie wir bereits oben gehört.

Während seines Aufenthaltes zu S. Blasien, wo er sich bescheidenst ultimum fratrum nannte, stund Berchtold der bortigen Schule vor und wahrscheinlich fiel in diese Zeit sein Handbuch für den Gebrauch der studierenden Jugend, welches unter dem Titel „Imago mundi" die Summe des damaligen Wissens nach der althergebrachten Eintheilung des Trivium (Grammatik, Logik und Rhetorik) und Quadru-

vium (Arithmetik, Musik, Geometrie und Astronomie) enthielt und
seinem Ruhme als Canonist auch den eines vorzüglichen pädagogischen
und philosophischen Schriftstellers beigesellte.

Bedeutender aber und für die Nachwelt wichtiger trat Meister
Berchtold als Geschichtschreiber auf durch seine Fortsetzung der be-
rühmten Jahrbücher Hermanns des Lahmen von Reichenau, welche
entschieden zu den besten historischen Werken des Mittelalters gehört[1].
Nach der Wiedereinsetzung Bischof Gebharts kehrte auch er wieder nach
Constanz zurück — als sanctblasischer Mönch, und verstarb 1100 im
Kloster Allerheiligen zu Schaffhausen.

Zu S. Blasien hatte Berchtold als Schullehrer zu Nachfolgern
die gelehrten Mönche Mangold und Gerald, wovon die Chroniken
den erstern einen „berühmten Doctor und Schulherrn" nennen, während
sie dem andern ein Lehrbuch der Logik und eine Sprüchesamm-
lung zuschreiben. Man ersieht hieraus, daß unser schwarzwäldisches
Stift mit einem Flore seiner Schule und Gelehrten jugendlich begann,
wie es ihn am Abende seines Daseins so rühmlich behauptet hat.

Damals, unter den Aebten Uto, Rusten und Berchtold, sollen zu
S. Blasien auch die Mönche Frowin und Irmbrecht ihre Bildung erhalten haben, zwei Männer, welche durch Frömmigkeit und
Gelehrsamkeit zu den Zierden jener Zeit gehörten. Frowin kam mit
anderen Sanctblasiern nach Einsiedeln und von da nach Engelberg,
wo er 1145 zum Vorsteher erwählt wurde und sich ein besonderes Verdienst um die dortige Bibliothek erwarb, indem er viele Bücher zu-
sammenkaufte oder abschreiben ließ oder selber abschrieb. Irmbrecht
aber, ebenfalls durch gelehrte Schriften bekannt, gelangte nach dem
Stifte Admont, dessen Abtsstab er von 1160 bis 1172 führte.

Gleich diesen beiden wurde damals noch ein dritter Sanctblasier
nach Auswärts zum Abte berufen, der Bruder Konrat, welcher von
1145 bis 1166 das Gotteshaus Muri verwaltete, wo derselbe den
„erlahmten Musen wieder neues Leben verlieh." Er beschrieb die dortige Gründungs-Geschichte[3], kehrte sodann in sein Heimatkloster zurück
und verfaßte die Chronik der sanctblasischen Zelle zu Bürgeln[4]. Sein

---

[1] Von P. Ussermann in seinem Prodromus kritisch herausgegeben. Vgl.
Zell, Bischof Gebhart, im Diöc.-Archive, I, S. 307.

[2] Ein größeres, noch ungedrucktes Werk Frowins, de gratia, befindet sich in
der Klosterbibliothek zu Engelberg.

[3] Der bekannte Anonymus Murensis, welchen einerseits P. Herrgott und
andererseits P. Kopp herausgegeben.

[4] Das Chronicon Bürglense, welches von P. Heer im Anhange zu seinem
Anonymus Murensis denudatus veröffentlicht worden.

Grundsatz war: „Man muß die Bücher allezeit vermehren, verviel=
fachen und verbessern, weil das Leben der Geistlichen sine libris
keinen Werth haben kann."

Nach dem Hingange des Lehrers Gerald hatte Herr Werner
von Küssaberg die Leitung der Schule zu S. Blasien übernommen,
ein ebenso gelehrter als frommer und bescheidener Mann (nullum
laedens, nullum contristans, omnes amans et ab omnibus amatus),
welcher 1170 zum Nachfolger des Abtes Günther erwählt wurde. Da
unter seinen Mönchen die weltliche Lectüre schon sehr überhand
genommen, so suchte er dieselbe durch eine Blumenlese aus den
Schriften der heiligen Väter möglichst zu verdrängen. Er verarbeitete
diese Auszüge zu einer Reihe von Reden behufs der Tischlesungen
für's ganze Jahr[1], von denen die Klosterchronik in naiver Weise sagt,
daß sie „fast schön" wären.

Damals wurde der sanctblasische Schulmeister Berchtold als
Lehrer nach Donauwerd in's Kloster verlangt, welchen Ruf er
annahm, worauf ihn der dortige Abt wegen seiner besondern Kenntniß
der griechischen Sprache[2] in einer Angelegenheit des Gotteshauses

---

[1] Wernerus S. Blasii in nigra sylva abbas et eximius theologus collegit
deflorationem ex s. patribus, quae Sermones postillares per annum con-
tinent, Basileae anno 1494 typis excusam, cuius exemplaria hodie rarissima
sunt. Ziegelbauer II, 45. Die Universitäts=Bibliothek zu Freiburg besitzt ein
solches Exemplar.

Der Titel des Werkes lautet: Liber deflorationum sive excerptionum
ex melliflua diversorum patrum doctrina, und im Vorworte heißt es: „Quoniam
dies mali sunt et tempus instat, quo homines sanam doctrinam fastidiunt et se
potius ad fabulas convertunt, quam ad ea, quae suae saluti congruunt; pla-
cuit ista describere, ut hi, qui doctrinae verbi Dei inserviunt, in promptu ha-
beant, quid suis auditoribus proferant. Verum quia ex assiduitate audiendi
verbum Dei, melliflua doctrina patrum *multum fastiditur in auribus mo-
dernorum*, ac per hoc rectum iter, quo ad regnum coeleste pervenitur, jam a
pluribus nescitur; syntagma, id est compositionem sermonum conscripsimus
diversorum patrum, ex quibus refocillentur animae salvandorum. Consuetudi-
narium est enim inter mortales, ut cibi frequentius adpositi fastidio fiant his,
quibus adponuntur, quod ne proveniat in sermonibus repetitis saepius, copiam
eorum conscripsimus, ut cum ista pro sua frequenti pronunciatione refutatur,
saltem ex altero pro sui varietate Dei populus per doctorem animetur. Praeterea sciendum, quod hic liber Defloratio, id est: excerptio patrum perno-
tatur, quae ex authentica doctrina patrum Georgii, Hylarii, Augustini,
Ysidori, Hieronymi, Bedae, Remigii aliorumque, qui modernis temporibus catholici atque orthodoxi magistri fuere, syntagmatizatur.

[2] In den Benedictiner=Klöstern wurde seit den ältesten Zeiten neben dem
Latein, welches die herrschende Sprache war, auch immer Griechisch und Hebräisch

gen Constantinopel gesendet. Nach seiner Zurückkunft verfaßte derselbe die Geschichte der Verbringung einer Partikel des heiligen Kreuzes aus Palästina nach dem Donaustrande.

Die Schule zu S. Blasien hatte inzwischen der Mönch Arnold von Straßburg geleitet, einer der Alten des Stiftes, welcher an gründlicher Kenntniß der biblischen Schriften alle seine Mitbrüder übertraf und sich als Lehrer dem Unterrichte der Klosterjugend mit ebenso unermüdlichem Eifer widmete, wie den Pflichten des Chordienstes.

Der vierte Nachfolger des Werner von Kussaberg, Abt Otto, welcher das Stift S. Blasien leider kaum ein Jahr verwaltete, glich demselben an Gelehrsamkeit und machte sich, wie vordem Meister Berchtold von Constanz, durch die Fortsetzung der Jahrbücher Hermanns des Lahmen, so durch seinen Anhang zum Geschichtsbuche des Bischofs von Freisingen nicht wenig verdient. Das Werk athmet historiographischen Geist und ist in altklassischem Style geschrieben[1]. Dieser Otto de S. Blasio hat wahrscheinlich auch das Chronicon sacrae genealogiae und die Acta Güntheri abbatis (von 1141 bis 1170), seines fünftnächsten Vorwesers, verfaßt[2].

Ein anderer Sanctblasier beschrieb um's Jahr 1243 das Leben des seligen Heinrich von Zwiefalten, welcher Prior der Zelle zu Ochsenhausen gewesen, und in der Zelle zu Berau verfaßte die Nonne Angela eine kurze Chronik[3] dieses Gotteshauses von dessen Gründung durch den Abt Rusten bis zum Jahre 1276 in lateinischer Sprache, woraus man ersieht, daß dieselbe, wie anderwärts, auch in den blasianischen Frauenklöstern gelehrt, gesprochen und geschrieben worden.

Diese Blüthezeit der Gelehrsamkeit und Literatur war für

---

zuweilen selbst Arabisch getrieben, und mehrere Päpste verordneten, ut in cujuscunque ordinis et instituti Regularium studiis lectiones linguarum hebraicae, graecae et chaldaicae instituantur.

[1] P. Ussermann hat es in seinem Prodromus mitgetheilt, wie auch Pertz in den monumentis Germaniae.

[2] Herold aus Basel in einem Schreiben an Abt Caspar I berichtet über ersteres: Ottonis a S. Blasio chronica prima. Libri series omnes sacrae historiae genealogias usque ad Timotheum Titumque, Pauli discipulos, figuris pulchre distinguit, opus sane et elegans et non contemnendum. Hiezu bemerkt Gerbert: Descripsi olim hoc chronicon ex manuscripto chartaceo bibliothecae caesareae Vindobonensis domique contuli cum autographo codice, qui incendio monasterii anno 1768 periit, ut tamen salvum sit dictum apographum, suo tempore edendum.

[3] Dieselbe liegt offenbar den Notizen zu Grunde, welche Herr Stiftspropst Huber von Zurzach im vorigen Bande dieses Archives, S. 345, mitgetheilt. Vgl. Gerbert, S. N. II, 57.

S. Blasien aber mit Abt Otto zu Ende gegangen und erst nach einem vollen Jahrhunderte rüttelte das Unglück des Klosterbrandes von 1322 die dortigen Mönche wieder zu gelehrter und literarischer Thätigkeit auf. „Denn nach dem Brande," schreibt Abt Caspar, „hat Einer des Convents den Anfang des Gotteshauses wollen beschreiben und ihn aus den Fragmenten zusammen gelesen bis auf Abt Rusten, welches Buch unsere Alten genannt Librum constructionis. Nach diesem ist ein Anderer des Convents gewesen Namens Otto, ein gelehrter, weiser Mann, der hat eine Chronik verfaßt von Christi Geburt bis auf das Jahr 1332, und darin die Historien und vorgefallenen Händel im Reich ordentlich und wohl beschrieben, von unserem Stifte aber nicht mehr berichtet, als den ersten Bau des Münsters, die Freiung durch Kaiser Otto I, die Weihung des neuen Münsters und die Prälaten von Abt Werner an."

Dieser sanctblasische Chronist war der Bruder Otto von Krotzingen, welcher sein (leider verloren gegangenes) Werk als Fortsetzung der Geschichte des Abtes Otto verfaßte. Mehrere Ungenannte nach ihm schrieben eine Series abbatum monasterii S. Blasii mit verschiedenen eingeflochtenen Nachrichten, oder machten Zusätze zum Liber constructionis. Ein weiterer Ungenannter zeichnete die Gründungs-Geschichte der Neuenzelle und der Kirche im Todtmoos auf, welche Arbeiten durch mancherlei Nachrichten über den Grafen Rudolf von Habsburg von besonderm Interesse sind und schon frühe auch in's Deutsche übersetzt wurden[1], und der Bruder Johann von Ochsenhausen lieferte eine Chronik der Aebte bis 1385.

Ferner besaß man von der Hand sanctblasischer Mönche ein Buch über die Tagesordnung des Klosters das Jahr hindurch (vielleicht von dem Cantor Volk, dessen Tod in den Anfang des 15ten Jahrhunderts fiel), eine Homilien-Sammlung für die Tischlesungen, und ein Copeibuch der stiftischen Urkunden bis zum Jahre 1395. Damals endlich hatte sich zu S. Blasien auch der Pater Friderich von Wartenberg herangebildet, welcher 1428 zum Abte des Stiftes Reichenau erwählt wurde und für dessen Wiederherstellung, wie namentlich die dortige Bibliothek so besonders thätig war[2].

Damit aber schloß sich die literarische Thätigkeit zu S. Blasien für einen Zeitraum von beinahe anderthalb hundert Jahren. Die Klosterschule zerfiel und wurde endlich als eine Nebensache der

---

[1] Die deutsche Aufzeichnung über die Kirchen zu Neuenzell und Todtmoos habe ich in der Herba (S. 89 und 93) mitgetheilt.

[2] Deßhalb „der ander' Pirminius" genannt. S. Diöc.-Archiv IV, 282.

Pflege von Weltpriestern überlassen; die Bibliothek blieb verschlossen in ihrem Staube liegen, und die Liebe zu gelehrter Beschäftigung nahm mit jeglichem Geschlechte ab.

Erst nach den gefahr= und wirrevollen Zeiten der Schweizerkriege, der Glaubenstrennung und Bauernempörung fieng es zu S. Blasien wieder an, literarisch zu tagen. Die Hauensteiner Bauern hatten das Klostergebäude verwüstet und die Bibliothek zerstört, da stellte Abt Gallus das erstere und Abt Caspar I die letztere mit der gelehr= ten Thätigkeit wieder her, nachdem schon 1514 ein sanctblasischer Pater eine „Chronik der Herzoge von Wirtenberg" und der Schulaufseher Andreas Letsch die Jahrbücher des Stiftes von 1519 bis 1530 verfaßt hatte, eine Schrift voll heller Blicke in den wahren Verhalt der damaligen Ereignisse und Begebenheiten [1].

Caspar selbst, ein Sohn der schwarzwäldischen Familie Müller zu Schönau im Wiesenthale, geboren 1504, seit 1528 Propst zu Weitenau, seit 1535 Großkeller zu S. Blasien und seit 1541 Abt des Stiftes, bearbeitete eine vollständige Beschreibung und Geschichte desselben, welche einen ansehnlichen Folianten füllt und die Ueber= schrift führt: Liber originum monasterii S. Blasii hercyniae silvae, abbate eiusdem 34to auctore, 1557.

Dieses treffliche in deutscher Sprache abgefaßte Werk behandelt die Geschichte der Aebte, die Kloster=Privilegien, das coenobium S. Blasii oder die innere Verfassung des Stiftes, die verschiedenen sanctblasischen Propsteien, Aemter und Herrschaften, wie schließlich die klösterlichen Statuten über die Abtswahl, den Gottes= dienst und dergleichen. Ferner verfaßte Abt Caspar drei Consti= tutionen im Betreffe der Kloster=Schulen und Novizen. Er ver= starb am 15ten Mai 1571 mit dem Lobe, coenobium S. Blasii eum in

---

[1] So sagt er über Luther: „Viel' Menschen in Deutschland vermeinten, derselb' hätte den heiligen Geist, wiewohl seine Lehr' wenig Nutzen und gute Frucht geboren. Als er den geistlichen Stand in seiner Condition geschmäht, hat ihn Herzog Fri= berich mit Schirmung erhalten, wie Andere verhoffend, die Geistlichen würden da= durch Abbruch erleiden. Wie nun von Luther, dem neuen Gesetzlehrer, allenthalben die Rede war und seine Schriften von den Neugierigen und Neuerungssüchtigen gekauft und gelesen wurden, ward man ihm günstig und anhängig, und die luthe= rische Lehr' hat viele Menschen vergiftet und in's Verderben gebracht. Denn die deutschen Reichsstädt' folgten ihr in solchem Grade, daß sie alle Priesterschaft heftig verfolgten, nicht aber um des Glaubens und der Gerechtigkeit, sondern um der Kir= chengüter willen. Sie sollten geplündert und verachtet werden, als ob die Welt= lichkeit allein berechtigt wäre. Kurz, die Geistlichen waren die Sünder und die Weltlichen die Seligen."

splendorem nominisque famam evexisse, ut pristinae inopiae incen- diique ruinae amplius superessent nullae.

Dieser für die Ehre und das Gedeihen seines Standes so eifrig eingenommene Prälat kannte aber das Grundübel recht wohl, wodurch die Klostergeistlichkeit seit dem 14ten Jahrhundert vor den Augen der Weltlichkeit in solche Mißachtung gefallen. Er schilderte es mit unparteiischer Offenheit in folgendem Herzensergusse.

„Sua propria et se ipsum relinquere Christumque sequi, das war vordem bei den edlen Geschlechtern eingewurzelt; zu unserer Zeit aber wird leider wenig darauf geachtet, wie man dieß hergebrachte Gut gebrauchen soll. Die frommen Stifter haben selbes sich, ihren Weibern und Kindern entzogen, damit es zur Meh= rung des Gottesdienstes, der Lehre und Zucht verwendet werde. Hätten sie gewußt, daß es mißbraucht werden würde, wie solches heut= zutage geschieht, so hätten sie's ohne Zweifel behalten."

„Denn die löblichen Gotteshäuser sind übel in Abgang gerathen. Ihre Vorsteher achten wenig mehr auf den Gottesdienst, die Lehre und Zucht. Keiner gedenkt mehr der edlen Stifter und warum das Gut gestiftet sei, sondern ein Jeglicher ist nur bedacht, sein Wohlleben, seine Lust und Pracht damit zu treiben, und es den weltlichen Fürsten und Herren gleich zu thun."

„Mancher pocht darauf, daß er zwei bis drei Stifte oder Klöster besitze, welche ihn zu verköstigen hätten, und richtet sein Wesen in weltlichem Sinne darnach ein, während sein Einkommen für geistliche Dinge sollte verwendet werden. Dergestalt ist jetzo aus den frommen Gottesgaben ein gemeiner Kauf und Ueberkauf ent= standen. Der Eine lauft nach Italien, der andere nach anderen Landen, um sich zwei bis drei Abteien zu erwerben, aber nicht etwa, damit er den Gottesdienst, die Andacht und Lehre, das Fasten, Beten und Al= mosen darin pflege und fördere, sondern sie wollen, wie man's augen= scheinlich ersieht, nur ihr Wohlleben, ihre Pracht, in Städten und auf dem Lande damit treiben."

„Also geht es heutzutage mit den Stifts= und Klostergütern, welche vergabt sind des Singens und Lesens, Fastens und Betens wegen, wie daß damit die Jugend in Zucht und Lehre erzogen und der Arme berathen und gespeist werde. Man verfährt jetzt anders damit; es muß jetzt eine Sängerei mit vielen Stimmen, nebst Pfeifen= und Saitenspiel, bei den Tafeln sein; es müssen Bankete gehalten werden[1] — stehe es im Kirchenchor, wie es wolle."

---

[1] Sichtbar spielt hier Caspar, der Schwarzwälder Bauernsohn, auf die adeligen

Abt Caspar II verfolgte ganz den gleichen Weg seines Vor=
wesers in der Kloster=Verwaltung, namentlich setzte er die Vervollstän=
digung der Bibliothek emsig fort, worin sein Nachfolger Martin
ein wesentliches Mittel fand, die Klosterschulen und die wissenschaft=
lichen Studien wieder in den besten Stand zu setzen. Der höheren
Schule stund damals in der Eigenschaft eines „Präfectes“ der Pater
Bühler vor, während der Pater Flaberer den Zöglingen zuerst
die scholastische Philosophie, hernach die Moralphilosophie vortrug und
für ein Orakel galt, dessen Aussprüche in Schule und Capitel von
großem Gewichte waren. Er hatte den theologischen Lehrstuhl des
Pater Rösch erhalten, welcher zum ersten Rector der 1622 neu er=
richteten Hochschule zu Salzburg ersehen gewesen und im Jahre 1638
als Abt von Schuttern gestorben.

Abt Martin I schickte von seinen Mönchen den Pater Franz
Chulot mit drei Genossen zur Einrichtung der Studien nach Salz=
burg, wovon Pater Steineck zum ersten „Regens“ des dortigen
Convictes erlesen ward. Alsdann folgte 1624 Pater Placidus
Rauber als Lehrer der Beredsamkeit, ein fruchtbarer Schriftsteller,
nicht allein in philosophicis und historicis, sondern auch als Dichter
im Komischen. Derselbe beschrieb das Leben des Abtes Blasius II,
sodann die Wallfahrtskirche zu Todtmoos, und verfaßte außer eini=
gen Schulprogrammen, eine Geschichte der Anfänge des Studiums zu
Salzburg, wie für das Studenten=Theater daselbst die Stücke
Boleslaus audax Poloniae rex (1624), Doctor Sabinus (1625)
und Saul rex Israel (1626). Er verstarb als Abt von Schwarzach[1]
im Jahre 1660, nach einer löblichen Verwaltung.

Für ihn waren inzwischen nach Salzburg gekommen (1626) Pater
Friderich Koler, Professor der Poesie, und (1631) Pater Anastas
Scheiter, Professor der Ethik, Mathematik und Philosophie. Mit
dem Ausbruche des 30jährigen Krieges aber verstummen die
Nachrichten über die gelehrte und schriftstellerische Thätigkeit der sanct=
blasischen Conventherren zu Salzburg, wie in ihrem Heimatstifte selber.
Nach dem Friedensschlusse von 1648 jedoch thaten sich wieder mehrere
Blasianer als Lehrer und Schriftsteller löblich hervor.

So schrieb Pater Keller (geboren 1603, gestorben 1666) über

Stifts= und Klosteräbte an, welche ihre Stellen meistens nur als Pfründen be=
trachteten, wodurch sie in den Stand gesetzt seien, ein standesmäßiges Leben
führen zu können! Was sie dabei durch Ausschreitungen aller Art in den Augen
der Laienwelt verschuldeten, das hatte dann die übrige Klostergeistlichkeit zu büßen.

[1] Seine Schriften sind aufgeführt bei Ziegelbauer und Wülberz.

ben Ursprung und Fortgang von S. Blasien, Pater Tritt (geboren 1606, gestorben 1663) eine kurze Chronik des Stiftes, Pater Burghart, Propst zu Berau (geboren 1608, gestorben 1683), ein ähnliches Werk nebst einem Verzeichnisse der sanctblasischen Aebte und eine Geschichte seiner Propstei von 1118 bis 1662; Pater Schenk (geboren 1609, gestorben 1696) eine Erläuterung des liber constructionis und eine kleine Aebte-Chronik; Pater Gebel (geb. 1624, gest. 1676) zwei Dissertationen über die Freiheit S. Blasiens von der bischöflichen Gerichtsbarkeit und Visitation, eine Aera San-Blasiana und Einiges über die Zelle zu Berau; Pater Einselein (geb. 1636, gest. 1693) ein Werk über den sanctblasischen Schwarzwald, eine Abhandlung über die sanctblasischen Kirchen und einen Auszug aus Abt Caspars liber originum; auch die Conventualen Arnold (gest. 1702) und Wex (gest. 1710) hinterließen Einiges über die Geschichte ihres Gotteshauses [1].

Bedeutender waren die Leistungen der sanctblasischen Gelehrten und Schriftsteller, welche vom Beginne des 18ten Jahrhunderts die wissenschaftliche und literarische Ehre ihres Stiftes vertraten, bis mit Herrgott, Wülberz und Heer jene Glanzperiode des Stiftes S. Blasien begann, deren Schilderung der Verfasser gegenwärtiger Arbeit sich zur hauptsächlichsten Aufgabe gemacht.

Der Pater Columban Reble (geb. 1664, gest. 1738) gab die Stifts-Geschichte des Abtes Caspar in einer (freilich etwas geschmacklosen) Umarbeitung mit einer Fortsetzung bis auf seine Zeit heraus [2]; Pater Roman Sebelmaier (geb. 1677, gest. 1722) wurde nach Salzburg gesendet, wo derselbe, seit 1714 zum akademischen Secretär ernannt, das Material zu einer Geschichte der dortigen Hochschule sammelte, nachdem er schon 1711 in der Schrift „der Philosoph Porphyrius" eine Genealogie der Familie des damaligen Erzbischofs Franz Anton von Harrach herausgegeben. Die Conventualen Saal (geb. 1679, gest. 1740) und Grüninger (geb. 1680, gest. 1738) schrieben „Betrachtungen zur Vorrede der herrgottischen Disciplina vetus", und ihre Genossen Forster (geb. 1690, gest. 1733) und Seitz (geb. 1694, gest. 1758) jener einen Auszug aus Abt Caspars Werk und

---

[1] Das Verzeichniß über diese Schriften findet man bei Mone, bad. Quellensamml. I, 66 (Einleit.), wo die wülberzischen Manuscripte aufgeführt sind.

[2] Der Titel dieses höchst selten gewordenen Druckes lautet: „Liber originum monasterii S. Blasii in sylva Hercynia. Das ist: Ein altgeschriebenes Buch vom Ursprung des Gottes-Hauses S. Blasien auf dem Schwarzwald, widerumb renoviert, augiert und continuiert biß auf jetzige Zeiten des Löblichist-Regierenden Hochwürdigen Gnädigen Prälaten und ein- und vierzigsten Abbaten Herrn Augustini. Gedruckt zu Waldshut, bei Johann-Baptista Walpart, anno 1716."

Baber, St. Blasien.   4

Aehnliches, dieser dagegen „kritische Noten zum Leben des heiligen Blasius" und eine Abhandlung über das Wesen des Mönchs nach seinen verschiedenen Seiten betrachtet."

Der fruchtbarste sanctblasische Schriftsteller dieser Periode aber war Pater Ignatz Gump (geb. 1691 zu Bräunlingen, seit 1715 Priester), indem er kritische Betrachtungen zu Pater Gebels Abhandlung über die Exemtionen der Abtei S. Blasien, sodann eine Reihe von acht Dissertationen über das Verhältniß derselben zum Diöcesan-Bischof von Constanz und zum Erzhause Oesterreich, ferner über die Freiheiten, den Gottesdienst und die Reformation des Stiftes, wie auch eine Ge= schichts-Beschreibung des Frauenklosters Berau und der Propstei Bür= geln hinterließ[1]. Pater Ignatz verstarb im Jahre 1763, etliche Monate nach dem Hingange seines berühmten Mitconventualen Herr= gott, dessen Namen an der Spitze der sanctblasischen Gelehrten= Academie des 18ten Jahrhunderts steht.

Diese glänzendste Periode in der Geschichte S. Blasiens wurde herbeigeführt durch die Verpflanzung des Geistes der Congregation von S. Maurus in Paris nach unserem schwarzwälbischen Stifte. Ein ebenso redliches als emsiges Streben nach Förderung der Wissenschaften und Künste hatte daselbst, wie wir gesehen, schon längst geherrscht; aber die sanctblasische Gelehrsamkeit der früheren Zeiten war mit wenigen Aus= nahmen eine schwerfällige, wenig kritische und öfters in ihrer pedantischen Form gegen den bessern Geschmack verstoßende — eine feinere und geschmackvollere, gründlichere und kritischere Bildung sollten die gelehrten Blasianer erst aus der französischen Schule erhalten.

VI. Die sanctblasische Gelehrten=Academie unter den drei letzten Fürstäbten.

Die Benedictiner in Frankreich hatten sich Anfangs des 17ten Jahrhunderts zu einer gründlichen Reform ihres Ordens vereinigt, zu der „Congregation des heiligen Maurus", in welcher sofort eine Gelehrsamkeit heranwuchs, deren Studien und Arbeiten alle Rich=

---

[1] Alles nach Ziegelbauer und Wülberz. Der Zweck dieser Uebersicht der sanctblasischen Gelehrten und Literatur vom Beginne des Stiftes bis auf P. Herrgott (als einer bloßen Einleitung zur Darstellung der Periode von 1734 bis 1807) muß es entschuldigen, wenn dieselbe weniger vollständig und kritisch erscheint. So lese ich im ziegelbauer'schen Werke aufgeführt: Adamus Waffenschmid, San-Blasianus in nigra sylva, de hoc, ejus aevo scriptisque notitiam dabit Mo= nasticon San-Blasianum prelo paratum, ohne gegenwärtig in der Lage zu sein, diesem Schriftsteller an den geeigneten Orten nachspüren zu können.

tungen der Wissenschaft verfolgten, zumal aber die Kirchengeschichte behandelten. Und es thaten sich darin Männer hervor, wie Chantelon, d'Achery, Germain, Mabillon und Montfaucon, gelehrte Forscher und Sammler von bewundernswerther Ausdauer, Umsicht und Gründlichkeit.

Von dem großartigen Style dieser wissenschaftlichen Anstalt, von ihrem unermüdlichen Fleiße, ihren weitreichenden Verbindungen und ihrer — Bescheidenheit, davon haben unsere zeitströmlichen Federhelden freilich keine Ahnung, sonst würden sie über die mönchische Gelehrsamkeit nicht so frivol aburtheilen. Die Briefe, welche die Mauriner mit gelehrtesten und höchstgestellten Männern der halben Welt gewechselt, könnten sie eines andern belehren, wenn es ihnen darum zu thun wäre.

Aus dieser trefflichen Schule brachte der junge Blasianer den Geist und das Streben für umfassende Sammlung und gründliche Forschung in sein schwarzwälbisches Heimatstift zurück, wo der thätige Abt Franz mit glücklichem Blicke den begabten Pater Marquart zum Kloster-Bibliothekare und seinen fleißigen Genossen Stanislaus zum Kloster-Archivare erlas.

Hiermit begannen diese Beiden, unter Mitwirkung der Patres Maier, Troger und Gump, ihre gelehrte Thätigkeit auf dem Felde der vaterländischen Geschichte, und bald reihte sich eine Anzahl jüngerer Männer, wie Reble, Schmidfeld, Heer, Mader, Kleesattel, Winterhalder und Gerbert an dieselben an. Dergestalt bildete sich mitten im rauhesten Schwarzwalde eine Gelehrten-Academie, deren Bestrebungen theils auf das heimatliche Stift beschränkt waren, theils weit über den Kreis der Heimat hinausgiengen.

So beschäftigten sich Herrgott und Wülberz zunächst mit dem Plane und den Vorarbeiten zu einer ausführlichen Geschichte der Abtei S. Blasien und des Bistums Constanz[1]. Nachdem jedoch ersterer im Jahre 1728 an den Kaiserhof nach Wien gesendet worden, gab er diese Arbeiten auf und unternahm das große Werk „der habsburgischen Stammesgeschichte und Denkmäler", was ihm die Ernennung zum kaiserlichen Rath und Historiographen mit einer schönen Besoldung eintrug. Es erschienen davon aber nur vier Bände durch den gelehrten Pater allein, vier weitere gab derselbe mit seinem Genossen Heer heraus, und die zwei letzten wurden nach dem Hingange der beiden

---

[1] Den herrgottischen Plan dazu hat Pat. Neugart im Vorworte zum tom. I episcop. Const. mitgetheilt. Darnach wäre das Werk in 10 Bücher mit einer Einleitung von 7 Capiteln zerfallen.

Historiker durch den inzwischen zum Abte erhobenen Martin Gerbert ergänzt, fortgesetzt und veröffentlicht.

Während Herrgott in Wien sich aufhielt, veranlaßte er den Abt Franz, die Patres Stanislaus und Laurenz mit einem kaiserlichen Empfehlungsschreiben nach der Schweiz zu schicken, um durch sie die dortigen Archive und Bibliotheken für seinen Zweck ausbeuten zu lassen. Bei dieser Gelegenheit sammelten die Beiden auch Vieles für die sanctblasische Klostergeschichte, welche Wülberz nunmehr ernstlich in Angriff nahm. Mit unermüdlichem Fleiße schrieb er, nach einem ausführlichen Entwurfe, alle auffindbaren Nachrichten, älteren Urkunden, Chroniken und Abhandlungen über sein Stift zusammen und füllte damit gegen 25 Bände an!

Dieser reichhaltige Apparat hätte den emsigen Mann hinreichend in den Stand gesetzt, eine eingehende Geschichte oder ausführliche Jahrbücher von S. Blasien zu verfassen; aber einmal war er zu bescheiden, um sich eine solche historiographische Arbeit zuzutrauen, und alsdann hinderten ihn die ihm anvertrauten Aemter daran.

Pater Wülberz hat weitaus das Meiste und Gründlichste über sein Stift geschrieben, ohne daß eine Sylbe davon im Drucke erschienen wäre. Seine Werke, deren Reichhaltigkeit in Verwunderung setzt, blieben die Fundgruben für alle folgenden Bearbeiter der Geschichte S. Blasiens und des umliegenden Schwarzwaldes[1]. Mit vollstem Rechte daher wurde er von den Blasianern per excellentiam einfach Annalista noster genannt.

Pater Schmidfeld hatte sich sehr frühe schon (1747) mit historischen Arbeiten beschäftigt, namentlich mit einer kritischen Untersuchung über Reginbert und Bernger, die Gründer seines Gotteshauses, und dadurch den Wetteifer des 18 Jahre ältern Paters Stanislaus herausgefordert. Pater Kettenacker dagegen schrieb eine Abhandlung über „die Wohlthäter von S. Blasien" erst in späterer Zeit.

Neben diesen historischen Studien und Arbeiten beschäftigten sich die sanctblasischen Gelehrten besonders auch mit Philosophie, Theologie und alten Sprachen. So bearbeitete Pater Linder eine hebräische Grammatik, welche 1755 in Ulm erschien und in seltener Weise schon Alles leistete, was man damals von einem solchen Buche fordern konnte. Pater Gerbert aber veröffentlichte von 1756 bis 1764, wo er zum Fürstabt erwählt wurde, eine Reihe von acht Bänden über die Principien der theologischen Wissenschaft nach ihren verschiedenen Seiten,

---

[1] Mone hat ihm daher mit Recht in der Einleitung zur bad. Quellensamml. eine ausführliche Besprechung gewidmet.

was mindestens ebenso viel Schule und Belesenheit auf diesem weit= schichtigen Felde, als großen Fleiß und Eifer voraussetzt[1].

Pater Herrgott hatte seinem Urkundenbuche zur habsburgischen Geschichte auch die Acta fundationis des Stiftes Muri beigefügt und die Glaubwürdigkeit dieser immerhin wichtigen Quelle sehr verdächtigt, worauf dann der dortige Pater Kopp eine ausführliche Widerlegung der herrgottischen Ansicht veröffentlichte[2]. Hierdurch wurde der so be= scheidene und friedliebende Pater Heer auf das Feld gelehrter Polemik geführt; derselbe schrieb 1755 den „enthüllten Ungenannten von Muri", welchen er in dem Mönche Konrat von S. Blasien erkannte, dessen Chronik von Bürgeln den Anhang seiner eingehenden und des= halb etwas breit ausgefallenen Arbeit bildet.

Pater Rusten blieb der treue Genosse und Mitarbeiter Herr= gotts bis an dessen Tod im October 1762. Er selbst, obwohl um 19 Jahre jünger, folgte seinem verehrten Vorbilde, nachdem die Monu= menta in zwei Bänden durch ihn fortgesetzt worden, schon 1769 in's andere Leben, wohin ihnen Wülberz und Gump bereits voran ge= gangen. Hiermit schloß sich die erste Periode der sanctblasischen Ge= lehrten=Akademie, welche nun unter Abt Gerbert ihre schönste Blüthe= zeit erreichen sollte — ungeachtet des erschütternden Schlages, wodurch das Stift S. Blasien im Jahre 1768 bis auf wenige Nebengebäude ein Raub der Flammen ward[3].

---

[1] Ueber M. Gerberts und anderer S. Blasianer Verdienste um die theolo= gischen Wissenschaften vergleiche man Werner, Geschichte der kath. Theologie. München 1866, S. 179.

[2] Fridolinus Kopp, Vindiciae Actorum Murensium pro et contra P. Mar= quardum Herrgott San-Blasianum. Muri 1750. P. Kopp war (nach Ziegel= bauer) monachus literis clarus.

[3] Das Diarium von S. Peter hat beim 23. und 26. Juli 1768 folgende Ein= träge, welche ein sprechendes Bild dieses Brandunglückes geben.

Die 23. Hac et sequenti die incendio consumitur monasterium S. Blasii in silva nigra (hier eine ausgestrichene Stelle). Hoc incendium non in pistrina, sed in ipso ortum est monasterio et (ut putant) in camino culinae, et in tecto grassatum est tanta velocitate, ut restingui nulla arte potuerit.

Ceterum, ut in infortuniis religiosorum fieri amat, plures saeculares irreparabili damno monasterii S. Blasii non solum non compatiuntur, sed etiam de eo gaudent; alii dicunt, *monachos ipsos cenobium incendisse*, ut e ditione Austriaca illud transferre possent (wieder eine ausgestrichene Stelle). Tertium hoc esse dicitur monasterii S. Blasiani incendium.

Die 26. Heri post horam 9. e S. Blasio venit, equo conducto rustici usus, Ben. Steigmüller, rhetorices ibidem studiosus, confirmatque triste fatum hujus monasterii, *totum nimirum unacum ecclesia flammis absumptum esse*, ereptis incendio paucis libris mscr. ex instructissima et pretiosissima Biblio-

„Erhaben (sagt eine Nachricht aus jener Zeit) stund Gerbert zwischen den Ruinen und mit einem Blicke der Ergebenheit gen Himmel zeichnete er in den Aschenschutt die Grundlinien eines neuen Gottes= hauses. Und unter seiner leitenden Hand erhoben sich sofort ein Tempel voll Majestät und ein Büchersaal voll der ausgezeichnetsten Werke, daß es beinahe schien, als ob die Flamme der vernichtenden Brunst nur zur Verherrlichung des Stiftes habe beitragen sollen."

Die wichtige Stelle, worauf seine Tugenden, seine Gelehrsamkeit und Bildung ihn erhoben, wußte Gerbert vollkommen zu würdigen, im ganzen Umfange der Pflichten, welche ihm dieselbe auferlegte; aber er erfüllte sie nicht allein mit strengster Gewissenhaftigkeit, sondern that noch mehr, als man in jeder Hinsicht von ihm hätte fordern können. Er war von jeher unermüdlich thätig, umsichtigst besorgt, gegen alle Redlichen wohlwollend — und verblieb es bis zum Grabe.

Seine gelehrte Thätigkeit schien durch das Unglück des Brandes einen neuen Sporn erhalten zu haben; denn es erschienen jetzt in schneller Folge nach einander die Fortsetzungen des herrgottischen Pracht= werkes der habsburg=österreichischen Denkmäler, die Sammlung der Briefe König Rudolfs I, das große Werk über die Kirchenmusik und jenes über die alt=alemannische Liturgie, sodann die Schrift über den Grafen Rudolf von Rheinfelden und endlich die dreibän= dige Geschichte des Schwarzwaldes „als einer Benedictiner=Colonie", welche im Jahre 1788 vollendet wurde.

Inzwischen aber, bei all' dieser schriftstellerischen Thätigkeit, hatte

---

theca, toto numophylacio, maxima parte supellectilis sacrae et typographeo (Archivum mansit salvum).

Praeter alia pretiosa mscta incendio eheu! consumptus est codex, qui olim pertinuit ad monast. S. Georgii Villingae, scriptus saeculo IX, qui parem forte magnitudine, varietate materiarum et elegantia in Europa non habuit. Con- flagrarunt etiam plures codices mscti de liturgia Alemanniae et musica eccle- siastica, quos Princeps ad opera, quae componebat, ex variis monasteriis acce- pit, cum omnibus suis scriptis.

Remansere intacta aliqua aedificia remota officialium. Celss. Princeps pernoctavit apud cancellarium suum de Lempenbach. Religiosi vix non omnes ad parochias et praeposituras monasterii confugerunt, praeter vestitum nil secum auferre valentes. Plurima preciosa per fenestras ejecta furto ablata sunt. Unicus homo laesus est. Quidam operarii in cella vinaria ita se inebriarunt, ut exportari eos oportuit. Damnum hoc incendio causatum aliquot milliones excedere dicitur.

* Wenige Tage vor dem Drucke obiger Mittheilung über den Brand von 1768 ist (am 7. Februar 1874) auch der Prachtbau Martin Gerberts, die Kirche und der größere Theil des ehemaligen Klosters, ein Raub der Flammen geworden!

Gerbert unablässig seinen Lieblingsgedanken verfolgt, die Bewerk=
stelligung einer Germania sacra oder Kirchengeschichte von Deutsch=
land in den Rahmen sämmtlicher deutschen Bischofssprengel. Ein so
großartig aufgefaßtes Werk konnte nur durch das Zusammenwirken
vieler Gelehrten ausgeführt werden. Der Fürstabt ließ daher eine
Einladung mit ausführlichem Programme an die gelehrte Welt er=
gehen, um die nöthigen Materialien und Mitarbeiter zu gewinnen.
Und siehe, seine Bestrebungen wurden da und dorten auch mit dem
erfreulichsten Erfolge belohnt.

Von den damals berühmtesten Historikern Süddeutschlands und
der Schweiz sagten der Weihbischof Würdtwein zu Worms, der
Pater Vandermeer zu Rheinau, der Stadtpfarrer Meichelbeck zu
Kaufbeuren, der General Zurlauben in Zug und der Patrizier
Haller in Bern ihre Unterstützung und Förderung des Unternehmens
bereitwilligst zu, und in S. Blasien selber wurden die Capitulare
Ussermann, Neugart, Eichhorn, Buß und Keller von ihrem
Abte zu Mitarbeitern ersehen.

Nach dem festgesetzten Plane[1] des weit aussehenden Werkes sollte
dasselbe enthalten 1) eine Geschichte des alten Deutschlandes,
seiner Religionen, Sitten und Gebräuche, 2) eine Geschichte der deutschen
Gelehrsamkeit, 3) eine Beschreibung der geistlichen Provinzen
und ihrer untergeordneten Bischoftümer in chronologischer Ordnung,
4) eine historische Beschreibung der Collegiatstifte, Klöster und
Ritterhäuser jeglichen Bischofssprengels, 5) eine Aufzählung und
Schilderung der Heiligen, wie der durch Gelehrsamkeit und geistliche
Verdienste ausgezeichneten Männer eines jeden Sprengels, und
endlich 6) als Einleitung zu den Provinzen und Bischtümern je eine
Abhandlung über deren Ursprung, Gränzen und Schicksale.

Die Sanctblasier legten nun rüstig ihre Hand an das Werk,
aber die Zeitereignisse unterbrachen dasselbe wiederholt. Weniger erlitt
es eine Unterbrechung durch das Ableben seines Schöpfers im
Jahre 1793, als durch den eben damals ausbrechenden französischen
Krieg und dessen Folge, die Aufhebung der geistlichen Stifte und
Klöster. Denn die beiden Nachfolger Gerberts förderten es nach Kräf=
ten, bis das Unglücksjahr 1806 mit dem Gebäude des alten deutschen
Reiches auch alle darauf beruhenden Einrichtungen und Bestrebungen
zu Grunde gehen ließ!

Von den zahlreichen Bischtümern Deutschlands erhielten nur vier

---

[1] Denselben hat auch die Freiburger Zeitung von 1784 mit vielem Lobe
des Unternehmens ihren Lesern mitgetheilt.

ober fünf ihre Beschreibung und Geschichte in der so freudig begonnenen Germania sacra. Pater Ussermann lieferte den Prodromus zu derselben und die Bisthümer Würzburg und Bamberg, zwischen den Jahren 1790 und 1801, Pater Eichhorn, das rhätische Bisthum Kur im Jahre 1797, und Pater Neugart den Codex diplomaticus Alemanniae, wie den ersten Band des Bisthums Constanz, von 1791 bis 1803. Unter den auswärtigen Gelehrten bearbeitete Vandermeer[1] das schweizerische Bisthum Sitten, und über das Bisthum Augsburg wurden aus verschiedenen Archiven durch Meichelbeck zu einer solchen Geschichte die einschlagenden Materialien sorgfältigst gesammelt und hernach an die Blasianer abgetreten.

Eine historische Arbeit anderer Art unternahm Pater Kreuter. Er sammelte sich aus den Werken Herrgotts und Gerberts, wie aus dem Regierungs-Archive zu Freiburg und von anderwärts her die Materialien zu einer allgemeinen geschichtlichen Darstellung seines näheren Vaterlandes und führte dieselbe noch vor dem französischen Kriege auch glücklich aus. Dieß zweibändige Werk erschien 1790 unter dem Titel: „Geschichte der vorderösterreichischen Staaten" in deutscher Sprache, weil es für die Beamten, für die Bürger und die Schulen dieser Lande bestimmt war.

Hatten nun aber die meisten bisher aufgeführten sanctblasischen Gelehrten neben ihren historischen auch verschiedene Schriften über Gegenstände aus anderen Fächern veröffentlicht, so verlegten sich im Stifte immer Einige ausschließlich auf solche Fächer. Ich nenne nur die Patres Ilger, Boppert, Weiß und Umber, welche mehrere Arbeiten philosophischen, theologischen, pädagogischen und mathematischen Inhalts verfaßten, von denen indessen, wie es scheint, nur wenige unter die Presse gelangten.

Dergestalt entwickelte sich unter den sechs letzten Aebten die sanctblasische Gelehrten-Academie. Die Arbeiten derselben giengen vom theologischen Felde immer mehr auf das geschichtliche über, wodurch sich zu S. Blasien eine historische Schule bildete, welche auch nach der Aufhebung des Stiftes noch erfreulichst fortgewirkt hat.

Die nach S. Paul übergesiedelten Blasianer suchten für die Ge-

---

[1] Dieser stift-rheinanische Gelehrte (geb. 1718, zum Priester geweiht 1741, gest. 1795) wetteiferte an Sammlerfleiß mit seinem sanctblasischen Zeitgenossen Wülberz; denn er hinterließ nicht weniger als 90 historische Arbeiten, wovon manche aus mehreren Bänden besteht. Nur ganz wenige sind im Drucke erschienen, darunter die Geschichte des S. Fridolinsstiftes zu Säckingen erst 1852, leider in verballhornter Umarbeitung.

schichte von Kärnthen zu leisten, was zu S. Blasien für Vorder-Oesterreich und den Schwarzwald geleistet worden[1], während von den im Heimatlande verbliebenen Klostergeistlichen der als Pfarrer nach Gurtweil versetzte Pater Maier seine vaterländisch geschichtlichen Arbeiten emsigst fortsetzte.

Die von den Blasianern seit 1737 ausgegangenen Druckschriften bilden eine eigene kleine Bibliothek von wenigstens 100 Bänden und Bändchen, und wie Vieles von dem, was diese Klostergeistlichen geschrieben, blieb ungedruckt! Der Werth ihrer Arbeiten ist natürlich ein sehr verschiedener; jedenfalls aber machen die diplomatischen und historischen den schätzbarsten Theil davon aus.

Betrachtet man dieselben nach dem Gehalte ihres Materials, so liefern sie eine Menge der wichtigsten Quellen-Schriften, Urkunden, Jahrbücher, Chroniken und Nachrichten aller Art, mit einem solchen Apparate von diplomatischen, sphragistischen, heraldischen und genealogischen Beigaben, Nachweisungen und Erläuterungen, daß ihre Benützung sowohl für den Diplomatiker im Allgemeinen, als für den vaterländischen Geschichtsforscher insbesondere ganz unentbehrlich ist. In Beziehung aber auf historische Kritik dürften als hervorragendes Muster die Arbeiten des Paters Neugart gelten, wie denn dieser treffliche Gelehrte unter den sanctblasischen Historikern auch formell das Beste geleistet.

Mit solchem Bienenfleiße haben unter den Fürstäbten Franz II, Cölestin, Meinrat, Martin II, Moritz und Berthold die sanctblasischen Gelehrten gesammelt, mit solcher Ausdauer und Gründlichkeit haben sie gearbeitet! Es herrschte zu S. Blasien ein zweckmäßig geordnetes, thätiges, aufgeklärtes Klosterleben, nach dem Grundsatze, „daß die Klöster neben ihrer religiösen Bestimmung auch Werkstätten gelehrten Fleißes sein und den Vorwurf eines unnützen Daseins durch wissenschaftliche Leistungen widerlegen sollten." Aus der dortigen, trefflich eingerichteten Schule giengen wohl erzogene und richtig gebildete Zöglinge hervor, wovon man manche zu Lehrern an Universitäten erlas.

Und welch' ein Geist christlich-humaner Liberalität wehte in der sanctblasischen Gelehrten-Akademie! Weit entfernt von mönchischer Einseitigkeit, huldigten diese Männer dem Genius der Wissenschaft und Kunst, wie im Umgange mit der Welt den Regeln des gesellschaftlichen Anstandes und Wohlwollens in löblichster Weise[2].

---

[1] Man vgl. die Heidelb. Jahrbücher von 1855, Nro. 34, S. 536.

[2] Ich kann mich hier auf die Zeugnisse protestantischer Schriftsteller berufen, wie Sander, Zapf, Nicolai.

Fürstabt Gerbert konnte ihnen hierin zum besten Vorbilde dienen. Seine vielseitige Gelehrsamkeit und ächtliberale Bildung waren allgemein anerkannt und trugen ihm die seltene Ehre ein, daß nicht allein protestantische Schriftsteller sein Lob verkündeten, sondern auch Academieen protestantischer Länder ihn zum Mitgliede ernannten. Es war bewundernswerth, wie der so streng katholische Prälat sich gegen Andersgläubige auf's Rücksichtsvollste und Wohlwollendste benahm. Stund er ja mit protestantischen Gelehrten in freundschaftlichstem, vertrautesten Briefwechsel! So namentlich mit den Historikern Schöpflin und Lamey, wie auch mit Müller, dem jungen Geschichtschreiber der Schweiz, dessen aufstrebendes Genie in S. Blasien alle Anerkennung fand.

Welcher Geist der Bildung, Ordnung und Thätigkeit in religiöser, pädagogischer, gelehrter, literarischer und gesellschaftlicher Beziehung damals zu S. Blasien geherrscht, das berichtet Nicolai als vollgiltiger Zeuge in folgenden (auszugsweise gegebenen) Stellen seiner Reisebeschreibung.

„Wie viel Merkwürdiges auch das Stift S. Blasien enthält, und obgleich allein schon die Kirche daselbst einen Besuch von weiter her verdiente, so war gleichwohl die größte Merkwürdigkeit für mich der Fürstabt Gerbert, ein Mann von weitläufiger Gelehrsamkeit, dessen berühmtes Werk über Kirchenmusik mich zuerst auf ihn aufmerksam gemacht. Er hatte etwas Wahres und Herzliches, etwas Bescheidenes und Zuvorkommendes und doch sehr Würdiges, etwas Heiteres, Joviales und doch sehr Anstandsvolles in seinem Gesichte, wie in seinem ganzen Wesen."

„Nach dem Beispiele dieses edeln Abtes haben sich auch seine Stiftsherren gebildet. Alle sind gelehrte Leute, an allen bemerkten wir das heitere, gefällige, unbefangene und herzliche Wesen ihres Oberhauptes, mit eben dem strengen Sinne für Anstand und Schicklichkeit, welcher ihr Oberhaupt auszeichnete. Unter ihnen bin ich dem damaligen Stiftsarchivare Pater Ribbele, jetzigem Nachfolger Gerberts, zumeist verbunden. Derselbe zeigte uns, neben anderen Merkwürdigkeiten, das Archiv mit seiner vortrefflichen Einrichtung. Er selbst besitzt, neben einer sehr gründlichen historischen und diplomatischen Gelehrsamkeit, noch mancherlei andere Kenntnisse."

„Alsdann lernte ich noch weiter kennen den Pater Oberrechner Kreuter, einen guten Mathematiker und Historiker, wie überhaupt sehr geschickten und thätigen Mann; den Hofcaplan Kuen und den Pater Weiß, welche uns die Bibliothek, das Münz- und Naturalien-Cabinet zeigten. Daß der gelehrte Bibliothekar Ussermann selber, wie der Stiftskanzler von Lempenbach, nicht anwesend war, mußte ich sehr bedauern."

„Die Bibliothek befindet sich in einem großen Saale, an welchen verschiedene Cabinete stoßen. In der Feuersbrunst von 1768 ist zwar, obgleich der damalige Bibliothekar Meichelbeck sehr viele Bücher und beinahe das ganze Münzcabinet mit Gefahr seines Lebens gerettet, das Meiste dieser kostbaren Sammlung zu Grunde gegangen; aber das Verlorene wurde sehr bald wieder ersetzt; man sammelt hauptsächlich auf Theologie, Geschichte und Diplomatik. Von der neuern deutschen Literatur fand ich außer Gellerts Schriften beinahe nichts."

„Die Kupferstich=Sammlung, sowohl von alten historischen Blättern, als von neueren Bildnissen, ist nicht unbeträchtlich und ebenso die Münzen=Sammlung, wogegen das Mineralien=Cabinet durch den Brand viel verloren hat. Indessen scheint es, daß die Naturwissenschaften in den Klöstern leider nicht mit dem Eifer betrieben werden, wie Diplomatik und Geschichtskunde des Mittelalters, wie Theologie und Patristik, worauf sich die Kloster=Gelehrsamkeit gewöhnlich zu beschränken pflegt."

„Das Stift S. Blasien ist aber noch weiter zu betrachten als eine Pflanzschule aller Geistlichen des stiftischen Gebietes; denn alle Pfarreien desselben werden mit sanctblasischen Klostergeistlichen besetzt. Von den hundert Religiosen sind immer etwa vierzig auf Pfarrstellen oder sonst in Geschäften auswärts, und der Fürstabt macht sich's zu einer hauptsächlichen Aufgabe, junge Priester zu dieser Bestimmung zweckmäßig erziehen zu lassen."

„Was nun die innere Verfassung des Stiftes[1] betrifft, so besteht dasselbe 1) aus jungen Leuten, welche darin erzogen und zu ihrer künftigen Bestimmung herangebildet werden; 2) aus den Lehrern in den verschiedenen wissenschaftlichen Fächern ihres Berufes; 3) aus Priestern, welche die benachbarten Tochterkirchen versehen; 4) aus Personen, denen die Besorgung der zeitlichen Geschäfte obliegt; 5) aus Alten und Kranken, welche durch Jahre und Arbeit ermüdet, die verdiente Ruhe und Pflege genießen, und endlich 6) aus Laienbrüdern, welche die nöthigen Handwerke treiben und die verschiedenen Hausdienste besorgen. Alle übrigen Religiosen wohnen außerhalb des Klosters und bringen ihre meisten und besten Jahre mit den ihnen besonders zugewiesenen Arbeiten und Verrichtungen zu."

„Das Stift S. Blasien ist daher in vollem Sinne ein Seminarium, worin die geistlichen Zöglinge für ihre Berufsgeschäfte, für die Seelsorge und für die Wissenschaften gründlich unterrichtet werden;

---

[1] Nach einer ausführlichen Nachricht, welche Nicolai im Jahre 1782 aus S. Blasien erhalten.

ein Priesterhaus, aus welchem die stiftischen Pfarreien und Capla=
neien beseßt werden; eine Deficienten=Anstalt für standesgemäße
Pflege und Versorgung schwacher und veralteter Klostergeistlichen."

„Niemand von den Gesunden und Rüstigen im Stifte kann also
müßig gehen, denn ein Jeglicher hat seine ihm angewiesene Beschäf=
tigung und Aufgabe, sei es in der Hauswirtschaft, Schule, Chorver=
richtung und Seelsorge, oder in den Wissenschaften, wo die um=
sichtigen Oberen ihre Patres nach deren Fähigkeit und Neigung zu ge=
lehrten Arbeiten ermuntern, welche der Welt nicht unbekannt sind."

Gerberts nächster Nachfolger, der Fürstabt Mauriz, welcher von
ihm erzogen worden und gleichsam seine rechte Hand gewesen, stammte
aus dem brabantischen Geschlechte der Ribbele und war am 30sten Juni
1740 zu Wolfert bei Luxemburg geboren, am 13ten November 1759
zu S. Blasien in den Orden getreten und hatte am 24sten September
1764 die Priesterweihe erhalten. Derselbe trat ganz in die Fuß=
stapfen seines verehrten Lehrers und führte die Stiftsverwaltung mit
großem Lobe, wenn auch seine Wahl einige Conventualen empfindlich
vor den Kopf gestoßen.

Wie sehr Abt Mauriz den bisherigen liberalen und aufgeklärten
Geist im sanctblasischen Klosterleben zu erhalten bestrebt war, mag sich
aus dem Urtheile des baden=durlachischen Beamten Groos[1] ergeben,
welcher im Jahre 1796 auf einer Reise in's Oberland nach S. Blasien
kam und von dort nach Hause schrieb: „Ich bin dahier liebreichst auf=
genommen. Der Fürst, ein liebenswürdiger Herr erster Klasse, zieht
mich immer an seine Seite und die Klostergeistlichen erweisen sich
mir ungemein gefällig; ich mache unter ihnen die angenehmsten Be=
kanntschaften. Dieß und die interessante Lage des Stiftes, besonders
aber der Anblick der prächtigen Kirche, bewegen mich, meine Rück=
reise von Schaffhausen wieder über hier zu nehmen."

Leider aber war Ribbele in seiner Stiftsverwaltung und Pflege
der Gelehrsamkeit[2] nicht allein durch die französischen Revolutions=

---

[1] Der spätere Legationsrath, dessen Sohn mir das Schreiben mitgetheilt.

[2] Wenn Ittner behauptet, „die von Gerbert gestiftete historische Schule sei
nach dessen Tode augenblicklich wieder gesunken und der aufgehäufte diplomatisch=
historische Stoff habe nicht einmal mehr ausgearbeitet werden können," so hat er
vergessen, daß trotz der Sorgen, Geschäfte und Opfer, welche die schwere Kriegs=
zeit den Blasianern verursachte, während der Stiftsverwaltung des Fürstabts Mau=
riz nicht nur die größeren Werke Eichhorns, Ussermanns und Neugarts
fortgesetzt, sondern auch noch andere Schriften von sanctblasischen Conventualen vol=
lendet und herausgegeben worden.

Reflorescit demum, sagt Ussermann schon 1794 in einer Vorrede, quam

Kriege schwer bedrängt, sondern auch durch die landesherrlichen Verord=
nungen von 1791 und 1793 sehr bitter berührt, da nach denselben in
vorderösterreichischen Klöstern weder Philosophie noch Theologie
ferner gelehrt werden und ihre Candidaten diese Wissenschaften nur auf
erbländischen Universitäten studieren durften[1]. Für S. Blasien, wo
die mönchisch=scholastische Lehrart längst einer zeitgemäßeren gewichen
war, mußte diese Maßregel doppelt empfindlich sein.

Noch peinlicher aber traf den Fürstabt die Ungewißheit des Ge=
schickes, welche jahrelang über das österreichische Breisgau verhängt
war. Denn nachdem die Franzosen 1796 dessen Hauptstadt besetzt,
wurde es durch den Artikel 18 des Friedens von Campo Formio dem
Herzoge von Modena zugetheilt, ohne daß derselbe sich entschließen
konnte, diese Entschädigung anzunehmen. Sodann bestätigte der Frieden
von Lüneville diesen Artikel nicht allein, sondern erschwerte ihn noch
durch die Ausscheidung der breisgauischen Stifte für den Orden von
Malta. Indessen gelangten auch die Malteser nicht zum Besitze
der stiftischen Gebiete, und so verblieb das arme Breisgau, da die
Schritte desselben zu Wien und Paris vergeblich waren, gleichsam als
herrenloses Land, von den Franzosen besetzt und gequält, bis
zum Frühlinge 1803.

Unter dem Druck dieser peinvollen Lage schrieb der Fürstabt
im September 1800 von Wien aus an den Abt von S. Peter: „Die
Trauergeschichte unseres lieben Vaterlandes schneidet mir um so tiefer
in's Herz, je weniger ich im Stande bin, seine Leiden vermindern zu
helfen. Herr Präsident von Summerau und ich bringen viele
Stunden über diese Leiden zu; wir denken, sprechen und berathschlagen,
wie zu helfen sei. Wir haben bereits Alles gethan, was unsere Ver=

---

ex inopino maximi sui promotoris Martini Gerberti obitu emarcituram
timebamus, Germania sacra nostra, dum novum vigorem haurit ex dignis-
simi illius in dignitate aeque ac *hereditario quasi in bonas literas amore et
studio* successoris Mauritii vigilantia, qua tempore licet periculis pleno, ac
barbaro hoste vicino, nullis aut curis parcit aut sumtibus, ut commune consilium eo maturius exequatur.

[1] Später wurde diese Verordnung dahin abgeändert, daß man Candidaten
nach vollendeten Humanioren aufnehmen könne, welche im Kloster die Philosophie
und Theologie studieren durften, aber unter dem Bedinge, daß für das philosophische
Studium drei und für das theologische vier an einer Universität geprüfte Pro=
fessoren aufgestellt werden müßten. Aber auch diese Bestimmung lag den Stiften
schwer auf, sie wendeten sich daher 1798 an den Coadjutor von Dalberg, damit
er sich beim Kaiser um eine Abänderung derselben verwende, indem sie ja „nicht mehr
ultramontanistischen Grundsätzen anhiengen." Was hierauf erfolgte, ist mir
unbekannt.

hältniſſe nur immer geſtatten; ob es aber von Wirkung ſei, muß dahin geſtellt bleiben. Ich weiß, daß der kaiſerliche Hof mit uns Bedauern habe und für uns arbeite; allein die Umſtände ſind dermalen ſo beſchaffen, daß ich nicht zu ahnen vermag, was endlich unſer und des Landes Schickſal ſein werde."

Und nach ſeiner Zurückkunft von Wien, wo er mit Summerau und den ſtändiſchen Syndicis Frei und Engelberger für das Breisgau und deſſen Stifte alle möglichen Schritte gethan, äußerte ſich der Fürſtabt gegen denſelben Prälaten: „Wo ich immer hinſehe, finde ich nichts als Schwankendes, Ungewiſſes und Verworrenes. Unſer armes Vaterland ſchmachtet unter fremdem Joche und geht zu Grunde, während man den Wiener Hof mit Vorſtellungen überhäuft. Wenn die Franzoſen bei uns noch überwintern ſollten, ſo vermag ich mir gar nicht vorzuſtellen, wie wir es aushalten werden."

Dieſe Jammerbriefe ſchrieb Fürſtabt Mauriz kurze Zeit vor ſeinem Tode, von welchem er nach einer kaum achtjährigen Regierung, während eines freundnachbarlichen Beſuches im Stifte zu S. Peter, am 16ten November 1801 plötzlich betroffen wurde.

Der dortige Abt Speckle trug über ihn Folgendes in ſein Tagebuch ein: „Ich bin nicht im Stande, meine Empfindungen über dieſen erſchütternden Vorfall auszudrücken. Der Selige hatte mich ſeines freundſchaftlichen Zutrauens gewürdigt, was die große Anzahl von Briefen beweist, welche wir gewechſelt. Deſto empfindlicher fiel es mir, daß ihn der Tod gerade in meinem Kloſter treffen mußte. Der Verluſt des wahrhaft großen Mannes iſt in jeder Hinſicht ein ſehr ſchwerer; ich verlor einen erhabenen Gönner und vertrauten Freund, das Vaterland ſein erſtes und eifrigſtes Standesglied, der Prälatenſtand ſeinen würdigſten und thätigſten Präſes, die Kirche einen freimüthigen Verteidiger, welcher auch vor den Großen, ſelbſt vor dem Monarchen, die Sache der Religion mit Mund und Feder verfocht, und das Stift S. Blaſien endlich verlor im allerbedenklichſten Zeitpuncte einen trefflichen, allgemein geachteten Vorſteher."

An die Stelle des Heimgegangenen wurde Pater Berchtold Rottler erwählt, damals Propſt zu Klingenau und vordem Profeſſor der Diplomatik, Numismatik, Heraldik und Altertumskunde an der Hochſchule zu Freiburg. Derſelbe war zu Obereſchach bei Villingen am 16ten October 1748 geboren, am 8ten November 1772 zu S. Blaſien in den Orden aufgenommen und am 24ſten September 1774 zu Conſtanz zum Prieſter geweiht.

Hatte ſein Vorweſer viel Schweres und Bitteres erduldet — die ſchwerſte und bitterſte Erduldung blieb dieſem Prälaten vorbehalten, nachdem das Rad der Ereignisse in zermalmendem Rollen das deutsche Reich und mit demselben die geistlichen Stifte vernichtet hatte.

In Folge des Preßburger Friedens wurde das österreichische Breisgau, nachdem es durch den Hingang des Herzogs von Modena an dessen Schwiegersohn, den Erzherzog Ferdinand übergegangen, dem Hause Baden zugetheilt, welches die breisgauischen Stifte im Jahre 1806 provisorisch und im folgenden definitiv aufhob[1].

Während dieser peinlichen Frist versuchten der Fürstabt von S. Blasien und der Abt von S. Peter noch einen letzten Schritt der Rettung — sie reisten nach Karlsruhe, um dem dortigen Hofe alle Gründe für die Erhaltung ihrer Gotteshäuser vorzutragen. Beide Prälaten wurden daselbst höflichst aufgenommen, in einer Audienz vom Kurfürsten huldreichst angehört, gnädigst zur Tafel gezogen und freundlichst wieder verabschiedet.

Ein leichter Hoffnungsschein begleitete sie nach Hause und es folgte ihnen die Zusicherung nach, daß ihre beiden Stifte vorderhand auf eine zeitgemäße Weise fortbestehen könnten. Fürstabt Berchtold erblickte hierin aber eine „allzu precäre Existenz; man solle sein Gotteshaus lieber geradezu auflösen und der Sache ein Ende machen."

Dieß geschah denn auch. Es erfolgte am 1ten November 1806 die Entschließung[2] Karl Friderichs, „er habe für gut befunden, bei den allzuvielen Schwierigkeiten in Ausführung der Modificationen, worunter man die beiden Abteien S. Blasien und S. Peter habe fortbestehen lassen wollen, solche Willensmeinung dahin abzuändern, daß nunmehr diese Stifte ebenfalls, wie alle übrigen im Breisgau, als mit den Einrichtungen des souveränen Großherzogtums unvereinbarlich, definitiv aufzulösen seien."

Sofort erschien schon am dritten Tage nach dieser Entschließung Herr von Ittner, der ehemalige Kanzler zu Heitersheim, ein abgesagter Feind des Mönchtums, welcher sich vordem alle Mühe gegeben, die breisgauischen Stifte dem Malteser Orden zu verschaffen, als badischer Auflösungs=Commissär zu S. Blasien! Sein strenges, rücksichtsloses und geringschätziges Benehmen gegen die Klostergeistlichen[3] ent=

---

[1] Über die Lage des Breisgaues seit 1796 findet man Ausführliches in meinen „breisgauischen Landständen", wie in den Speckle'schen Memoiren.

[2] Auszug aus dem geh. Finanzraths=Protokoll vom 1. November 1806. Das 1803 noch beibehaltene Stift Gengenbach wurde vom gleichen Schlage betroffen.

[3] „Der Commissär Ittner, welcher die breisgauischen Klöster dem Malteserorden einverleiben wollte und nicht reussierte, besonders feindselig gegen den Fürsten von S. Blasien und gegen mich, scheint nun diese Gelegenheit zur Rache zu benützen, indem er gesagt haben soll, den Fürsten wolle er geißeln und den

sprach ganz der Art und Weise, wie damals und von jeher mit kirch=
lichen Anstalten verfahren wurde, aus deren Vermögen man die
eigenen zerrütteten Finanzen zu verbessern genöthigt war.

Noch erschien aus der sanctblasischen Druckerei ein Catalogus
patrum et fratrum principalis et imperialis monasterii ac congregationis ad S. Blasium für 1807, wie zur Ironie auf das Schick=
sal des Stiftes; denn in demselben Jahre wanderte der Abt mit etwa
40 Conventualen nach Kärnthen aus!

Zu S. Blasien schwelgte hierauf der säcularisierende Vandalis=
mus in den Überbleibseln des Stiftes; die herrliche Bibliothek, die
reichen Kirchenzierden, die Orgel, die große Glocke, wurden abge=
führt und der prachtvolle Tempel selber sollte abgebrochen [1], ja so=
gar das Sanct vor dem Ortsnamen für immer getilgt werden! So
wüthete damals politische Verblendung gegen die katholische Kirche;
sie sättigte sich in vollständiger Profanierung der klösterlichen Gebäude
— das tausendjährige ehrwürdige Gotteshaus an der Alb verwandelte
sich in eine Spinnfabrik!

Leider war seit den 90er Jahren auch der innere Frieden des
Stiftes sehr erschüttert gewesen. Der revolutionäre Geist, welcher sich
damals durch die Welt ergoß, hatte auch Eingang in die sanctblasischen
Klosterzellen gefunden [2], und ließ diesem und jenem jüngern Pater
gar Manches in einem der belobten Zeitrichtung widersprechenden
Lichte erscheinen, während die älteren Conventualen meistens nur um
so zäher am Bisherigen festhielten und das Treiben des aufwachsenden
Geschlechtes um so strenger verurtheilten.

VII. Die sanctblasischen Gelehrten des 18ten Jahrhunderts.

Um nun auf die Lebensverhältnisse und Leistungen der gelehrten
Sanct=Blasier des vorigen Jahrhunderts näher einzugehen, seien

---

Prälaten kreuzigen." So berichtet Abt Speckle; welch' ein frivoler Verspotter der
Klostergeistlichen aber der „classisch gebildete Kanzler von Heitersheim" gewesen,
beweist seine Schrift: Specimen Monachologiae, methodo Linnaeana tabulis aeneis illustratum. Augustae Vind. 1783. Ich habe diesen Mann früher
viel zu günstig beurtheilt.

[1] „Manche Klosterkirchen wurden lediglich niedergerissen, weil man sie nicht
unterhalten wollte. Der Verwendung des lutherischen Baudirectors Arnold ist die
Erhaltung der prachtvollen Kirche zu S. Blasien, welche man gleichfalls abzubrechen
vorhatte, zu verdanken. Man begnügte sich, das Kupferdach derselben abzunehmen,
und das majestätische Gotteshaus mit Schindeln zu decken." Speckle.

[2] Auch anderwärts in den Klöstern wurden jüngere Patres von diesem
Geiste ergriffen.

deren kurzgefaßte Biographieen mit Angabe ihrer Schriften in den fol=
genden Blättern mitgetheilt. Es ist eine Reihe von mehr als zwanzig
Männern, welche innerhalb eines einzigen Menschenalters so Vieles
gesammelt, verarbeitet und geschaffen! Ich führe dieselben nach ihren
Geburtsjahren in chronologischer Ordnung auf, den Leser um
billige Nachsicht bittend, wenn Eines oder das Andere dabei vergessen
worden sein sollte.

Es hatte seine Schwierigkeit, diese Notizen zu sammeln, indem
sie sehr bruchstückweise in den verschiedensten Schriften zerstreut stehen.
Was mir indessen an Gedrucktem abgieng, dafür konnte ich manches
Handschriftliche geben, dessen Werth für meinen Gegenstand man
nicht verkennen wird.

Marquart Herrgott.

Dieser erste sanctblasische Gelehrte der neuen Periode war der
Sohn eines Chirurgen zu Freiburg und am 9ten October 1694 dort
geboren. Nachdem der aufgeweckte, wohlgewachsene Knabe die Schule
seiner Vaterstadt durchgemacht, trat derselbe schon in die Reise des Jüng=
lingsalters und wurde von einem Handlungshause zu Straßburg
als Lehrer zweier Söhne angenommen. Von da begleitete er seine Zög=
linge gen Paris und nach zwei Jahren wieder zurück in die Heimat.
Von hier aber begab sich Herrgott, welchen die Welt nicht besonders
mochte angesprochen haben, nach S. Blasien in's Kloster, wo er am
17ten November 1715 seine Profeß ablegte und am 17ten December
1718 die Priesterweihe erhielt [1].

Der damalige Abt Blasius erkannte in dem jungen Pater, wel=
cher sich schon als Novize durch fleißige Studien hervorgethan, ein be=
sonderes Talent für die Wissenschaft und schickte ihn daher mit etlichen
Genossen zur weitern Ausbildung nach Paris in die gelehrte Anstalt
der Benedictiner von Saint-Germain, deren Ruhm durch Männer wie
Mabillon begründet worden.

Hier empfieng Herrgott seine Richtung für's ganze Leben — er
bildete sich zum Historiker heran. Er lernte kennen, wie man durch
umsichtiges Sammeln und kritisches Bearbeiten des Quellenmaterials
einen sichern Boden für die Geschichtschreibung legt. Dabei wirkten
der liberalere Geist und die feinere Bildung, welche die Congregation
des heiligen Maurus belebten, sehr veredelnd auf sein Wesen, was

---

[1] Vgl. meine kurze Biographie des Paters in den Fahrten und Wan=
derungen I. 109.

ihn, bei seinen geistigen und körperlichen Vorzügen, zu einer unter den Seinigen seltenen Erscheinung stempelte.

Herrgott begann seine schriftstellerische Laufbahn schon zu Paris mit einer trefflichen Arbeit über die ältere Regelzucht der Benedictiner. Dieß erste Periculum des jungen Blasianers zeigte schon den gründlichen Forscher; er lieferte mehrere noch nicht gedruckten Schriften über die klösterliche Disciplin seit dem 12ten Jahrhunderte. Aus der Widmung des Werkes an den Fürstabt Blasius spricht die dankbare Verehrung für einen Prälaten, welcher sich durch Heranbildung der sanctblasischen Klosterjugend, durch die liberale Förderung junger Talente und die Erweiterung der wissenschaftlichen Mittel seines Stiftes ein so großes Verdienst erworben[1].

Nach seiner Heimkehr wurde Herrgott von dem neu erwählten Abte Franz II zu dessen Hofkaplane ernannt, wie später mit den Aemtern eines Bibliothekars und Großkellers betraut. Er hatte eine Geschichte von S. Blasien ausgearbeitet, deren Veröffentlichung jedoch auf Schwierigkeiten stieß[2], und sofort den Plan zu einem ausführlichen Werke über die vaterländische Kirchengeschichte entworfen und sammelte jetzt emsig den Stoff dazu. Mitten in dieser Arbeit aber traf ihn im Jahre 1728 die Wahl zu einem Abgesand=

---

[1] Eine Stelle dieser Dedication sei hier mitgetheilt, da sie den damals in S. Blasien herrschenden wissenschaftlichen Geist sprechend wiederspiegelt. Atque, lautet dieselbe, ex hoc disciplinae amore tua illa efflorescit in studia litterasque propensa voluntas, ut qui adprime nosti, uti scientia sine pietate inflat, sic pietatem a scientia sejunctam brevi deficere et utramque alterius auxilio vigere. Ut vero studia promoveres, quid Tibi non suggessit studiorum amor? Quosdam e tuis in Italiam Galliamque mittere, qui ad elegantiorem literaturam erudientur; Hebraicam Graecamque linguas tuam in Abbatiam invehere; Bibliothecam magna pecuniarum vi optimis quibusque auctoribus locupletare, ut qui deinceps indocti essent, nihil quidquam sibi praeter se ipsos defuisse faterentur. Quantum tibi debet Philosophia, quam auctoritatis jugo solutam, solis rationis et experientiae legibus vis esse subjectam. Quantum Theologia, quae tum demum sana tutaque Tibi videtur, cum e puris sanctae scripturae, conciliorum, summorum pontificum sanctorumque patrum fontibus hausta est. Friburgum Brisgojae Tibi in acceptis refert, quod in Universitate *juris publici, historiarum et linguarum ac politioris literaturae* magistros habeat.

[2] Die älteren Herren zu S. Blasien nahmen wohl Anstoß an der freien Kritik, womit er die Entstehungs=Geschichte des Stiftes behandelte; man hegte zu vorsichtiges Bedenken gegen die offene Besprechung des stiftischen Güterstandes und der Reichsunmittelbarkeit, und fand es zu kostspielig, das Werk mit Kupferstichen zu illustrieren, wie Herrgott sie verlangte.

teu an den Wiener Hof in Angelegenheiten des Stiftes S. Blasien und der breisgauischen Landstände.

Wie nun der Aufenthalt zu Paris maßgebend für seine gelehrte Thätigkeit gewesen, so war es auch diese Sendung nach Wien. Denn nicht allein erlangte der gewandte und gewinnende junge Pater das Vertrauen der Minister und des Kaisers, auch die breisgauischen Stände schenkten ihm das ihrige, indem sie ihn zum bleibenden Vertreter ihrer Interessen bei Hofe ernannten.

Hieburch wurde Herrgott von der Ausführung seines früheren Planes abgebracht und zu einem großartigern Unternehmen ermuthigt. Er machte sich an ein weit aussehendes Prachtwerk über die Stammesgeschichte und die historischen Denkmäler des habsburg=öster=reichischen Hauses.

Den eingehenden Plan dazu hatte der Pater den Grafen von Sinzendorf und von Kufstein, wie dem Freiherrn von Barten=stein vorgelegt, welche für das Unternehmen sehr eingenommen wur=den und ihrem Günstlinge sofort eine Audienz bei Karl VI verschaff=ten, damit er demselben sein Vorhaben des Nähern auseinandersetze. Durch den Beifall und die Zusagen des Kaisers fand sich Herrgott höchst ermuntert und in den Stand gesetzt, das Werk zur Ausführung zu bringen. Weil er aber seiner Amtsgeschäfte wegen Wien nicht ver=lassen konnte, so wurden die Patres Wülberz und Gump dazu be=stimmt, die Bibliotheken und Archive für ihn auszubeuten.

Im Jahre 1738 erschien die erste Abtheilung des Werkes, die Genealogie; dieselbe erregte großes Aufsehen und ärntete vieles Lob, aber auch mancherlei scharfen Tadel. Jedenfalls war sie eine im=ponierende Erscheinung, schon durch die prächtige typographische Aus=stattung und die Zierde zalreicher Vignetten und Kupfertafeln, welche ihr zur bildlichen Erklärung beigegeben worden. Denn Herr=gott hatte von Freiburg den Kupferstecher Maier zu sich nach Wien genommen, um sein Werk mit bessen Arbeiten zu schmücken.

Kaiser Karl war über die drei stattlichen Folianten so erfreut, daß er den Verfasser nicht allein mit einer kostbaren Medaille beschenkte, sondern ihn auch zu seinem Rathe und Historiographen ernannte, während ihm der Papst für die Uebersendung des Werkes in einem höchst schmeichelhaften Breve seine dankbare Anerkennung erstattete [1].

---

[1] Qua de re, heißt es darin, non exiguam retulisti a Nobis laudem nostraeque benignitatis erga te propensionem, cum Nobis dubitare non subeat, quin quicquid ibi literis consignasti, congruat omnino clarissimae Benedictinae familiae alumno. Das Breve ist vom 28. Juni 1738.

Während seines Aufenthaltes zu Wien galt Pater Marquart im Heimatlande für einen Mann von großem Einflusse[1]. In vielen Angelegenheiten wendeten sich seine Landsleute vornehmlich an ihn, und seinem Gotteshause hat er sehr ersprießliche Dienste geleistet. Der schwarzwäldische Mönch wurde auch ganz zum Höflinge und verlernte in Umgang und Wirtschaft jenes genügsame, einfache und stille Leben seines großen Vorbildes Mabillon, welchen die Gunst eines Colbert und die Verehrung der größten Gelehrten vieler Länder nicht verführt hatten, anders als der geringste seiner Mitbrüder zu leben.

Mabillon aber ersparte sich dadurch eine Demüthigung, wie sie nun Herrgott erfahren mußte. Wegen der in Vorderösterreich während der 40er Jahre begonnenen Steuerausgleichung hatte sich der breisgauische Prälatenstand mit den beiden anderen Ständen überworfen, weßhalb unser Pater nur noch den ersteren vertrat, dessen Interessen so eifrig und standhaft verfechtend, daß er sich entschieden weigerte, einen einseitig abgefaßten Rezeß zum Nachtheile desselben zu unterzeichnen, was ihm die Ungnade des Hofes zuzog[2].

Somit war ein weiteres Verbleiben Herrgotts in der Kaiserstadt zur Unmöglichkeit geworden, und der einst so gefeierte Pater entgieng einer bitter demüthigenden Entlassung nur dadurch, daß in Folge der besondern Verwendung eines der Minister die Kaiserin Maria Theresia dem Abte von S. Blasien unter der Hand bedeuten ließ, daß es ihr „sehr angenehm sein würde, wenn er seinen Großkeller unter ehrenhaftem Vorwande zurück berufen wollte.“

Demnach beschied Abt Meinrat den in Ungnade gefallenen Pater, nach einem 20jährigen Aufenthalte desselben zu Wien, „im Interesse seines Großkelleramtes“ nach Hause, entschädigte ihn aber für die erlittene Kränkung durch Ernennung zum lebenslänglichen Statthalter der sanctblasischen Herrschaft Staufen und Kirchhofen, wobei ihm zugleich die Propstei zu Krozingen überlassen wurde, damit er in der Nähe von Freiburg sein gelehrtes Werk desto behaglicher fortsetzen und vollenden könne.

Nachdem nun Herrgott im Sommer 1750 sein breisgauisches Tusculum bezogen, widmete er, unter Mitwirkung des gelehrten Paters Heer, den größten Theil seiner Muße den Monumentis, von

---

[1] Ganz, wie früher der Pater Bender.

[2] Das Tagebuch des Abtes Philipp Jacob von S. Peter sagt über den Pater Herrgott: Vir doctissimus et pluribus editis libris clarissimus, qui jura et libertatem Statuum praesertim ecclesiastici semper acerrime defendit et ob id Viennâ discedere coactus est.

welchen der zweite Band, dessen Vorrede mit einem Dabam in museo nostro Crozingae schließt, schon 1753 die Presse verließ, der dritte jedoch erst 1760 erscheinen konnte, weil der Verfasser in dieser Arbeit durch anderweite Geschäfte vielfach unterbrochen war.

Denn bis in seine letzten Tage blieb Herrgott der thätigste Förderer aller Angelegenheiten des breisgauischen Prälatenstandes, in dessen Versammlungen er meistens die Stelle des Präsidenten, seines Fürstabtes, zu vertreten hatte. Dabei leiteten ihn die Grundsätze der Gerechtigkeit und Billigkeit. Mit Vergnügen liest man, wie er, der strenge Verteidiger der prälatischen Standesrechte gegen die Eingriffe der Regierung, das Interesse der Unterthanen gegen die Härte der Prälaten einst so lebhaft in Schutz genommen, daß dieselben für gut fanden, sein Votum aus dem Protokolle zu entfernen.

Eine Erholung von seinen gelehrten Arbeiten fand Herrgott in der Ökonomie, namentlich in der Bienenzucht und Maulbeerpflanzung, welche damals, wie anderwärts, auch im Breisgaue zur Mode geworden. Sonst lebte er nach altgewohnter Weise höchst liberal und gastfreundlich, wobei es ihm besonders gefiel, mit Freunden und Bekannten, bald zu Krozingen im wohleingerichteten Propsteihofe, bald zu Freiburg im älterlichen Hause oder auf kleinen Ausflügen in die Nachbarschaft, etliche Stunden gemeinschaftlicher Freude zu verbringen.

Seine Wiener Besoldung von 4000 Gulden wurde ihm nach sechsjährigem Stillstande in einer Summe nachträglich ausbezahlt; aber sowohl dieses schöne Geld, als noch 7000 Gulden vom eigenen Vermögen giengen in wenig Jahren darauf. Freilich verschlangen die Monumenta das meiste davon; wie indessen bei Herrgotts liberaler Lebensweise auch das Übrige bald aufgezehrt sein mußte, erklärt sich aus einer Rechnung des Dreikönigwirtes zu Basel, bei welchem er mit seiner Bedienung etliche Tage gezehrt [1].

Damals handelte es sich um die Gründung einer Gelehrten-Gesellschaft unter den Benedictinern im deutschen Reiche, wozu die erste Anregung von dem Pater Ziegelbauer zu Zwiefalten ausgegangen. Unter den Mitgliedern eines solchen Vereines durfte Herrgott nicht fehlen, und keiner der Eingeladenen zeigte auch ein wärmeres

---

[1] Da diese Rechnung nicht weniger als 500 Gulden betrug, stutzte unser Pater darüber und verlangte eine Specification. Der Wirt brachte nun eine specificierte Rechnung, welche ganz bescheiden war. „Ja, wo stecken denn da die 500 Gulden?" Der Wirt: „Herr Pater, es sind, seit ich auf diesem Gasthofe bin, schon so viele geistliche Herren aller Orden bei mir gewesen und haben mich auf den lieben Herrgott vertröstet, daß ich Euere Gnaden jetzt als den Verheißenen festhalte." Herrgott soll hierüber lächelnd die Summe haben nachbezalen lassen.

Intereſſe an der Verwirklichung des ſchönen Planes. Er gab ſeine Rathſchläge über die Mittel und Wege zur Ausführung desſelben und ſagte bereitwilligſt ſeine Unterſtützung zu [1]. Leider jedoch gerieth die Sache in's Stocken und erloſch wieder, ohne ein anderes Ergebniß, als die Förderung des ziegelbaueriſchen Werkes.

Über Herrgotts letzte Tage und ſeinen tödtlichen Hintritt ſchrieb Pater Heer, ſein treuer Genoſſe, unterm 16ten October 1762 von Krozingen aus an einen Freund: „Unſer Pater Marquart verſchied am 9ten dieſes Monats, an ſeinem Geburtstage, im 68ſten Jahre ſeines ruhmvollen Lebens, an einer langwährigen Waſſerſucht. Er hatte den Tod ſtandhaft und chriſtlich, mit vollkommener Ergebenheit in den Willen Gottes erwartet. Sein Hinſcheiden war ſanft, faſt unmerklich, und er blieb auch bei vollem Verſtande bis auf eine kurze Agonie. Sein Leichnam iſt in der hieſigen Kapelle beigeſetzt worden."

Was Herrgott als Diplomatiker und Hiſtoriker geleiſtet, muß anerkannt bleiben, wenn ſeine Werke auch an mancherlei Mängeln leiden. Dieſelben wurden von der einen Seite über das richtige Maß lobend erhoben, wie andererſeits in unbilliger Weiſe herabgeſetzt [2]. Seien wir dankbar dafür, ſie zu beſitzen! Es bedurfte keiner geringen Arbeit, ein ſo maſſenhaftes Material zu bewältigen, zumal ohne namhafte Vorgänger. Denn unſer Pater war der Erſte, welcher es nach den Lehren der hiſtoriſchen Schule von Saint=Germain umſichtig geſammelt, kritiſch geſichtet und zu einem Ganzen verarbeitet hat.

Was ſein berühmter Zeitgenoſſe und Landsmann Schöpflin für die hiſtoriſche Beſchreibung des Elſaßes und des markgräflich badiſchen Hauſes gethan, das that unſer Pater Herrgott für die Geſchichte des

---

[1] In dem Schreiben Herrgotts an Ziegelbauer (I, 162) wegen dieſer Societas literaria heißt es: Ego sane, multis licet negotiis impeditus et viribus fractus, illud tamen grata mente profiteor, *me ultimum in inclyta ejusmodi societate locum libenter occupaturum*, ac unacum meis sodalibus san-blasianis donec vixero viribus omnibus et consiliis collaboraturum, ut in nostra praesertim congregatione san-blasiana literarum studia floreant et Deo bene fortunante nova capiant incrementa.

[2] P. Heer in der Vorrede zum Anonymus Murensis ſagt über das herrgottiſche Werk: Opus istud, ut primum lucem aspexit publicam, *illustre, cedro dignum, sine pari* adpellatum, non potuit non multorum in se convertere oculos atque animos excitare aemulorum. Inde factum, ut alii sub personati cuiusdam epistolographi Helvetii ad doctum quendam Saxonem, alii sub ementito Calmeti nomine, alii alio modo famam tentare conarentur Herrgotti. Über die habsburgiſche Genealogie, welche von proteſtantiſcher Seite ſo heftig angegriffen wurde, waren doch nicht allein die Freunde des Paters, Schöpflin und Lamey, ſondern auch Gerken, Ludewig und Köhler, beſſerer Meinung.

Hauſes Habsburg und der vorderöſterreichiſchen Lande. Aber der pro= teſtantiſche Profeſſor und königlich franzöſiſche Hiſtoriograph erhielt durch Göthe's Meiſterhand eine biographiſche Schilderung [1], welche ihm eine Stelle im deutſchen Pantheon ſichert, während der katholiſche Kloſter= geiſtliche und kaiſerlich öſterreichiſche Hiſtoriograph kaum einer Er= wähnung in der deutſchen Gelehrtengeſchichte gewürdigt worden.

Die Ähnlichkeit dieſer Männer mit einander muß überraſchen. Sie glichen ſich durch ihre körperlichen und geiſtigen Vorzüge, durch ihre feinere Bildung, ihre diplomatiſch=hiſtoriſche Gelehrſam= keit, ihre Gunſt und Stellung an den zwei erſten Monarchenhöfen Europa's, wie endlich ſelbſt darin, daß beide ein gleich gutes Latein und gleich ſchlechtes Deutſch geſchrieben.

Der Einfluß Herrgotts zu S. Blaſien war ein bedeutender und nachhaltiger, nicht allein auf das wiſſenſchaftliche Leben daſelbſt, ſondern auch in manch' anderer Beziehung. Der von ihm angebahnte Weg wurde eifrig weiter verfolgt und die Art der herrgottiſchen Ge= lehrſamkeit erhielt in Gerberts hiſtoriſchen Arbeiten die würdigſte und glänzendſte Fortſetzung.

Schriften.

Vetus disciplina monastica seu collectio auctorum ordinis S. Bene- dicti maximam partem ineditorum, qui ante 600 fere annos per Italiam, Galliam atque Germaniam de monastica disciplina tractarunt. Continet res non modo monasticas, sed etiam ecclesiasticas ad historiam sacram per- tinentes. Cum triplici indice, librorum et capitum, vocum exoticarum, rerum et verborum. Prodit nunc primum opera et studio presbyteri et monachi Benedictini e congregatione S. Blasii in sylva nigra. Parisiis, 1726.

Instructio pro iis, qui annales S. Blasii scribere intendunt.

Origines San-Blasianae seu Annales inclyti et principalis ad S. Bla- sium in nigra sylva monasterii.

Conceptus reformandi literarum studia in monasterio S. Blasii.

Conspectus monastici Blasiani und Hercynia vetus.

Genealogia diplomatica augustae gentis Habsburgicae. Tomus I et II (pars I et II). Cum tabulis aeri incisis XXV. Viennae 1737 (3 Folianten).

Monumenta augustae domus Austriacae. Tomus I (pars I et II), quo Sigilla et Insignia Marchionum, Ducum et Archiducum Austriae exhiben- tur. Cum tabulis aere expressis XXV. Viennae 1750. Tomus II (pars I et II), Nummothecam principum Austriae complectens. Cum tabulis XCIII. Friburgi Brisgoviae, 1752 et 1753. Tomus III (pars I et II), Pinaco- thecam continens. Cum tabulis CXIV. Friburgi Brisg. 1760 (im Ganzen acht ſtattliche, mit ſorgfältigen Regiſtern verſehene Folianten).

---

[1] In „Wahrheit und Dichtung."

Stanislaus Wülberz.

Im Gegensatze zu der glänzenden Erscheinung Herrgotts zeigte sich die seines Mitbruders Stanislaus als eine höchst bescheidene. Derselbe war am 5ten November 1695 zu Eßlingen in Schwaben geboren, hatte den 17ten December 1713 zu S. Blasien die Profeß abgelegt und im Mai 1720 die Priesterweihe erhalten. Im Jahre 1725 wurde er zum Registrator des Klosterarchives und im November 1732 zum Propste von Gurtweil ernannt, und hier in dem freundlich gelegenen, stattlichen Schlosse verliefen ihm seine schönsten Tage.

Frühe schon versuchte sich Wülberz in kleineren historischen Abhandlungen, aber äußerst schüchtern, bis eine Arbeit seines viel jüngern Mitbruders Schmidfeld ihn anspornte, wenn auch keine exactam monasterii Blasiani historiam, doch eine möglichst vollständige Sammlung der Quellen und Hülfsmittel, wie die nöthigen erläuternden Vorarbeiten für eine solche Geschichte zu unternehmen. Zur Ausführung dieses weitschichtigen Unternehmens trugen sein Amt am Archive, seine Muße zu Gurtweil und besonders auch der Umstand sehr fördernd bei, daß der Pater mit seinem Genossen Gump während der Jahre 1733 und 1734 nach der Schweiz und nach Schwaben geschickt wurde, um aus den dortigen Archiven und Bibliotheken neue Materialien für das herrgottische Werk zu erheben, was ihm die beste Gelegenheit bot, solche auch für seinen eigenen Zweck zu sammeln.

Es ist erstaunlich, wie viel dieser Mann gearbeitet hat und wie bescheiden derselbe bei all' seiner Gelehrsamkeit, bei all' seinem Fleiße gewesen. Er wollte nur sammeln und vorarbeiten, damit ein talentvollerer Jünger von S. Blasien den Weg bereitet fände, in würdiger Weise die Geschichte des Stiftes zu schreiben. Doch hören wir, was der gelehrte Pater in der Vorrede zu seinem Hauptwerke von sich selber erzält[1].

„Ich habe es endlich unternommen, die älteren Zeiten unserer Geschichte zu beleuchten, durch sorgfältige Sammlung und Auslegung des Materials, was mir das Kloster-Archiv, verschiedene Manuscripte

---

[1] Mone (bad. Quellensamml. I, 65 der Einleitung) theilt den lateinischen Text mit. Bei der Aufzählung seiner Arbeiten heißt es da: „Im 7. Bande ist die Gelehrten-Geschichte des Klosters von Wülberz eine schätzbare Arbeit, welche man bei dem Verluste seiner Quellen häufig selbst als Quelle betrachten muß. Es sind darin 86 Schriftsteller von S. Blasien nach ihrem Leben und ihren Werken ziemlich ausführlich behandelt und sehr viele Nachweisungen über ihre Handschriften gegeben. Interessant ist auch seine Abhandlung über das alte Schulwesen des Stiftes, welche ebenfalls viele Auszüge aus Handschriften enthält."

und Druckschriften an die Hand gegeben, und lebe der Hoffnung, daß sich im Stifte künftig noch Männer von befähigterem Geiste finden werden, um aus den Steinen meiner Arbeit eine vollständige Geschichtsdarstellung dieses ausgezeichneten Gotteshauses (wie S. Blasien ohne Prahlerei genannt werden darf) zu beschaffen."

„Mein Vorsatz war, die kirchliche Geschichte unseres Alpgaues möglichst aufzuklären; aus Urkunden und Schriftstellern das Betreffende zu erheben und daraus die richtige Reihenfolge der Äbte, den wahren Ursprung, die Disciplin und die Geschicke des Stiftes in einfacher, nackter Erzälung darzustellen. Aber ich zauderte immer noch, aus Mißtrauen gegen meine Befähigung, bis mir die Propstei Gurtweil übergeben und der ehrenvolle Auftrag zu Theil wurde, mit unserem Hofcaplane, dem wohlunterrichteten und rüstigen Pater Gump, in der Schweiz und im benachbarten Schwaben für den Pater Herrgott in Wien das noch mangelnde Material zu sammeln."

„Mit einem Begleitschreiben unseres Prälaten Franz und einem kaiserlichen Empfehlungsbriefe versehen, machten wir während der Jahre 1733 und 1734 die nöthigen Reisen, wobei mir Vieles auch für die sanctblasische Geschichte in die Hand fiel, was ich unter Mitwirkung meines Begleiters auf's Genaueste in Abschrift nahm. Dergestalt wuchs mein eigenes Material so erfreulich heran, und endlich kam dazu noch eine so reichliche Ausbeute aus den Documenten des Gotteshauses Rheinau, daß ich nach unserer Heimkunft mit neuem Eifer an die Arbeit gieng."

„Während mich aber meine Mitbrüder lebhaftest darin ermunterten, diesen Schatz von Gesammeltem noch bei guten Jahren zu verarbeiten, traten gar mancherlei Abhaltungen ein durch die nöthigen Hausgeschäfte, die vielen Gäste und ein Brustübel, welches ich mir auf jener langen mühe- und arbeitsvollen Reise zugezogen. Indessen, das Übel verschwand nach Jahresfrist beinahe gänzlich, und ich konnte mich wieder an meine Arbeit machen."

„Es füllten sich allmählig eine Reihe von Bänden mit meinen Analecten, copierten Documenten und ausgearbeiteten Dissertationen. So kam das Jahr 1749 heran, wo ich endlich glaubte, durch diesen Apparat hinlänglich zur Abfassung einer ausführlichen Geschichte unseres Stiftes ausgerüstet zu sein. Wie wir Menschen aber allezeit dem treulosen Glücke anheimgegeben sind, so wurde ich damals plötzlich aus meiner Arbeit herausgerissen, indem unser Fürstabt Meinrat mich nach S. Blasien zurück berief und mit dem Amte eines stiftischen Lehenpropstes betraute."

„Ich gehorchte dem Rufe mit Gleichmuth und vertauschte ohne

Murren das heitere, sommerliche Gurtweil mit dem rauhen, winter=
lichen Klima von S. Blasien. Auch hier, im Stifte, wurden von
mir alle geschäftsfreien Stunden zur Vollendung meiner sanctblasischen
Geschichtsbeschreibung benützt. Somit brachte ich denn, im 60sten Le=
bensjahre, ein Werk zu Stande, welches meinen Mitbrüdern alle Mit=
tel an die Hand gibt, eine pragmatische Geschichte· unseres
Gotteshauses zu verfassen, was ich selber nicht mehr vermag, nach=
dem man meinen schwachen Schultern die Amtslast eines Oberpflegers
und Kirchenverwalters der Grafschaft Bonndorf aufgebürdet.“

So weit Pater Wülberz über sich selbst. Noch hatte derselbe
kein volles Jahr in Bonndorf zugebracht, als ihn am Morgen des
2ten Juli 1755, da er eben im Begriffe war, die Messe zu lesen, ein
tödtlicher Schlag traf. Sein Leichnam wurde in der dortigen Marien=
Kapelle zur Erde bestattet.

Von den Arbeiten dieses fleißigsten aller sanctblasischen Gelehrten
ist auffallender Weise gar nichts zum Drucke gelangt; benützt aber
hat man dieselben besto häufiger. So bekennt Abt Gerbert: In coad-
cervandis monumentis pro historia San-Blasiana diligentissimus
erat P. Stanislaus Wülberz; *unde mihi in rebus domesticis
nulla pene difficultas fuit ad hanc, quae prae manibus est, historiam
Nigrae Sylvae.* Sicher auch hätte er dieses Werk nicht so zu Stande
gebracht ohne die wülberzische Vorarbeit.

Schriften.

Nova incrementa congregationis san-blasianae seu tria monasteria
S. Wilhelmi in Oberried, in Sion et in Mengen, monasterio S. Blasii
incorporata, von 1725.

Res domi forisque gestae sub abbatibus Francisco I, Ottone, Romano
et Augustino, ab anno 1638 usque ad annum 1720, von 1726.

Brevis indiculus rerum pie et feliciter gestarum sub Blasio III abbate, ab anno 1720 usque ad annum 1727, von 1728.

Analecta genealogica nobilium familiarum, mit mehr als 1800 Siegel=
und Wappenzeichnungen, von 1736 (vier Foliobände).

Breves notitiae monasterii S. Blasii, von 1737.

Copiarium documentorum, continens bullas Pontificum, privilegia
Caesarum, chartas episcoporum et benefactorum, visitationum, reformationum,
statutorum abbatialium et conventus, ab anno 982 usque ad annum 1742 (gegen
1000 Abschriften in 5 Folianten), von 1743.

Analecta ad historiam san-blasianam (7 Bände), ohne Jahresangabe.

Incrementa monasterii s. Blasii (mit einer Reihe von Dissertationen,
in 6 Foliobänden), von 1737.

Epitome omnium rerum, quae ad notitiam domesticam monasterii
s. Blasii facere possunt (2 Theile), von 1753.

De scriptoribus et literarum promotoribus, de veteribus scholis, scho-

laribus et scholasticis, et de fratribus illiteratis seu de conversis monasterii Blasiani epistolae III.

Meinrat Troger.

Neben seinen zwei Mitbrüdern Günterns Maier (1695 zu Füezen geboren und seit 1720 Priester), welcher sich durch Abschriften für die sanctblasischen Historiker verdient gemacht, und Laurentius Gump (1698 zu Betmaringen geboren und seit 1722 Priester), den wir als Begleiter des Propstes Wülberz kennen gelernt, verdient hier der Pater Troger eine besondere Erwähnung. Derselbe war 1696 in Rheinfelden zur Welt gekommen, hatte 1717 Profeß gethan und 1722 die Priesterweihe erhalten. Er bekleidete hierauf mit Auszeichnung die Stelle eines Professors, wurde als solcher nach Gengenbach erbeten und erhielt sofort die philosophische Lehrkanzel an der Hochschule zu Salzburg. Wichtiger Dienste wegen rief man ihn aber bald in sein Kloster zurück. Hier schrieb er die Verteidigung der habsburgischen Genealogie von Herrgott gegen einen Nürnberger Gelehrten, welcher dieses Werk böswillig beurtheilt hatte.

Nach dem frühen Tode des Fürstabts Cölestin im Jahre 1749 wurde Pater Meinrat an dessen Stelle erwählt. Sein hauptsäch= liches Verdienst in dieser Würde waren die Förderung der Wissen= schaften, sein glücklicher Blick für junge Talente des Stiftes und seine liberale Unterstützung derselben, wie solches namentlich Pater Gerbert erfuhr, welchem er die Kloster=Bibliothek anvertraute und die Erlaub= niß zu gelehrten Reisen ertheilte [1]. So wurde dieser hoffnungsvolle junge Blasianer gleichsam seine rechte Hand und dadurch praktisch zu seinem Nachfolger herangebildet. Troger verstarb als der dritte ge= fürstete Abt von S. Blasien im Jahre 1764.

Schriften.

Von solchen ist mir nichts bekannt, als die Aculeata refutatio scabiosae cujusdam bibliopolae Norimbergensis epistolae contra P. Marquardi Herr-gott genealogiam Habsburgicam.

Roman Endel.

Dieser sanctblasische Schriftsteller war am 8ten November 1705 zu Rotweil geboren, hatte 1722 seine Profeß abgelegt und 1725 die

---

[1] Literarische Reisen waren bei den Benedictinern von jeher üblich, weil man ihren Nutzen erkannte. Im 17. Jahrhundert empfahl der berühmte Abt Calmet dieselben angelegentlichst und später schrieb Pater Legipont ein eigenes Werk über die beste Art, sie einzurichten.

Priesterweihe erhalten. Er bildete sich in seinem Heimatstifte zum Lehrer der Theologie aus und erhielt nach der Rückberufung Trogers
die Lehrkanzel desselben zu Salzburg, wo ihm die sebelmaierischen
Sammlungen das Material zu einer Geschichte der dortigen (1617 gegründeten) Hochschule darboten, welche Pater Wülberz im Jahre 1728
durch den Druck veröffentlichte [1].

Endel erwarb sich die Doctorwürde in der Theologie, wurde vom
Erzbischofe zum geistlichen Rathe ernannt und war 1749 Decan der
theologischen Facultät. Auf die 1000jährige Jubelfeier des Klosters
Mondsee verfaßte er eine Ehrenrede, welche in der Mantissa chronici
Lunae-Lacensis 1749 mit anderen dergleichen Vorträgen gedruckt erschien. Dieselbe ist im gewöhnlichen Mönchsstyle geschrieben, enthält
aber eine sehr gelungene populäre Darstellung der Klostergeschichte.
Unser Pater starb als ein Fünfziger im Jahre 1755, welches auch
seinen Stiftsgenossen und Herausgeber Wülberz hinwegraffte.

Schriften.

Historia almae et archiepiscopalis *Vniversitatis Salisburgensis* sub cura
patrum Benedictinorum. Bondorfii 1728.

Tausendfältig gesegnete Rebecca, das ist Ehr- und Lobrede in dem 1000jährigen
Jubiläo des uralt- und hochlöblichen Stiftes und Klosters Monsee, ordinis S. Benedicti, den 1. Tag Octobris vorgetragen von plurimum reverendo, religiosissimo
ac clarissimo domino P. Romano Endel, principalis monasterii ad S. Blasium professo, s. theologiae doctore et ejusdem in alma universitate Salisbur-
gensi scholastico-dogmatices professore ordinario, reverendissimi principis et
archiepiscopi Salisburgensis consiliario ecclesiastico.

Hugo Schmidfeld.

Am 18ten December 1713 zu S. Blasien geboren, trat derselbe
während des Winters 1731 dort in den Orden und erhielt am
22ten December 1736 die priesterliche Weihe. Der talentvolle junge
Mönch, schon 1742 zum Kloster-Bibliothekar ernannt, machte sich
frühe durch einige Schriften pädagogischen, philosophischen und historischen Inhaltes bemerklich. Er beschäftigte sich damals mit dem Plane,
eine bibliothecam Benedictino - Vitono - Hidulfianam herauszu-
geben, nach Art der Maurianischen von Pater Pez; es mangelten ihm
jedoch die Mittel dazu.

Am meisten beachtete man in S. Blasien seine Abhandlung „über
die beiden Reginberte", von welcher Pater Vandermeer meinte,

---

[1] Bei Kolb (I, 130) wird die oben mitgetheilte Stelle Gerberts über die
Schriften des P. Wülberz mißverständlich auf den P. Endel bezogen.

daß sie „viel Curioses und Geistreiches enthalte." Die Aufstellung eines zweiten Reginbert wurde zwar von Gerbert als unstichhaltig nachgewiesen [1], aber die kleine Schrift hatte doch das Gute, daß sie den allzu schüchternen Wülberz ermuthigte, den Weg der einheimischen Historiographie zu betreten.

Eine spätere Arbeit Schmidfelds über die mit Reichenau in Mitbruderschaft stehenden Klöster wurde von Bandermeer als ein opus magni laboris et omnimoda eruditione refertum bezeichnet und ist ein ausführlicher Commentar über das berühmte Reichenauer Necrologium. Derselbe geht bis zum Kloster S. Antimo, worauf es heißt, daß der Verfasser, bevor er zur Besprechung der fraglichen Stifte und Klöster übergehe, die in einem gleichzeitigen, S. Gallener Codex aufgeführten Gotteshäuser erklären wolle. Von dieser Arbeit ist aber nur der Anfang vorhanden. Pater Hugo starb als ein angehender Siebziger im Jahre 1785.

Schriften.

Systema generale de recte formando studio universo monasterii ad S. Blasium, von 1743.

Sciagraphia duarum philosophiae eclecticae partium, logicae et ethicae.

Diatriba de duobus Reginbertis et Beringero monasterii S. Blasii fundatoribus, von 1747.

Explanatio monasteriorum cum coenobio Augiae divitis confoederatorum et in vetustissimo codice Augiensi conscriptorum, von 1771.

Additamenta varia in explicationem s. regulae tyronibus novitiis explananda.

Rustenus Heer.

Eine ebenso emsige und bescheidene Natur, wie sein Genosse Wülberz, war auch Pater Heer, der Sohn einer alten Bürgerfamilie zu Klingenau, geboren daselbst am 19ten April 1715, in S. Blasien erzogen, 1733 zur Profeß zugelassen, 1738 zum Priester geweiht und 1740 zum Bibliothekare ernannt. Seine Neigung für diplomatisch-historische Studien zog den strebsamen jungen Mann bald zu Pater Herrgott hin, welcher in ihm für's ganze Leben einen getreuen Freund, Gehilfen und Verteidiger erhielt.

Dieses bewies Pater Rusten zunächst durch seine fleißige Mitarbeit an den habsburg-österreichischen Denkmälern, sodann durch seine Schrift über den Anonymus Murensis, und endlich durch seine bereitwillige Unterstützung des alternden Statthalters zu Krozingen.

---

[1] Er schließt diesen Nachweis (S. N. I, 231) mit: Nec uspiam apud nos ulla unquam fuit memoria alterius Reginberti ab eremita distincti.

Durch den wachsenden Ruf deßselben gelangte er zu sehr ersprießlichen Verbindungen, welche ihm Trost und Aufmunterung gewährten, wenn seine Lage und Stimmung sich getrübt hatten.

So wurde im Herbste 1755 das freundschaftliche Verhältniß der beiden Blasianer zu dem bereits weithin berühmten Professor Schöpf= lin besiegelt durch einen persönlichen Besuch deßselben im Krozinger Propsteihofe, wo er einige Tage heiter und gemüthlich verbrachte, nur leider mit dem Bedauern, daß Pater Herrgott selber nicht anwesend war, da er sich gerade damals in S. Blasien befand[1].

Von dem an aber stunden Herrgott und Heer mit dem Ver= fasser der Alsatia illustrata, wie mit dessen gelehrtem Freunde Lamey, in einem Briefwechsel, der diesen Männern das schönste Zeugniß ihrer gegenseitigen Achtung und aufgeklärten Gesinnung ausstellt[2].

Zu Krozingen war Schöpflin durch Pater Heer mit den zärin= gischen Stiftungsbriefen von S. Peter bekannt gemacht worden, welche ihm der gelehrte Abt dieses Klosters sofort in liberalster Weise zur Benützung mittheilen ließ. Der badische Geschichtschreiber fand sich dadurch in den Stand gesetzt, die im Chronicon des Berchtold von S. Blasien schon angedeutete Abstammung des markgräflichen Hauses von den Zäringern urkundlich nachzuweisen, was seinem Werke einen wesentlichen Werth verlieh.

Neben dieser erfreulichen Seite seiner diplomatisch=historischen Thä= tigkeit aber verursachte unserm sonst so friedfertigen Pater seine Polemik gegen die Gelehrten von Muri sehr empfindliche Verdrießlichkeiten. Dieselben griffen vielleicht mehr, als es scheinen mochte, seine Gesund= heit an, da sie sich ein ganzes Jahrzehnt fortgesponnen.

---

[1] Mr. Salzer (baden=durlachischer Beamter im Oberlande) nous a conduit et accompagné jusqu' à Grozingen, où nous avons dîné avec P. Heer, sans voir le P. Herrgott, qui étoit à S. Blaise. Il nous montra entre autres un passage important pour la généalogie des Marggraves, qu'il a tiré d'un ancien manuscrit de l'abbaye de S. Pierre. C'est une chose decidée, qu'en 1110 Hermanus marchio étoit *fratruelis* de Bertold duc de Zeringen. Mr. Schöpflin s'est engagé d'y revenir vers l'arrière saison. Lamey in einem Schreiben vom 17. Juni 1755 (aus Kolmar) an den markgräflichen Archivar Herbster zu Basel.

[2] An Lamey schrieb unser Pater am 8. März 1762 unter Anderem: Eadem occasione intellexi, quam anxius tam Tu, quam venerabilis patronus tuus, immo et meus, dominus Schöpflinus, mea de valetudine fueritis. Quam ob rem, quemadmodum mihi multum gratulor, ita et Vobis plurima debeo. *Nam tuis literis, nec non et operis Schöpfliniani aspectu, optime recreatum me sentio.* Memoriam denique Schöpflinianam apud Blasianos iugiter vigere omnes testantur.

Wie früher erwähnt, hatte Herrgott 1737 die Zuverlässigkeit der Acta Murensia oder des Anonymus Murensis so stark verdächtigt, daß der dortige Pater Kopp 1750 eine Verteidigung derselben herausgab, wogegen dann Heer 1755 mit dem Anonymus Murensis denudatus auftrat. Soweit hatte dieser gelehrte Federkrieg einen privaten Charakter, als derselbe aber weiter gieng, indem der Pater Wieland von Muri 1760 seine Vindiciae vindiciarum Koppianarum gegen Heer veröffentlichte, führte dieß zu Schritten zwischen dem Wiener Hofe und dem römischen Stule, in deren Folge das wielandische Werk unterdrückt wurde. Denn es enthielt Stellen, welche der französischen Behauptung günstig lauteten, wonach das Haus Österreich gar nicht von den Habsburgern, sondern aus dem Geblüte der oberelsäßischen Grafen von Tierstein abstammte, was der Pariser Hof bei dem damaligen spanischen Erbfolgestreit nicht unwirksam in seinem Interesse auszubeuten wußte.

Nach dem Tode Herrgotts hatte unser Pater Rusten gehofft, das Werk desselben in Krotzingen fortsetzen zu dürfen, er wurde aber, da man die dortige Statthalterei aufhob, nach S. Blasien zurück gerufen, eine Veränderung, welche ihn so schmerzlich berührte, daß sie seinem Herzen den bittern Ausruf entlockte: Hic literis honos, praefertur utile honesto! Auch in Freiburg, zumal unter den Professoren, verlauteten mißbilligende Stimmen hierüber [1].

Jedoch erhielt Heer noch im December 1762 die Pfarrei Rötgersweil auf dem hauensteinischen Walde, wo die gesunde Luft seine angegriffene Gesundheit wieder herstellte und die allein auf das Dorf beschränkte Seelsorge ihm Muße genug zur Fortsetzung der Monumenta übrig ließ. Er hatte einen eigenen Schreiber, einen Kupferstecher und eine Kupferpresse im Pfarrhof; sodann gieng zur Herbeischaffung der nöthigen Bücher und zur Versendung des Manuscriptes nach der Druckerei in S. Blasien, ein täglicher Bote hin und her, was die Arbeiten sehr erleichterte.

Unterm 15ten März 1764 schrieb unser Pater an Lamey, nachdem er ihm zu dessen Anstellung als Bibliothekar der pfälzischen Akademie seinen Glückwunsch dargebracht: „Was mich betrifft, so habe bisher mit der Taphographia austriaca aus vielen Ursachen noch nicht können unter die Presse kommen. Doch hoffe, bis gen künftige Pfingsten den Anfang mit dem Drucke zu machen. Indessen lebe ich noch immer auf meinem Schwarzwalde vergnügt und zufrieden. Ansonst ligen mir auch Hauswirtschaftsgeschäfte ob. Es werden nun

---

[1] Nach einem Schreiben Heers an Lamey vom 18. November 1762.

die in der Pfalz angebauten s. g. Dickrüben sehr angepriesen. Da der hiesige Boden geeignet dafür scheint, so wünschte ich einen halben Morgen damit bestellen zu können und ersuche Euer Hochedelgeboren deßhalb um die Gefälligkeit, mir ein Päcklein Saamen davon hieher überschicken zu wollen."

Als zu S. Blasien auf den Hingang des Fürstabts Meinrat der Conventuale Martin Gerbert an dessen Stelle erhoben wurde, fühlte sich mit allen Freunden freierer Bewegung auf dem Felde der Gelehrsamkeit auch Pater Rusten sehr erfreut und ermuntert.

„Meine geringen Bemühungen", schreibt er unterm 30sten Jänner 1765 an Lamey, „habe nun wieder etwas ernstlicher vor die Hand genommen, da die Musae San-Blasianae auf's Neue aufzuleben anfangen. Ich erhalte darzu allen Vorschub vom neuen Herrn, meinem vormaligen wahren Freund und nunmehrigen großen Patron. Die Election habe sogleich Herrn Schöpflin überschrieben. Es ligt mir nun die Oconomie um so mehr an, als ich verwichenen Sommer zu einem Mitgliede der in Aarau errichteten Societät der öconomischen Wissenschaften einhellig aufgenommen worden. Der hiesigen Gemeinde habe dießfalls schon große Dienste erwiesen und ihren Feldbau [1] namhaft in bessere Ordnung gebracht."

Unterm 19ten Juli desselben Jahres berichtete er seinem gelehrten Freunde: „Mit den Monumentis sepulchralibus seu Taphographia werde nächster Tage unter die Presse gehen und hoffe, daß sie in zwei Jahren werde ausgedruckt sein. Man hat derweil seiner fürstlichen Gnaden Iter alemannicum, sammt dem gallico et italico gedruckt; als ein Appendix dazu erscheinen verschiedene Glossaria theodisca. Wann von Alberti prodigi Gemahl Mathildis in Heidelberg ein Grabmahl vorhanden, so bitte auf meinen Conto eine accurate Abzeichnung davon nehmen zu lassen. Mein Kupferstecher, welchen ich bereits ein Jahr dahier unterhalte, wird ohnehin nicht mehr lang zu arbeiten haben."

Billig war es, dem gelehrten und unermüdlichen Fortsetzer der Monumenta austriaca auch den Charakter zu verleihen, welchen Pater Herrgott erhalten hatte. Dieses geschah nun wirklich, worüber sich Heer in einem Schreiben vom 25sten October des gleichen Jahres dahin äußerte: „Der Druck der Taphographia geht ziemlich gut fort, und ich werde nun Fleiß und Mühe verdoppeln müssen, da mich vor 14 Tagen ihre kaiserlich-königliche Majestät zu Höchstderselben Rath

---

[1] Also auch hier wieder, wie vor 12 Jahrhunderten nach der Regula S. Benedicti, die gelehrte Arbeit neben der Pflege des Landbaues.

und Historiographo allergnädigst ernannt. Es haben mir zwar seine
fürstliche Gnaden daraufhin sogleich, wie schon mehrmalen vorher, einen
Ehrenposten auf das Freundlichste angetragen; da mich aber die
Erfahrung gelehrt, was für große Unordnung die Transportirung der
Bibliothek, der Handschriften und anderer dergleichen Dinge anrichte,
und wie viele Mühe und Zeit es erfordere, Alles wiederum in ge=
hörige Ordnung zu bringen, so habe ich mir selbiges für dießmal noch
gehorsamst abgebeten."

Um's Jahr 1766 erhielt Pater Rusten das wichtige Amt eines
Oberpflegers zu Bonndorf, wie es vordem Pater Wülberz be=
sessen, verwaltete es aber ebenfalls nur kurze Zeit. Während derselben
knüpfte der gelehrte Registrator (Archivar) Straßer zu Donöschingen
einen Briefwechsel mit ihm an, welcher uns einen weitern Beweis von
Heers liberaler und wohlwollender Gesinnung, wie von seiner freund=
lichen Bereitwilligkeit liefert.

Straßer hatte am 4ten Juni 1767 bei unserm Pater angefragt,
ob er auf Pfingsten in Angelegenheiten der fürstenbergischen Geschichte
„als ein homo ignotus" nach Bonndorf kommen könne, und von
Schöpflin, welcher auf seiner Reise an den Bodensee auch zu Don=
öschingen angekehrt, eine Empfehlung ausgerichtet. Hierauf antwortete
ihm Heer schon am folgenden Tage: Non mihi ita ignotus es, ut
putas, vir clarissime, quando fama tui nominis ut ad alios, ita et
ad me quoque pertransiit. Nunc autem ex literis propius te
cognovisse mihi gratulor, gratulaturus haud paullo magis, si
ultro, nec opinatus, ut in animo fuit, huc te contulisses.

Nachdem Straßer im Herbste darauf seinen Besuch zu Bonndorf
gemacht, schrieb er unterm 3ten September dorthin zurück: Attentus
audiit Serenissimus meus, quae de insigni tua in me urbanitate,
de tuo res nostras promovendi studio deque summis tum ad
D. Blasii, tum Bondorfii in me collatis gratiis ac beneficiis.
Obstrictum tibi animum meum contestor. Certum te esse volo
atque persuasissimum, si qua in re tibi inserviendi copia sit, tam
id mihi fore gratum, quam quod gratissimum.

Hierauf, unterm 16ten September, beantwortete Heer mehrere
ortshistorische Fragen des fürstenbergischen Archivars und schloß dann:
Jam Serenissimum tuum, cui me submissa voluntate commendatum cupio, conatum meum (die Taphographie) gratiose probare,
id me magna incedere facit laetitia. *Utinam vero non omni ex
parte pressus majorem iis adhibere possem curam;* spero tamen,
me intra anni spacium longissimum juxta ac difficillimum opus,
quod sub prelo sudat, ad umbilicum deducturum, tumque maius

Baber, St. Blasien.   6

nactum otium mea studia huc etiam (auf die heimatliche, schwarz=
wälbische Geschichte) conversurum [1].

Pater Heer mußte noch das große Brandunglück von 1768 er=
leben und dabei den besondern Schmerz, daß auch seine so mühesam
aus der Presse geförderten zwei Theile der habsburgischen Tapho=
graphie im Feuer zu Grunde gegangen.

Indessen erhielt er am 17ten Jänner des folgenden Jahres die
freudige Zustellung [2], „Augustissima hätten per decretum ex
camera aulica zu bewilligen geruht, daß nicht allein dem Stifte
S. Blasien zur Wiederauflegung der durch dasigen Brand verun=
glückten zwei Theile des kostbaren und prächtigen Werks der Monumenta augustae domus austriacae der erbetene Beitrag von 4000
Gulden verabreicht, sondern auch dem Verfasser derselben, P. Rusteno
Heer, das allerhöchste Wohlgefallen noch besonders zu erkennen ge=
geben werde.“ Bald aber nach dieser ehrenden Zustellung wurde Pater
Rusten vom Tode ereilt, um die Mitte von 1769, im besten Mannes=
alter von 54 Jahren.

Schriften.

Dissertatio de literarum studiis in monasterio S. Blasii magis magis-
que promovendis. Handschr. von unbekanntem Jahr.

Anonymus Murensis denudatus et ad locum suum restitutus, sive
Acta fundationis monasterii Murensis denuo examinata. Accessit chronicon
Bürglense. Friburgi Brisgoviae 1755.

Taphographia principum Austriae (monumentorum tom. IV et ultimus),
nach dem Tode P. Heers durch den Fürstabt Gerbert wieder hergestellt und bis
auf seine Zeit fortgesetzt. Typis S. Blasianis 1772.

Martin Gerbert.

Alle überragend stund Gerbert im Kreise seiner sanctblasischen
Altersgenossen, von denen die Patres Maber, Kleesattel, Ket=
tenacker und Winterhalber sich durch gelehrte Arbeiten hervor=
thaten. Es herrschte unter diesen jungen Männern ein reger Wetteifer,
welcher erfreuliche Früchte trug, wenn sich in denselben öfters auch die
Schwächen der Eifersucht oder des Neides mischten.

Pater Aloys Maber, 1717 zu Rotweil geboren und seit 1741
Ordenspriester zu S. Blasien, schrieb de methodo in institutioni-
bus philosophiae sibi amplectenda; Pater Remigius Kleesattel,

---

[1] Der ganze Briefwechsel steht bei Mone, Quellens. I, Einl. S. 43.

[2] Nomine excellentissimi domini Praesidis an den Herrn Fürsten zu
S. Blasien. Die Anweisung der Summe an das Zalamt erfolgte unterm
8. März 1769.

im gleichen Jahre zu Böhmenkirch geboren und seit 1742 Priester, verfaßte einen Conspectus polyantheae musicae; Pater Raimund Winterhalder, 1720 zu Furtwangen geboren und seit 1746 Priester, schrieb eine Exercitatio de stylo philosophico, und Pater Paulus Kettenacker, 1722 zu Villingen geboren und 1746 zum Priester geweiht, hinterließ die gelehrte Schrift Tabulae fundatorum atque benefactorum monasterii S. Blasii[1]. Dieser Conventherr lebte noch 1807, ein Fünfundachtziger, als Senior jubilaeus.

Fürstabt Martin II gehörte der Patricierfamilie „Gerbert von Hornau" zu Horb auf dem Schwarzwalde an und war den 12ten August 1720 daselbst geboren. Als Knabe und Jüngling besuchte derselbe die Schulen zu Ehingen, Freiburg, Klingenau und S. Blasien, in welchem Kloster er am 28ten October 1737 die Ordensgelübde ablegte und 1744 zum Priester geweiht wurde.

Der damalige Prälat Meinrat hatte die trefflichen Anlagen des jungen Paters frühe erkannt und väterlich gepflegt, was denselben in seinem Studium, namentlich in der lateinischen, griechischen und hebräischen Sprache, in der Musik, Philosophie und Theologie, sehr ermunterte und förderte. Deßhalb ernannte er ihn gleich nach der Priesterweihe zum Professor, wie hernach zum Bibliothekar, ließ ihn reisen (in Frankreich, Italien und Deutschland) und in mancherlei Geschäfte einweihen, wodurch der eifrige, strebsame, rein- und edelgesinnte Jünger S. Blasiens eigentlich zu seinem Nachfolger herangebildet ward.

Während Gerbert als Lehrer und Bibliothekar wirkte, also in einem Zeitraume von kaum neun Jahren, giengen 20 theologische Schriften aus seiner Feder hervor, welche darauf abzielten, den Studien der Gottesgelehrtheit zu S. Blasien eine wissenschaftlichere und freiere Richtung zu geben. Vix est, sagt Klüpfel, theologiae universae pars aliqua, cuius institutiones non publicaverit, unde constat luculentius, quantum abhorruerit a scholasticorum gerris et nugis, quae in spem futurae oblivionis perdiscuntur.

Über die theologische Richtung Gerberts lassen wir noch ein ebenso competentes Urtheil aus der neuesten Zeit folgen[2].

„Wenn die Theologie im Thomismus als speculative Doctrin, bei den Scholastikern überhaupt als systematische Doctrin gefaßt wird, so

---

[1] Die Abhandlungen dieser Blasianer stehen in dem Verzeichnisse der würtzerzischen Schriften bei Mone, Quellensamml. I, Einleit. S. 68, mit aufgeführt. Von P. Kettenacker besitzt das Stiftungsarchiv zu Bonndorf auch eine Relation über die Kirchen der bonndorfischen Union.

[2] K. Werner, Geschichte der kath. Theologie, S. 181 f.

faßt sie Gerbert, von dem speculativen und systematischen Charakter der Theologie vorläufig abstrahirend, als Gottesgelehrtheit auf, und fragt vor Allem einmal nach den Quellen und Hülfsmitteln der theo= logischen Gelehrsamkeit [1]. Als die Quellen der theologischen Erudition bezeichnet er die heilige Schrift, die Concilien, päpstlichen Decretalen, die Werke der Kirchenväter; die Ausbeutung dieser Quellen hängt auf's engste mit genauen und sorgfältigen kirchengeschichtlichen Studien zu= sammen. Als Hülfsmittel der theologischen Erudition hebt Gerbert hervor schönwissenschaftliche und philologische Studien, besonders im Griechischen und Hebräischen, Chronologie und Geographie, Philosophie, Mathematik, Jurisprudenz, Kritik und Altertumskunde."

„Die Theologie ist ihm, wie er in den Prolegomenis seiner Schrift über die katholische Methode der Schriftforschung ausführt [2], die Erkenntniß und Wissenschaft der göttlichen Dinge, sofern uns dieselben durch die Offenbarung verbürgt sind; sie ist ihm näher beweisende oder erklärende Darlegung der in Schrift und Überlieferung enthaltenen Lehre, durch welche Gott sich selbst, seine Werke und seinen Willen an uns Menschen kund gethan und uns geoffenbart hat, was wir zu seiner Ehre und zu unserem Heile zu glauben und zu wirken haben. Die theologische Wissenschaft hat zu ihren Coefficienten den Glauben und die Vernunft; der Inhalt des gläubigen Bewußtseins oder die materia fidei wird durch Geist, Fleiß und Kunst (ingenium, ars, industria) zum theologischen Wissen gestaltet."

„Zufolge des Antheils, welchen menschliches Geschick und mensch= liche Fertigkeit an deren Gestaltung und Ausbildung haben, hat dieselbe nicht jenen Grad von Gewißheit, wie der Glauben, obschon sie durch die ihr eigentümliche Art der Gewißheit und Beweiskraft alle natür= lichen Wissenschaften weit hinter sich zurückläßt. Die Theologie würde dann vollkommene Wissenschaft sein, wenn sie in allen ihren Theilen bis in's Einzelnste demonstrativ durchgebildet wäre; da sie es aber nie dazu bringen wird, so soll sie wenigstens in ihren Haupt= und Grund= partien, durch welche der Complex der theologischen Erkenntnisse gestützt wird, den Charakter apodiktischer Durchbildung an sich tragen. Aus den hierauf verwendeten Mühen sind die theologischen Lehrsysteme hervorgegangen; die Systemisierung der Theologie ist vornehmlich den Scholastikern zu verdanken."

„Aus dem Gesagten erhellt bereits, daß Gerbert gewillt ist, die

---

[1] Apparatus ad eruditionem theolog., institutioni tironum congreg. S. Blasii in silva nigr. destinatus. Frib. 1757.

[2] Principia theolog. exegeticae. S. Blas. 1757.

Verdienste der Scholastiker um die theologische Wissenschaft aufrichtig zu würdigen; er warnt jedoch angelegentlich vor den Einseitigkeiten und Auswüchsen des Scholasticismus, und will nicht, daß die Scholastik, wie sie in ihrer geschichtlichen Entwickelung vorliege, sich ausschließlich und absolut für die Theologie der Kirche ausgebe. Die scholastische Theologie hat das Verdienst der methodischen Verarbeitung des theologischen Lehrstoffes; vorerst aber handelt es sich um Gewinnung dieses Stoffes, und diese Function fällt der exegetischen Theologie zu, welche, sofern sie aus den Quellen der positiven Lehre, und zwar nicht bloß aus der Schrift, wie bei den Protestanten, sondern aus Schrift und Tradition schöpft, auch die positive Theologie genannt wird."

„Gerbert macht es den einseitigen Scholastikern zum Vorwurfe, daß sie den Fortschritt der Theologie, statt zu fördern, nur aufhalten, indem sie die Pflege der zur theologischen Ausbildung nöthigen Quellen- und Hülfsstudien vernachlässigen. Ja, förmlicher Verfall und bedauerliche Entartung der Theologie wäre von der Alleinherrschaft des Scholasticismus zu gewärtigen, da die einseitigen Scholastiker auf dem Gebiete der Glaubenslehre ihre abstracten Spitzfindigkeiten für Wesen und Hauptaufgabe zu nehmen geneigt sind, und die Moral durch Trennung von der Mystik einer den christlichen Lebensernst verläugnenden Veräußerlichung anheim fallen lassen. Der einseitige Scholasticismus ist geeignet, aufstrebenden jungen Kräften das Studium der Theologie völlig zu verleiden, woraus sich erklären mag, warum in manchen kirchlichen Ordensinstituten die Pflege der theologischen Wissenschaft völlig erstorben; er nährt den Geist des Hochmuths, der Streitsucht und einer selbstgenügsamen Zufriedenheit mit dem, was den gesteigerten Bedürfnissen und Anforderungen der Zeit gegenüber nun einmal schlechterdings nicht mehr genügt."

Als es 1764 in S. Blasien zur neuen Abtswahl kam, konnte der Convent über den Würdigsten und Tauglichsten aus seiner Mitte nicht im Zweifel sein. „Wollte man einen Vorsteher von ernster Gottesfurcht und Frömmigkeit, so mußte man Gerbert wählen; wollte man den wissenschaftlichen Glanz des Stiftes erhalten und erhöht sehen, so mußte man ihn im Auge haben, dessen gelehrter Ruf den Namen S. Blasien auf dem Schwarzwalde[1] schon längst weit über die Gränzen des heiligen römischen Reichs deutscher Nation getragen."

Nachdem Gerbert in die Würde seines verblichenen Gönners

---

[1] Kästle, Martin Gerbert, Fürstabt zu S. Blasien. Lahr 1868. Festgabe des Verfassers zu der damaligen Feier des 100jährigen Bestehens der von G. gegründeten Waisen- und Sparkasse zu Bonndorf.

gewählt worden, hatte er nicht allein die Pflichten eines Klostervor=
stehers zu übernehmen, sondern auch die eines Landesherrn, eines
Reichsfürsten und breisgauischen Landstandes. Und nach all'
diesen Seiten hin bewährte sich der neue Fürstabt als einen Mann von
höherer Begabung, von ernsterem Pflichtgefühle, von verständigerer
Ein= und Übersicht.

Betrachten wir ihn zunächst als Abt, als Vorsteher seines Gottes=
hauses, so bezeichnen uns die Worte, womit er beim Amtsantritte die
Conventualen des Stiftes begrüßte, wie ein treffendes Motto, sein
edles Wirken in diesem Kreise. „In Glück und Unglück," sprach
er zu ihnen, „soll zwischen mir und Euch das engste Verhältniß herr=
schen; denn mein Wohl ist ganz mit dem euerigen verknüpft und
über unsere beiderseitige Pflichterfüllung bin ich dem höchsten Richter
strenge Rechenschaft schuldig."

Über den Zweck und die Verdienste der Klöster dachte Gerbert
so aufgeklärt, als irgend ein Prälat seiner Zeit. Diese Anstalten soll=
ten ihm, neben ihrer religiösen Bestimmung, besonders auch „Werk=
stätten des gelehrten Fleißes sein; ihre Bewohner sollten den schnö=
den Vorwurf eines unthätigen und nutzlosen Daseins durch wissenschaft=
liche Arbeiten widerlegen." Daher war ihm die Erziehung der
Klosterjugend eine erste und wichtigste Aufgabe. Es bestund von seinem
Vorweser her ein ausführlicher Lehrplan[1] für die humaniora (mit
dem Motto: In omni arte primum optime quaesiveris, quid dis-
cendum sit), welchen er möglichst zu verbessern bestrebt war.

Abt Martin, wie schon angedeutet, verbannte die Scholasterei
und den Mechanismus aus den Lehrfächern und suchte dafür den Geist
wahrer Wissenschaftlichkeit unter seinen Jüngern einzuführen.
Er hielt streng auf die Sittlichkeit und Thätigkeit derselben, und
sagte ihnen: „Unser Stand ist nicht allein der Stand des Gebets und
des Gehorsams, sondern auch ein Stand nützlicher Arbeit."

Die damalige liberal angehauchte Freiburger Zeitung fand
sich veranlaßt, folgendes Zeugniß abzulegen: „Daß es in den Klö=
stern nicht so gar finster aussieht, wie man behauptet, das zeigen die
trefflichen Arbeiten, welche von Zeit zu Zeit aus ihnen hervorgehen.

---

[1] Humaniores S. Blasii scholae in epitomen capitum eo fine con-
tractae, ut Docens, quid recepta nobis methodo docere, Discens, quid per
annum discere, Examinans, quid in ultimo tentamine interrogare debeat,
ignorare non possit. Adjicitur Bibliotheca scholastica iisdem humanioribus accommodata. Typis monasterii S. Blasii 1762. Dieser Plan umfaßt sechs
Folioblätter. Deutsche Sprache und Schreibart sind hier in der Grammatik und
Rhetorik vertreten.

Besonders aber gab von jeher solche Beweise das Gotteshaus S. Blasien, welches seit neuerer Zeit ganz Vorzügliches leistet, regis ad exemplum. Denn Gerberts Jünger ahmen ihrem Vater getreulich nach, dessen Namen allein schon das vollständigste Lob enthält.“

Wie thatkräftig Abt Martin auch die öconomischen Angelegenheiten seines Stiftes mit Hülfe des Oberrechners Kreuter in die Hand nahm, beweist schon allein die rasche und prachtvolle Wiederherstellung des Klostergebäudes mit seiner vielbewunderten Rotunda nach dem furchtbaren Brande von 1768. „Diese Gebäude,“ sagt Nicolai, „sind hoch, weitläufig und modern. Sie wurden während eines Zeitraumes von 14 Jahren erbaut und setzen in Erstaunen. Man möchte sich vorstellen, sie wären von Feenhand in die Einöde des engen Thales versetzt[1]. Der ganze Bau soll über 700,000 Gulden gekostet haben.“

---

[1] Während ich an diesem biographischen Abrisse des Erbauers der herrlichen Kirche von S. Blasien arbeite, trifft mich die Nachricht von dem Brande, welcher dieselbe am 7. Februar 1874 mit einem großen Theile der Fabrikgebäude in Schutt und Asche gelegt. Man kann sich meine Empfindungen darüber denken. Der Tempel war ein Prachtbau, nach dem Vorbilde der Kirche Maria della rotunda in Rom, und der Dachstul der Kuppel, aus den schönsten Eichenbalken zusammengefügt, galt wegen seiner einfachen Construction für ein Meisterstück erster Klasse, dessen Verfertiger der Zimmermann Joseph Müller von S. Blasien war, von welchem man sagte, daß er nie über das Weichbild seiner Gemeinde hinaus gekommen. Nicolai hat der Beschreibung dieses Kuppeldaches eine ganze Abhandlung gewidmet.

Das neue Kloster- und Kirchengebäude wurde 1783 vollendet, so daß am 21. Herbstmonat dieses Jahres durch den Bischof Maximilian von Constanz die feierliche Einweihung desselben stattfinden konnte. Der Bau hatte sogleich nach dem Brande begonnen. „Man legte ernstlichst Hand an die zerfallenen Mauern, und siehe, in Zeit dreier Jahre war das Kloster wieder so hergestellt, daß im Herbste 1771 die zerstreuten Brüder es wieder beziehen konnten.“ Ein hölzernes Bethaus diente bis 1781 zur Abhaltung des Gottesdienstes. Indessen gieng der neue Tempel, welchen Baumeister D'jxnard entworfen, seiner Vollendung entgegen. Silbermann in Straßburg lieferte die herrliche Orgel, Hugenest in Karlsruhe fertigte das künstliche Chorgitter, der Bildhauer Giegel von Landsberg den prächtigen Choraltar, der Maler Wenzinger aus Freiburg die schönen Gemälde der Kuppel und Meister Grüninger aus Villingen das Geläute von 14 Glocken. Auf die Einweihungsfeierlichkeiten vom 20. bis 28. September, während welcher täglich eine Festrede gehalten wurde, erschien auch Gerberts Sylva nigra mit der Abbildung des neuen Gotteshauses.

* Grundriß, Durchschnitte, Prospectus, Façaden von Kirche und Abtei ließ der Architekt durch Poulleau Dürocheur in Kupfer stechen, nachdem der Bau 1779 zu Ende geführt war. Das Werk ist gewidmet à Son Altesse révérendissime Monseigneur Martin Gerbert, prince du s. empire, Abbé de S. Blaise. Par son très humble et très obéissant serviteur Michel D'jxnard, architecte.

Unter der Kirche hatte der Fürstabt einen schönen Gewölbebau anbringen lassen, um die in den Münstern zu Basel und Königs= felben begrabenen Glieder des Hauses Habsburg=Österreich in dieser neuen Gruft beizusetzen, nachdem er von der Kaiserin die Genehmi= gung dazu erhalten. Es geschah dieses theils aus Anhänglichkeit an das Erzhaus, theils aber auch, um dadurch den Glanz seines Stiftes zu erhöhen.

Überall im Kloster herrschten die schönste Ordnung und die größte Zweckmäßigkeit als Mittel und Zierden gewissenhafter Pflichterfüllung. Der klösterliche Gottesdienst wurde bei Tag und Nacht so genau erfüllt, als in irgend einem Gotteshause, und daneben gediehen die Schulen, wie die Studien und Arbeiten der Wissen= schaft und Kunst auf's Erfreulichste. Zwei Decennien nach dem ver= nichtenden Brande stund S. Blasien prächtiger, eingerichteter, georb= neter und blühender da, als je zuvor!

Aber je rühmlicher das Stift sich auszeichnete, desto giftiger ver= folgten es seine Feinde, und Gerbert wurde dadurch so niedergedrückt, daß er einmal abzudanken wünschte. Schon anfangs der 70er Jahre bereitete ihm der ehemalige stiftische Hofrath und Archivar von Gränicher eine höchst empfindliche Verlegenheit, indem er sich nach Wien begab und daselbst an geeigneter Stelle die sanctblasische Stif= tungs=Urkunde von Kaiser Otto II für falsch und den sanctbla= sischen Güterbesitz für usurpiert und erschlichen erklärte, was leider nur zu geneigte Ohren fand [1].

Die S. Blasier konnten freilich nicht begreifen, wie man „dem treulosen, maineidigen Menschen, welcher so Vieles angebracht und gar Nichts bewiesen habe, noch einigen Glauben schenken möge,“ und meinten, nur „das odium religionis erkläre die auffallende Erschei= nung.“ In dieser Angelegenheit und wegen der landesherrlichen Ver= ordnung über die klösterliche Profeßablegung reiste der Fürstabt zwei= mal nach Wien. Von der ersten Reise kehrte er befriedigt zurück; bei seiner zweiten Anwesenheit am Wiener Hofe veränderte sich aber die Huld und Gnade der Kaiserin=Wittwe in eine kalte Begegnung, und Kaiser Joseph II soll gegen seine Minister geäußert haben: „Der Fürst von S. Blasien ist nicht allein wegen der Profeßjahre nach Wien gekommen, sondern noch in einem andern Gedräng.“

Doch wendete sich das Blatt bald wieder zu Gunsten Gerberts. Es gelang demselben, die elende Intrike bloß zu legen und die landes=

---

[1] In der Babenia (neuere, II, 336) habe ich aus den sanctbl. Acten einen kurzen Auszug über diese Affäre gegeben.

mütterliche Gnade wieder zu erwerben. Maria Theresia trug dem Abte mehr an, als er wünschen mochte und entließ ihn mit den Worten: „Ich sehe nun, daß Ihnen Ihr Stift recht lieb ist, und Ihretwegen soll es auch mir lieb sein."

Die Kaiserin beschenkte den Fürstabt mit einem selbstgestickten Meßgewande und schickte ihm nach seiner Heimkunft ein weiteres Geschenk von Wiener Porcellan mit einem freundlichen Begleitschreiben vom 24sten März 1773, worin es heißt: „Die schwarze Farbe dieses Service trifft mit meiner Lage überein, da ich mich schon mehr unter die Todten als Lebendigen zähle. Und nachdem Euere Andacht für die Verstorbenen Meines Hauses so eifrig gesorgt, bin Ich versichert, daß auch Ich jederzeit an Dero Andenken theilhaben werde."

Was Gerbert in der Reichsherrschaft Bonndorf als Landesfürst geleistet, war bisher weniger bekannt, weil man über seinen gelehrten Schriften und prächtigen Bauten, welche ebenso viel Mißgunst und Anfeindung, als Bewunderung erfuhren, die bescheidenen Verordnungen und Anstalten vergaß, wodurch er ganz im Stillen der Wohlthäter seines Fürstentums geworden.

Die Gründung des Spitales und Arbeitshauses, des Schulfonds, der Waisen- und Sparkasse [1] zu Bonndorf, die Anlegung gebahnter Chausseen und die Verbesserung der Landschulen in der Reichsherrschaft, die Förderung der Industrie unter seinen Gotteshausleuten und Unterthanen [2], wie noch viel' Anderes, haben ihm schon damalige Reisebeschreiber zum nicht geringen Verdienste angerechnet; er war aber gleich vom Beginne seiner Regierung an wahrhaft landesväterlich besorgt, das Wohl des sanctblasischen Gebietes nach allen Seiten hin zu fördern, und ließ daher nicht allein die älteren Verordnungen, soweit sich dieselben als nützlich und brauchbar erwiesen, kräftigst handhaben, sondern auch eine Reihe neuer ergehen, wie die veränderten Zeitumstände es forderten [3].

Durch diese Verordnungen suchte der Fürstabt die öffentliche Sicherheit seines Landes herzustellen, für die Gesundheit von Menschen und Vieh zu sorgen, unter der Bevölkerung den Aberglauben zu verbannen, die Thätigkeit, Sittlichkeit und Gottesfurcht zu

---

[1] Zwischen 1764 und 1772 ausgeführt. Die dankbare Stadt und Landschaft Bonndorf errichtete dem Fürsten 1856 ein würdiges Denkmal (das Steinbild desselben von Reich gefertigt) und feierte im October 1867 das 100jährige Bestehen der Waisen- und Sparkasse.

[2] Vgl. Trenkle, die Schwarzw. Industrie, S. 111 und 238.

[3] Index über die sanctblas. Verordnungen von 1710 bis 1805. Darunter sind gegen 30 aufgeführt, welche Gerbert erlassen.

heben, die Vermögenssachen und Hauswirtschaften zu ordnen, die Felder vor Wildschaden und die Waldungen vor Holzfrevlern und Verwüstungen zu bewahren. Das Land zeigte sich zufriedener mit ihm (seine Amtleute erregten freilich öfters viel böses Blut), als es je zuvor mit einem Abte gewesen.

Als Reichsfürst und zugleich als österreichischer Unterthan war unser Prälat allezeit ein getreuer Anhänger des Reichshauptes, wenn ihm auch die Person des Kaisers Joseph als Landesherrn durch dessen zu weit gehende, einreißende Reformen in den österreichischen Erblanden mehrfach mißliebig geworden. Um so standhafter glaubte er daher, als Mitglied und Präsident des breisgauischen Prälatenstandes auf der Wahrung altherkömmlicher Rechte beharren zu müssen [1]. Doch ließen ihn Ehrenhaftigkeit und Klugheit niemals zu einer Verletzung derjenigen Unterthanenpflicht verirren, welche er als Abt dem Schirm- und Landesherrn seines Stiftes schuldig war.

Was der Fürstabt als Gelehrter und Schriftsteller geleistet, bleibt großentheils von entschiedener Bedeutung, mag die Art und Weise seiner Schriften auch Manches zu wünschen übrig lassen. Gerbert war kein Schönschreiber (sein Latein dürfte viel einfacher, klarer und geschmackvoller sein), denn es lag ihm immer mehr an der Sache, als an den Worten. Wenn man aber seine historischen Werke bezüglich der Darstellung auch ungelesen lassen könnte, so muß der Fachmann sie lesen, wegen des reichen Materiales, wegen der gründlichen Forschungen, welche sie enthalten.

Dieses ist namentlich der Fall bei den drei Hauptwerken über den Schwarzwald, über die altalemannische Liturgie und über die Kirchenmusik. Erstere beiden kann der Erforscher südwest-deutschen Mittelalters nicht entbehren, und den Werth des letztern schildert Riehl nach Verdienst in Folgendem [2].

„Nicht bloß bei den Deutschen, auch bei anderen Nationen, welche damals in Kunstsachen eine Stimme hatten, war gleichzeitig die musikalische Literatur in breiter Entfaltung aufgeblüht. Darin nun liegt gerade nichts Auffallendes; aber als etwas Einziges in der ganzen Literaturgeschichte steht wohl die schriftstellerische Freundschaft da, worin die beiden größten antiquarisch-musikalischen Forscher Italiens und Deutschlands, der bolognesische Pater Martini und der schwarzwälbische Fürstabt Gerbert brüderlich zusammen wirkten.“

„Sie kamen mit einander überein, die erste umfassende Geschichte

---

[1] Hinc illae — irae!
[2] In seiner Schrift: Musikalische Charakterköpfe. Stuttg. 1853, S. 53.

der Musik aus den Quellen gemeinsam zu bearbeiten. Martini übernahm die allgemeine Einleitung zu dieser Geschichte, Gerbert den besondern Theil der Kirchenmusik. Beide waren im Besitze so reicher und seltener Quellensammlungen, wie sie schwerlich jemals wieder zusammen kommen werden, und neidlos tauschten der Deutsche und der Italiener gegenseitig ihre Schätze und Ergebnisse aus."

„Gerbert war durch aller Herren Länder gereist und hatte von Kloster zu Kloster nach musikalischen Manuscripten gespürt. Die reiche Ausbeute sichtete und studierte er in seinem stillen Musensitze zu S. Blasien und begann die Herausgabe der mühevoll gesammelten Schätze — da brannte die Abtei nieder, wobei auch diese einzige, unersetzliche Originalsammlung ein Raub der Flammen ward."

„Ein Forscher, wie Gerbert, ist seither nicht wieder gekommen, und ebensowenig ein Lehrer der Tonkunst, wie sein Freund in Bologna. Niemals hat ein Musikmeister eine solche Schülerschaft gehabt, wie dieser Pater Martini, und fast unglaublich erscheint uns die allgemeine Verehrung, welche er bei seinen Zeitgenossen fand. Aber dennoch übertraf der deutsche Gerbert in dem gemeinsamen Geschichtswerke den italienischen Mitarbeiter weitaus an Gediegenheit. Denn das martini'sche Buch hat mehr einen mythischen Ruhm auf die Nachwelt gebracht, das gerbert'sche dagegen besitzt das ungleich wichtigere Verdienst, noch heute dem Forscher unentbehrlich zu sein, wo sich's um Aufschließung alter Quellen handelt."

Gerbert war, wie bereits angedeutet, ein ungemein fruchtbarer Schriftsteller; man besitzt nicht weniger als 40 größere und kleinere Werke von ihm, welche fast alle in S. Blasien selber gedruckt erschienen, da er schon unter seinem Vorweser die Errichtung einer eigenen Druckerei daselbst veranlaßt hatte.

Unter des Fürstabts kirchlichen Schriften nimmt das vielgetadelte Buch über die „streitende Kirche" eine Stelle ein, wie ich solche nur mit den Worten Klüpfels bezeichnen kann. Quae, sagt dieser ihm vertraute Gelehrte, ingravescente aetate elucubravit, ascetici potissimum argumenti sunt, veluti Ecclesia militans, quod opus non tulit omne punctum. Um dasselbe indessen billig zu beurtheilen, muß man den Standpunkt in Betrachtung ziehen, welchen der Verfasser als Prälat und Gottesgelehrter unter seinen Zeitgenossen eingenommen. Wir finden denselben in folgenden Stellen seiner Schilderung des 18ten Jahrhunderts angedeutet [1].

---

[1] Praesentis saeculi status, mit dem Motto: Nihil mortalibus arduum est; coelum ipsum petimus stultitia. In der hist. S. N. II, 457.

„Nachdem sich der heilige Stul lange Zeit ernstlichst bemüht hatte, die abgefallenen Secten wieder zur katholischen Mutterkirche zurück= zurufen, zeigte sich nicht allein die Vergeblichkeit dieses Bestrebens, son= dern auch innerhalb unserer Kirche bei vielen Hohen und Nie= deren eine traurige Verläugnung oder Anfeindung ihrer strengen Lehren und Gebote. Selbst mein Freund von Hontheim, welcher für jene Wiedervereinigung eifrigst arbeitete, verirrte sich dabei zu Sätzen, deren Geltendmachung das Papsttum, als das centrum unitatis ec- clesiae, völlig erschüttern und untergraben würde."

„In der That erzeugte kaum je eine Zeit zalreichere und heftigere Feinde des Katholicismus, wie überhaupt alles christlichen Glau= bens und religiösen Sinnes, als die unserige, welche man das aufge= klärte Jahrhundert zu nennen pflegt. Denn während große ge= heime Gesellschaften, wie die „Freimaurer" und die „Illuminaten", im Finstern ihr kirchenfeindliches Wesen treiben, mehren sich überall, inner- und außerhalb unserer Kirche, die giftigen Federn, welche dieselbe zu verdächtigen, zu trennen und zu stürzen suchen."

„Der Anführer all' dieser Kirchenfeinde aber war Voltaire, welcher 1778 mit verzweifelnder Seele aus dem Leben schied, was die Schaar seiner Nachbeter heilsam erschüttern sollte[1]. Er vornehmlich hat das Gift der Zweifels= und Verneinungssucht ausgestreut, dessen Wirkungen so verderblich um sich greifen, daß selbst die freisinnige preußische Regierung sich endlich genöthigt sah, dagegen einzu= schreiten. Der Minister von Herzberg erließ 1784 ein Decret, welches mit den Worten beginnt: „Die unbedachtsame Aufklärungssucht jetziger Zeiten artet in eine Frechheit aus, welche Alles, was heilig und ehrwürdig ist, mit Füßen tritt, die Begriffe des Volkes ver= wirrt und dasselbe zur Zügellosigkeit und Widersetzlichkeit verleitet, ohne es zu unterrichten und zu bessern[2]. Die Ausgelassenheit der Journalisten fördert dieß Unwesen tagtäglich und verursacht uns mancherlei Unannehmlichkeit mit anderen Höfen; es ist daher die höchste Zeit, ihnen einen Zügel anzulegen."

Nach diesen Aeußerungen Gerberts begreift es sich, daß ihm die damalige Preßfreiheit ein besonderer Dorn im Auge war. Er konnte den Gedanken nicht verwinden, daß es Jedermann erlaubt sein solle, seine Aushечkungen und Ansichten aufsichtslos in die Welt zu

---

[1] Voltairius, irreligiosorum nostri aevi antesignanus et irreligionis sator, denatus 1778 in summa desperatione, quae libertinos sequaces sa- lutari horrore concutere debeat.

[2] Wahreres auch in Bezug auf heute kann einfacher nicht gesagt werden.

verbreiten, die Glaubenssätze der Kirche zu bekritteln, Alles in Frage, in Zweifel, in den Staub zu ziehen, und selbst die höchsten Würdenträger mit Tadel und Schmähungen zu überschütten!

Gerbert erblickte in dem Mißbrauche der Lehr- und Druckfreiheit eine Hauptwurzel damaliger Zeitübel, eine Ursache der Abnahme alles religiösen Sinnes, welchen die Helden des „aufgeklärten Jahrhunderts" auf's Frechste und Gewissenloseste zu untergraben suchten. Sein Abscheu vor Voltaire war ein tiefer, und Rousseau fand nur Gnade bei ihm durch seine beredte Darlegung der Unzureichlichkeit des Selbsturtheils in der Religion [1]. Um so schlimmer dagegen kam Lessing weg, welchem er's nicht verzeihen konnte, die heiligen Bücher mit so scharfem Essig angefressen zu haben.

Man wird billig genug sein, es einem gewissenhaften katholischen Priester und Klosterabte nicht zu verargen, wenn er Leute verdammte, welche unter dem Aushängschilde „der Gewissensfreiheit, des Lichtes und Menschenrechtes" so vieles Unheil herbei geführt. Denn wirklich griff die neue Aufklärungs-Schule, deren Stifter der „Weise von Ferney" war, mit allen Waffen der Kritik, der Dialectik des Witzes und Hohnes die Lehren und Überlieferungen der katholischen Kirche an, erschütterte ihre Heiligachtung unter den Gläubigen und rüttelte an allem Bestehenden, ohne dafür etwas Besseres zu geben, als eine täuschende Aussicht in die Zukunft.

Denken wir uns in die Lage Gerberts; er überschaute die wachsende Zal der Feinde seiner Kirche und sah aus ihrem Schooße immer neue Widersacher erstehen — eine Trennung in derselben war seine hauptsächlichste, drückendste Befürchtung. Dieses machte den sonst so humanen und liberalen Mann zum kämpfenden Eiferer, zum Verfasser der ecclesia militans!

Als Mensch endlich war unser Fürstabt, wie ihn die Zeitgenossen einstimmig schildern, eine durchaus redliche, wohlwollende und liebenswürdige Persönlichkeit. Der Geist eines wahren Charakters prägte sich in seiner angenehmen Gestalt, in seinen edlen Gesichtszügen aus. Ächte Herzlichkeit und Bescheidenheit vereinigten sich mit einer männlichen Würde in seinem einfachen Wesen. Seine Wohlthätigkeit fand alle Wege zu den Armen und Nothleidenden; aber seine Linke sollte nicht wissen, was die Rechte that. Er war verehrungswürdig im vollen Sinne und übte eine seltene Anziehungskraft auf Andere aus.

---

[1] Qui tamen id obsequium veritati praestitit, quod impossibilitatem examinis proprii in negotio religionis magna eloquentia et energia sermonis demonstravit.

Wer sich eine halbe Stunde mit Gerbert unterhalten, glaubte ihn schon längst gekannt zu haben; er fand in dem Fürsten nicht den Emporkömmling, sondern einen feingebildeten, leutseligen Mann, einen freundlichen Gelehrten, welcher multos hominum mores vidit et urbes, und sich mit seinen Gästen gerne und geistreich darüber unterhielt. Der so streng katholische Prälat zeigte sich im Umgange mit Andersgläubigen als der duldsamst gesinnte Mann; er schätzte an ihnen, was nur zu schätzen war, das bezeugen seine Briefe an Lamey, welche öfters mit einem Vale cum Schöpflino nostro schließen.

Schon als Pater hatte er sich, bezüglich einer tadelnden Beurtheilung seiner Theologie in den Leipziger Blättern, gegen beide geäußert: Queis parum moveor, dum interim doctissimorum virorum ex castris vestris pro me habeo, ac sapiens quisque intelligat, cavillandi ei novellistae studium eiusmodi esse, quale initio factae immutationis in religione animos adeo exacerbavit, *a qua re quam sim alienus*, scripta mea docent vestrorumque theologorum de illis judicium. Interim amici sumus usque ad aras.

Wie sehr Gerbert aber die Verdienste und die Freundschaft Schöpflins zu schätzen wußte, bezeugt folgende Stelle eines Briefes an Lamey vom 20sten April 1762: Schöpflino nostro, viro celeberrimo, plurimum debeo. Jam in disquisitionibus meis ad liturgiam alemannicam finem prospicio, quarum primam judicio ejus subjungavi, cui me commenda et commendatum habe.

Die gelehrten und literarischen Bestrebungen Gerberts giengen in's Großartige. Wie kurz vor ihm der Pater Ziegelbauer aus Zwiefalten den weitreichenden Gedanken einer Gesellschaft von benedictinischen Gelehrten zur Bearbeitung einer ausführlichen Literaturgeschichte seines Ordens angeregt und das Werk in Angriff genommen, so faßte der Fürstabt von S. Blasien den Plan nicht nur einer Kirchengeschichte aller deutschen Länder (nach dem Vorbilde der Gallia sacra), sondern auch einer Profangeschichte derselben, womit Pater Ussermanns Prodromus und Pater Kreuters Geschichte von Vorderösterreich den Anfang machten — 35 Jahre vor dem Erscheinen des ersten Bandes der Pertz'schen Monumenta Germaniae!

Ein solcher Prälat der katholischen Kirche konnte dem Oberhaupte derselben nur eine höchst erfreuliche Erscheinung sein. Pius VI, welchem der Fürstabt die bedeutendsten seiner Schriften zu übersenden pflegte, munterte ihn durch huldvolle Antwortschreiben im Verfolge seiner gelehrten Bestrebungen auf der betretenen dornenvollen Bahn immer väterlichst auf und tröstete ihn über die Anfeindungen seiner Widersacher.

So heißt es in dem päpstlichen Dankschreiben auf die Zusendung des Werkes über die Kirchen=Musik: Memores profecto sumus eius temporis, cum te, dilecte fili, Romae diversantem vidimus, atque idcirco non ignota nobis esse potest eruditio ac doctrina tua, sed cum jam inde plurimi utramque fecerimus, minime dubitare debes, quin opus tuum, quod jam tum te moliri, ex te ipso audivimus, de cantu nimirum et musica sacra, a te nunc nobis dono transmissum, perlibenter acceperimus. So ferner in dem Schreiben für die Geschichte des Schwarzwaldes: Jucundam nobis id opus renovavit tui memoriam; te enim recordamus, cum in Germania essemus et Vindobonae primum et deinceps Augustae Vindelicorum ad nos venisse nobisque praeclara coram dedisse indicia non solum tuae eruditionis, sed et curae pro monasterio tuo. Und in der Danksagung für das Buch über die streitende Kirche lesen wir: Facile ex eo percepimus consilium tuum, quo non solum catholicae ecclesiae super apostolorum hanc petram fundatae stabilitatem agnoscis, sed et horum temporum novitates, quae tam late per huius sanctae sedis hostes diffunduntur, adversaris. Minime igitur mirum videri debet, quod nonnulli hoc opus tuum exagitent ac deprimant, qui magis in specie, quam revera, cum beati Petri cathedra communicant [1].

Gerbert liebte und pflegte aber nicht allein die Wissenschaft, sondern auch die Kunst, namentlich die Musik, worin er vorzügliche Kenntnisse besaß. Seine freundschaftliche Verbindung mit Gluck erhöhte noch eine Liebe, welche ihm schon von der Mutter angeerbt schien. Dieser edlen und warmen Neigung, deren Bezähmung ihn manchen Kampf gekostet, haben wir das klassische Werk de musica sacra zu verdanken. In seinem Stifte indessen, wo man bisher eine treffliche Instrumentalmusik gehabt, führte er den Choralgesang ein [2], dessen Majestät das Gemüth mächtig ergriff und zur Andacht erhob.

Und während der Fürstabt die Musik selber ausübte, leistete der=

---

[1] Außer diesen päpstlichen Schreiben von den Jahren 1775, 1784 und 1790 empfieng Gerbert noch zwei aus den Jahren 1777 und 1786, welche die gleiche Belobung und Aufmunterung enthalten.

[2] Als Gerbert zu Rom war, faßte er in der sirtinischen Kapelle genau den Choralgesang auf, schrieb's nieder und brachte es nach S. Blasien. Die alten Herren wollten nicht an den Choral; er strenge zu sehr an, und die Musik — die liebe Musik, gehe darüber zu Grunde! Denn sie waren allesammt treffliche Instrumental=Musiker. Endlich aber setzte der Fürstabt durch, und bald konnte man nichts Schöneres, Erhabeneres hören, als einen 4stimmigen Choral in der Kirche von S. Blasien. Nach mündlicher Erzählung Speibels.

selbe auch den mechanischen und bildenden Künsten womöglichen Vorschub, sowohl durch Förderung handwerk= und kunstfertiger Mönche und Laienbrüder[1] seines Stiftes, als durch Unterstützung armer Jünglinge der Umgegend, welche Neigung zur Erlernung irgend einer Kunst, eines Handwerks oder sonst einer nützlichen Fertigkeit zeigten. Er konnte daher einst scherzweise in aller Wahrheit sagen: „Ich bin selber ein Artist, der schon gar vieles Lehrgeld gegeben."

Gerberts letzte Tage fielen in eine verhängnißvolle Zeit, welche sein Gemüth mit den trübsten Befürchtungen für Kirche und Vater= land erfüllte. Der Fürstabt beschloß sein tugendhaftes, thätiges und nützliches Dasein am 13ten Mai 1793, wenige Jahre vor dem Erschei= nen des „prädestinierten Helden", durch dessen gewaltiges Auftreten die halbe Welt erschüttert und das 1000jährige Reich der Deutschen zertrümmert ward!

Die damalige „aufgeklärte Gesellschaft" hatte in den Werken Ger= berts bis zur Veröffentlichung der ecclesia militans den berühmten Fürstabt beinahe nur von der Lichtseite erblickt; eine gewaltige Schat= tenseite entdeckte sie erst an ihm, nachdem jenes Buch erschienen und noch eines und das andere ähnlichen Geistes darauf gefolgt war. Von dem an verlor der „liberale Prälat" seine Geltung und wurde für einen Hauptarbeiter im Weinberge der Reaction angesehen.

Aber von jeher hatte sich Gerbert als einen Mann erwiesen, welchem das Interesse seines Standes, wie die Sache der Religion und Kirche, vor Allem am Herzen gelegen; welcher als Abt seines Stiftes und Präsident des breisgauischen Prälatenstandes jederzeit für die Vertheidigung des hergebrachten Rechtes der Klöster mit entschiedenem Eifer eingestanden, weil ihn die Überzeugung beseelte, dazu befugt und verpflichtet zu sein[2]. Warum sollte er da nicht all' seine Kräfte zur Abwehr aufgeboten haben, als man die Grundmauern des Hauses, worin er mit so warmer Anhänglichkeit wohnte, durch alle möglichen Mittel zu untergraben und zu zerstören suchte? Kein unparteiisches Ur= theil konnte ihm das verargen.

---

[1] So z. B. ließ er die Glasmalerei von einem seiner Mönche erlernen und ausüben. Das war aber wohl nicht die mittelalterliche verloren gegangene Kunst mit eingebrannten Farben, sondern die im 18. Jahrhundert beliebte Malerei mit Deck= farben auf der Rückseite der Gläser. So hatte ferner der Laienbruder Michael Pfluger, ein gelernter Glaser, dem Fürstabte für sein Meditationszimmer eine sinnreiche Uhr verfertigt, und dessen Neffe, der Bruder Anton, war Bildhauer, welcher künstliche Arbeiten in Marmor und Alabaster lieferte.

[2] Das bezeugen unter Anderem auch seine Briefe an den Abt von S. Georgen zu Villingen vom Jahre 1765.

In diesem Sinne ist es aufzufassen, wenn Gerbert an dem Wi=
derrufe seines Freundes von Hontheim mitgewirkt hatte[1]; wenn er
nach dem Tode Josephs II am Wiener Hofe und beim päpstlichen
Stule eifrigst für die Reactivierung der früheren Zustände bemüht
war, um auch für die Stifte und Klöster das Hauptsächliche von dem
womöglich wieder zu erlangen, was denselben während der josephini=
schen Periode entrissen worden[2].

Und als der Fürstabt noch wenige Jahre vor seinem Ableben, voll
düsterer Blicke in die Zukunft, jene Schrift über die jansenistische
Frage herausgab, welche ihm sein Freund Klüpfel so sehr ver=
übelte[3], geschah es nicht in einer tiefen Ahnung dessen, was nach einem
Menschenalter über die katholische Kirche hereinbrechen sollte? Die
kirchlich=politischen Wirren unserer Tage scheinen dazu angethan, die
letzten Arbeiten Gerberts in sprechender Weise zu rechtfertigen!

Schriften.

Theologia vetus et nova circa praesentiam Christi in eucharistia.
Friburgi Brisgoviae per Felnerum, typographum academicum, 1756.

Principia theologiae exegeticae, symbolicae, mysticae, canonicae,
dogmaticae, moralis, sacramentalis, liturgicae (8 Bände, zwischen 1757 und 1759,
theils zu Freiburg, theils zu S. Blasien gedruckt).

De recto et perverso usu theologiae scholasticae und de ratione
exercitiorum scholasticorum, praecipue disputationum cum inter Catholicos, tum
contra adversarios in rebus fidei. Typis San-Blas. 1758.

Demonstratio verae religionis veraeque ecclesiae contra quasvis
falsas opiniones. Daselbst 1760.

De communione potestatis ecclesiasticae inter summos principes,
pontifices et episcopos. Daselbst 1760.

De legitima ecclesiastica potestate circa sacra et profana. Das. 1761.

De christiana felicitate huius vitae. Das. 1762.

---

[1] Gerbert schmeichelte sich, mit dem Weihbischofe im Briefwechsel gestanden
und zu dessen Umkehr auch Einiges beigetragen zu haben. Daher vertheidigte er
den Widerruf desselben als einen keineswegs erzwungenen, sondern freiwilligen,
aus Überzeugung entsprungenen.

[2] Amann, zur Erinnerung Casp. Ruefs. Freiburg 1836. Was würden die
aufgeklärten Theologen und Kirchenrechtslehrer jener Zeit: Klüpfel, Sauter, Dan=
nenmayer und Ruef, wie Amann selber, wenn sie noch lebten, jetzt zu den
„beschränkten Mönchsvorstellungen" Gerberts sagen? Experientia docet.

[3] Nachdem derselbe von der ecclesia militans gesprochen, sagt er: Sed quidquid
de his sit, magis me movit Jansenisticarum controversiarum retractatio,
quam recens e prelo egressam ad me muneri misit. Conspecto lectoque opus-
culo subirascebar et cogitavi apud me tacitus: Cui bono, hac aetate, id
scriptionis genus? Er schrieb's dem Alter zu.

Baber, St. Blasien.   7

De radiis divinitatis in operibus naturae, providentiae et gratiae. Drei Theile. Daf. 1762.

De aequa morum censura adversus rigidiorem et remissiorem. Daſelbſt 1763.

Adparatus ad eruditionem theologicam, institutioni tironum congregationis S. Blasii destinatus. Daſ. 1764.

De eo, quod est juris divini et ecclesiastici in sacramentis, praesertim confirmationis. Daſ. 1764.

De dierum festorum numero minuendo, celebritate augenda. Daſ. 1765.

De peccato in spiritum sanctum in hac et altera vita irremissibili. Accedit paraphrasis cum notis selectis in epistolam S. Pauli ad Hebraeos. Daſelbſt 1766.

Taphographia principum Austriae. Post mortem patrum Marquardi Herrgott et Rustini Heer restituit, novis accessionibus auxit et ad haec usque tempora deduxit Martinus Gerbertus, s. r. i. princeps et abbas S. Blasii in sylva nigra. Daſ. 1772 (zwei Folianten mit 118 Kupfertafeln).

Crypta San-Blasiana nova. Daſ. 1772 (eine zweite Auflage erſchien 1785).

Codex epistolaris Rudolfi I rom. regis, locupletior ex manuscriptis bibliothecae Vindobon. editus ac commentario illustratus. Praemittuntur Fasti Rudolfini ex ipsis eius epistolis, tum aliis antiquis monumentis et scriptoribus. Daſelbſt 1772.

Pinacotheca principum Austriae. Post mortem patrum Herrgott et Heer recognita et edita. Daſ. 1773 (zwei Folianten mit vielen Kupfertafeln).

Praxis regulae S. Benedicti, ex gallica lingua versa. Daſ. 1773.

De cantu et musica sacra a prima ecclesiae aetate usque ad praesens tempus. Daſ. 1774 (zwei Quartanten).

Scriptores ecclesiastici de musica sacra, potissimum ex variis Italiae, Galliae et Germaniae codicibus manuscriptis collecti. Daſelbſt 1774 (drei Quartanten).

Iter alemannicum, accedit italicum et gallicum. Editio revisa et correcta. Daſ. 1774.

Vetus liturgia alemannica, disquisitionibus praeviis, notis et observationibus illustrata. Daſ. 1776 (zwei Quartanten).

Daemonurgia theologice expensa. Daſ. 1776.

Monumenta veteris liturgiae alemannicae. Accedit pars ritualis et pars hermeneutica. Daſ. 1779.

Historia nigrae Sylvae, ordinis S. Benedicti coloniae. Daſ. 1783 bis 1784 (drei Quartanten).

Anrede an die verſammelten Ordensgeiſtlichen am Vorabende der feierlichen Kirchenweihung (zu S. Blaſien). Abgedruckt in den Feſtreden, S. Gallen 1784.

De Rudolfo Suevico, comite de Rhinfelden, duce et rege, deque eius familia. Daſ. 1785.

Solitudo sacra seu exercitia spiritualia ex doctrina s. scripturae et s. patrum, in usum pastorum ecclesiae. Daſ. 1787.

Ecclesia militans, regnum Christi in terris, in suis fatis repraesentata. Daſ. 1789 (zwei Bände).

Jansenisticarum controversiarum ex doctrina S. Augustini retractatio. Daſ. 1791.

Observationes in saeculum Christi tertium et quartum. Daſ. 1793.
De sublimi in evangelio Christi. Daſ. 1793.
De periclitante hodierno ecclesiae statu, praesertim in Gallia. Daſ. 1793.

Fintan Linder.

Dieſer namhafte ſanctblaſiſche Gelehrte war zu Radolfszell geboren, am 7ten März 1725, und hatte wahrſcheinlich in Wien ſeine Studien gemacht. Am 8ten Dezember 1744 legte derſelbe zu S. Blaſien die Profeß ab, erhielt aber erſt im Mai 1750 die Prieſterweihe. Er verlegte ſich mit ebenſo großem Erfolge, als Fleiße auf das Studium der orientaliſchen Sprachen, welche ſich ſeit dem 17ten Jahrhunderte in vielen Klöſtern einer beſondern Pflege erfreuten, weil die in dieſem Fache bewanderten Kloſtergeiſtlichen einen gewiſſen Vorzug vor allen übrigen genoſſen.

Die hebräiſchen Studien unſeres Paters hatten zur Folge, daß derſelbe als Lehrer der orientaliſchen Sprachen in der ſanctblaſiſchen Schule verwendet wurde und in dieſer Stellung eine hebräiſche Grammatik bearbeitete, welche 1755 gedruckt erſchien, mit einer Widmung an den damaligen Erzbiſchof von Wien. Man darf hieraus ſchließen, daß ſich Linder dieſem Kirchenfürſten zu beſonderem Danke verpflichtet fühlte.

Das Buch ſelber iſt nach dem damaligen Stande dieſer Disciplin eine ſehr beachtenswerthe Erſcheinung, in netter, klarer Darſtellung. Der Verfaſſer, ſeines Stoffes völlig Meiſter, lieferte Alles ſorgfältig correct, ſelbſt in der Punctation des Hebräiſchen, was noch heutzutage öfters nicht der Fall iſt. In der einſchlägigen Literatur war Pater Fintan ganz zu Hauſe; er nahm in dem angehängten kleinen Lexikon die für ſeine Zeit ſeltene Rückſicht auf das Arabiſche und Syriſche, und ſelbſt äthiopiſche Wörter wurden von ihm zur Vergleichung beigezogen [1].

Linder arbeitete aber noch an einem größeren Werke ſeines Faches, worüber Pater Heer in einem Briefe vom 15ten März 1764 ſchrieb: „An dem Lexico hebraeo-rabbino-talmudico wird von Pater Fintan, da er nun ſeinen cursum theologicum zu Ende gebracht, fleißig fortgefahren, und Andere haben andere Gegenſtände vor die Hand genommen." Leider wurde dieſes weitausſehende Unternehmen nicht zur Reife gebracht, obwohl der Verfaſſer noch 20 Jahre im Leben war. Er verſtarb 1785, bald nach ſeinem gelehrten Mitbruder Schmidfeld.

---

[1] Nach einem Schreiben des Herrn Profeſſors Dr. König über die linder'ſche Grammatik.

7*

Schriften.

Opus grammaticum ebraeum ad solidam sacrae linguae intelligentiam methodo analytica ducens. Ulmae 1755. Etwas Weiteres von ihm ist mir nicht bekannt.

Franz Kreuter.

Pater Franz war eine der interessantesten Persönlichkeiten unter den sanctblasischen Gelehrten. Derselbe hatte am 15ten April 1736 zu Freiburg im Breisgau das Licht der Welt erblickt, im Jahre 1753 zu S. Blasien, wohin ihn wahrscheinlich sein mütterlicher Oheim Herrgott gebracht, die Gelübde abgelegt und 1759 die Priesterweihe empfangen. Seine Ausbildung erhielt er mit Gerbert in Paris, und brachte wohl von daher das feinere und urbane Wesen, welches ihn vor den meisten Klostergeistlichen ausgezeichnet, nach seinem schwarzwälbischen Heimatstifte [1].

Kreuter wurde von seinem Prälaten zum Professor der Philosophie und zum Hofcaplane ernannt. Wegen seiner practischen Brauchbarkeit erhielt er sodann das Amt eines Großöconomen des Stiftes, womit die Aufsicht über den neuen Tempel- und Klosterbau verbunden war, und endlich die Stelle als Propst zu Bürgeln.

Dieses Propsteiamt legte ihm mancherlei, zum Theil sehr verdrießliche Geschäfte auf, da die stiftischen Gefälle im Markgräfischen immer bedroht waren und lästige Verhandlungen herbeiführten. So meinte unser Pater [2], „ein Karlsruher Cameralbeamter, welcher 1786 im Oberlande erschien, habe die Untersuchung der badischen Bergwerke zu seiner Maske gemacht, um unter der Hand ein Verzeichniß der klösterlichen Einkommenstheile im breisgauischen Markgrafenlande zu fertigen."

Seiner vielen Verwaltungsgeschäfte aber ungeachtet, fand Kreuter noch Muße genug zur Abfassung eines geschichtlichen Werkes über die vorderösterreichischen Staaten, welches ihm in der gelehrten Welt einen Namen erwarb. Man mag daran die Darstellungsweise tadeln und die gegen das Erzhaus gar zu obligate Sprache; seinen Werth aber hat das Buch in unserer vaterländischen Literatur bis auf heute behalten. Hätte der gelehrte Verfasser dasselbe in dem einfachen, klaren und fließenden Style seiner Briefe geschrieben und dabei den Höfling weniger gespielt, so würde diese „Geschichte Vorderösterreichs" eine beste Arbeit aus der historischen Schule von S. Blasien sein.

---

[1] Nach mündlicher Notiz von Pfarrer Speidel, wie das Spätere.

[2] Schreiben desselben an den sanctblasischen Hofkanzler d. d. Bürgeln den 27. October 1786.

Pater Kreuter war ein Mann von mittlerer Größe, sehr mager, aber höchst lebendig, mit klugem Blicke, langer Nase und satyrisch geschnittenem Munde. Derselbe trank keinen Wein, schlief immer auf Stroh und lebte überhaupt äußerst streng. Aber man fand an ihm den jovialsten Herrn im Umgange, den witzigsten Kopf bei der Tafel, den gewandtesten Führer der Klostergäste. Er mußte noch den schmerzlichen Schicksalsschlag der Aufhebung des Stiftes erleben und wanderte wahrscheinlich mit dem größern Theile der 78 Conventherren nach ihrem Asyle zu S. Paul in Kärnthen.

Schriften.

Geschichte der vorderösterreichischen Staaten, aus Urkunden, gleichzeitigen Geschichtschreibern und anderen Quellen gezogen. S. Blasien 1790. Zwei Theile. Außer diesem Werke kenne ich keine weitere literarische Arbeit Kreuters.

Ämilian Ussermann.

Dieser treffliche Geschichtsforscher war, wie Herrgott, Schmidfeld und Kreuter, ein Breisgauer, geboren zu S. Ulrich am 30sten October 1737, von unbemittelten, aber ehrbaren und braven Eltern. Schon in frühester Jugend hatte der Knabe eine seltene Gelehrigkeit und Lernbegierde gezeigt, weßhalb er von den dortigen Benedictinern[1] in den Anfangsgründen des Lateinischen unterrichtet und nach S. Peter an das Gymnasium empfohlen worden.

Hier genoß der talentvolle Jüngling den Unterricht in der lateinischen, griechischen und hebräischen Sprache, wie daneben auch in der Musik. Und nachdem derselbe die Humaniora absolviert hatte, begab er sich nach S. Blasien, wo man ihn nach vollendetem Probejahr am Maitage 1757 in den Orden aufnahm und am 16ten Mai 1761 zur Priesterweihe zuließ.

Ussermann verlegte sich sofort mit allem Eifer auf das Studium der philosophischen und theologischen Wissenschaften, und mit so glücklichem Erfolge, daß man ihn an die Hochschule zu Salzburg als Lehrer der Moraltheologie und der hebräischen Literatur berief. Dort verfaßte er ein Compendium der hebräischen Syntax mit einer Anleitung zur leichtern Erlernung dieser Sprache und einem Verzeichnisse der besten einschlagenden Bücher.

Der Aufenthalt in Salzburg wurde unserm Pater jedoch bald verleidet, theils wegen des geringen Einkommens, theils wegen einer

---

[1] Das Clugniacenser Priorat S. Ulrich an der Melin (bei Staufen) war 1578 mit dem benachbarten Stifte S. Peter vereinigt worden.

Spannung zwiſchen ihm und ſeinen Collegen. Aemiliani consilium, meint ſein Freund Klüpfel, nemo prudens improbaverit, si amore pacis et spe tranquillioris vitae ductus, ante tempus ad suos redire constituit.

Nach ſeiner Heimkunft wurde Pater Uſſermann zum Kloſter= bibliothekare ernannt, einer Stelle, wozu derſelbe alle Gaben und Eigenſchaften in ſeltenem Grade beſaß; denn er war ebenſo verſtändig und gelehrt, als human und gefällig. Nichts im Leben intereſſierte ihn auch mehr, als das Bücherweſen. Von überall her ließ das Stift auf ſeine Anregung ausgewählte Druckwerke und Handſchriften mit vielem Gelde zuſammenkaufen, wodurch die ſanctblaſiſche Biblio= thek wieder den ſehr bedeutenden Werth erlangte, welchen ſie vor dem Unglücksjahre 1768 beſeſſen [1].

Unſer Pater blieb aber nicht ein bloſer Mehrer und Hüter der= ſelben, ſondern benützte ſie auch zu gelehrten Arbeiten, nament= lich im hiſtoriſchen Fache. So giengen der Vorläufer der Germania sacra und die Geſchichtsbeſchreibung der Biſchtümer Würzburg und Bamberg aus ſeiner Feder hervor, welche Werke zu den beſten der hiſtoriſchen Schule von S. Blaſien gehören.

Nachdem Uſſermann viele Jahre der Bibliothek vorgeſtanden und ganz in ſeinen gelehrten Studien gelebt, ergriff ihn eine Krank= heit, welche ſeinen Tod herbeiführte. „Er war (ſagt Klüpfel) ein Mann von großer Gelehrſamkeit und Sprachenkenntniß, dabei ein Charac= ter von altdeutſcher Treue und Redlichkeit, von einfachem und ge= radem Weſen, ein abgeſagter Feind aller Prahlerei, Eitelkeit und Schmeichelei, zufrieden mit ſeinem Geſchicke und allein um ſeine Studien und die Erfüllung ſeiner Pflichten beſorgt. Man pflegte ihn, der ſeine Bücher inwendig wie auswendig kannte, nur die lebendige Bib= liothek zu nennen.“

Schriften.

Compendium syntaxeos hebraicae, unacum analysi libri Geneseos. Salisburgi 1769.

Prodromus Germaniae sacrae, sive chronicon Hermanni contracti,

---

[1] Über die damalige ſagt das ziegelbaueriſche Werk (I, 589): S. Blasii in hercynia sylva, celeberrimi et potentissimi coenobii, Bibliotheca eximiam omnino celebritatem, uti priscis, ita posterioribus temporibus sibi vendicavit, *tum ab antiquis, raris et copiosis codicibus manuscriptis, cum a recentioribus et selectis libris*, quibus exornata superbit. Quod si etiam Bibliothecae a loco, situ, dispositione, catalogo, denique a globis, mappisque geographicis, musaeis et numophylaciis laudandae veniunt, certe San-Blasiana non parum ab iis omnibus se commendat.

Peterhusanum, Bertholdi Constantiensis, Ottonis de S. Blasio aliaque. Typis San-Blasianis 1792.

Episcopatus Wirceburgensis sub metropoli Moguntina, chronologice et diplomatice illustratus. Cum codice probationum. Daſ. 1794.

Episcopatus Bambergensis sub sede apostolica, chronologice ac diplomatice illustratus. Cum codice probationum. Daſ. 1802.

Trudbert Neugart.

Entſchieden der gründlichſte unter den ſanctblaſiſchen Hiſtorikern war Pater Neugart, welchem zugleich das Lob einer beſonders klaren und geſchmackvollen Darſtellung gebührt. Die Gabe eines kritiſchen Forſchungsgeiſtes zeichnete ihn vor all' ſeinen literäriſchen Collegen aus, und es verdankt ihm die Geſchichte des alten Alemannien die weſentlichſten Berichtigungen und Aufklärungen, wie er nach ſeiner Überſidelung nach Kärnthen auch die Geſchichte dieſes Landes viel= fach beleuchtet hat.

Neugart, am 23ſten Februar 1742 zu Villingen geboren, war der Sohn des dortigen Spitalmüllers [1], welcher den talentvollen Kna= ben, nachdem derſelbe die Stadtſchule zurückgelegt, in das Gymnaſium der Benedictiner von S. Georgen und ſpäter in die Schule von S. Blaſien ſchickte, wo man dem wackern, mit den günſtigſten Zeug= niſſen verſehenen Studioſen die nachgeſuchte Aufnahme gern geſtattete, was nur vorzüglichen Talenten zu geſchehen pflegte. Hier nun beſchwor der ebenſo fleißige, als begabte Jüngling am 13ten November 1759 die Ordensgelübbe und wurde, nach Abſolvierung der philoſophiſchen und theologiſchen Fächer, am 1ſten Juni 1765 zum Prieſter geweiht.

Sofort verlegte ſich Neugart mit ſolchem Eifer und Erfolge auf das Studium der bibliſchen Sprachen, daß man ihm ſchon 1767 die Lehrkanzel derſelben und der Hermeneutik an der Hochſchule zu Freiburg übertrug. Nachdem er daſelbſt vier Jahre lang als öffent= licher Lehrer gewirkt, rief ihn Abt Gerbert in ſein Stift zurück und vertraute ihm das Lehramt der Theologie für die jüngeren Ordens= brüder an, welchem der eifrige Pater bis 1779 vorſtund.

Nachdem Neugart die Ehrenſtelle eines Hofcaplans erhalten, ſchickte man ihn, wie einſt die Patres Wülberz und Heer, auf ſanct= blaſiſche Expoſituren, 1780 als Pfarrer nach Gurtweil, 1781 nach Nötgersweil, 1782 wieder nach Gurtweil, und 1791 als Lehen= propſt nach Bonndorf. Sein dortiger Aufenthalt währte indeſſen nicht lange; er kehrte wieder nach S. Blaſien zurück und wirkte da=

---

[1] Vgl. Altbürgermeiſter Vetters Gedenkbüchlein auf die Induſtrie=Ausſtellung zu Villingen im Sommer 1858, S. 16.

selbst als „Stiftsdecan", wie nach dem Hinscheiden des Prälaten Mauriz als „Statthalter" des Reichsstiftes, wobei ihm die Abts=würde zugedacht war, welche der bescheidene Herr jedoch ausschlug, sich mit dem herrgottischen Musensitze zu Krotzingen begnügend.

Pater Trudbert hatte bis 1780 nur theologische und allgemein geschichtliche Studien getrieben, in diesem Jahre aber erhielt er den Auftrag, für die Germania sacra die von Pater Herrgott schon pro=jectierte Geschichtsbeschreibung des Bisthums Constanz in Angriff zu nehmen [1]. Neugart machte sich sofort mit allem Eifer an diese schwere, weitaussehende Arbeit und erwies sich dabei schon dadurch als gründ=lichen Historiker, daß er der geschichtlichen Darstellung ein umfassendes Urkundenbuch voraus gehen ließ, den Codex diplomaticus Ale=manniae, welcher mit den Chronikbüchern des ussermannischen Pro=bromus die fundamenta historiae dioecesis bilden sollte.

Die Herstellung dieses Urkundenbuches war aber mit einer Reihe von Hindernissen und Verdrießlichkeiten verbunden, welche nur eine männliche Selbstbeherrschung und Ausdauer überwinden konnte. Denn nicht allein gerieth Neugart mit den Klosterherren von S. Gallen, die es gereute, ihm ihren Urkunden=Codex zur Benützung überlassen zu haben, in die mißlichste Irrung, sondern es versagten ihm die Stifte Salem, Petershausen, Kreuzlingen, S. Peter, S. Trudbert, Tännen=bach, Schuttern und Gengenbach, gänzlich die Mittheilung ihrer histori=schen Urkunden!

Selbst aus dem bischöflichen Archive zu Meersburg war für ihn nichts zu erhalten, und ebenso mußte er sich an anderen Orten „ab=speisen lassen." Beinahe nur in der Schweiz fand sein Vorhaben die verdiente Unterstützung. Ganz besonders wurde es von Rheinau aus gefördert, wo der gelehrte Conventuale Vandermeer, mit welchem unser Pater in vertrautem Briefwechsel stund, ihm zu Mancherlei be=hülflich war und seinen Muth aufrecht zu erhalten suchte.

---

[1] Historiae vix ulla pars est, schrieb Gerbert 1788, quae non fuerit in Nigra Sylva seculo hoc exculta, sacra et profana, patria imprimis per Herr=gottum, Heerium et alios, qui etiamnum eo in labore desudant, eo potis=simum consilio, ut alii aliarum etiam provinciarum amplissimae nostrae nationis ad idem opus praestandum in suis regionibus exstimulentur, quo per huius=modi accuratas historias singularum provinciarum via complanetur ad univer=salem Germaniae sacrae et profanae historiam exquisite et solide conscribendam; quo hic noster collimat labor, historia item episcopatus Con=stantiensis, quam prae manibus habet ex meis P. Trudbertus Neugart, Brisgoviae vero et aliarum anterioris Austriae ditionum P. Franciscus Kreuter. Man erkennt hieraus den Plan des großartigen Unternehmens.

Noch im Sommer 1792 hatte Neugart an denselben geschrieben: „Die Fortsetzung meines Codicis diplomatici wird nicht mehr an's Tageslicht kommen. Aus meiner Schuld? Nein! Weiter darf ich nichs sagen und bitte, mir niemals diese Nachricht zuzuschreiben." Und gleichwohl konnte bald darauf der zweite Theil des Werkes, welcher ebenfalls viele sanctgallischen Urkunden enthält, zum Drucke bereitet werden. Dieses Urkundenbuch erwarb sich den entschiedenen Beifall der gelehrten Welt [1].

Hatte Pater Neugart bei der Bearbeitung seines Urkundenbuches solche Unannehmlichkeiten und Kränkungen zu ertragen, so wiederholte sich dieß bei der Abfassung der Bischtumsgeschichte; aber er schwieg darüber und arbeitete fleißig fort, was ihm sein Aufenthalt in dem freundlichen Krozinger Propsteihofe sehr erleichterte. So erschien endlich der erste Theil des episcopatus Constantiensis, dessen Widmung an den Fürsten von Dalberg mit dem Datum schließt: Scribebam Krozingae in Brisgovia die 9ma Augusti 1802.

Unverweilt nahm Neugart sofort auch den zweiten Theil in Angriff, ungeachtet der niederschlagenden und lähmenden Lage seines geliebten Heimatlandes. Denn peinlicher noch, als selbst die Kriegsdrangsale seit 1793, waren für ihn und seine Mitbrüder die faulen Friedensjahre von 1800 bis 1803, während denen das Breisgau von den Franzosen besetzt blieb.

Unser Pater, dessen patriotische Gesinnung in all' seinen Schriften athmet, hegte den lebhaftesten Antheil an dem Schicksale des Landes und seiner geistlichen Stifte. So schrieb er unterm 15ten März 1801 an den Abt von S. Peter: „Nach den gegenwärtigen Umständen sollten die breisgauischen Stifte für ihre Existenz nichts zu befürchten haben; aber den Bedacht werden sie nehmen müssen, den neuen Landesherrn nicht gleich beim Antritte seiner Regierung durch viele Vorstellungen zu belästigen. Das Land ist in seinen alten Vorrechten von Zeit zu Zeit beschränkt worden, und geht es vermuthlich an den Herzog von Modena über."

Diese Hoffnung aber war eine trügerische, worüber Neugart seinen Schmerz nicht zu unterdrücken vermochte. „Wie's im Breisgau

---

[1] Die jenaische allgem. Literaturzeitung von 1792, Nr. V, S. 36, sagt darüber: „Dieser Codex ist einer der wichtigsten, so jemals zum Vorschein gekommen. Man ist es schon gewohnt, aus dem fürstlichen Stifte S. Blasien vortreffliche Werke in diesem Fache zu erhalten, weil der dasige Fürstabt weder Mühe noch Kosten scheuet, die vaterländische Geschichte durch die willkommensten und nützlichsten Beiträge zu erweitern."

zugeht", schrieb er im Sommer desselben Jahres nach S. Peter, „ist bekannt. Besteht der Friede noch lang auf diesem Fuße, so müssen Herrschaften und Unterthanen von Grund aus ruiniert werden. Dem Wiener Hofe sind unsere Plagen mit den wahren Farben geschildert worden, aber bisher ganz umsonst. So mißkannt zu werden, hat das Land wahrhaft nicht verdient. Ich war den ganzen Krieg über noch nie so mißmuthig als jetzt, denn ich hoffte auf Frieden; da uns aber der Friede ebenso nachtheilig ist, als der Krieg, weiß ich nichts mehr zu hoffen."

Da verwandelte sich das Gefühl alter Anhänglichkeit an das Erz= haus, wie bei anderen Blasianern, auch bei Neugart in eine Bit= terkeit, welche ihm folgende Äußerungen abrang: „Die armseligen Trost= gründe aus Wien sind mir schon lange verhaßt. Man müßte blind sein, um nicht zu sehen, daß unser Land dem Idole, welches man Staat nennt, zum Opfer fallen werde. Gott erbarme sich unser."

Unter solchen Seelenleiden arbeitete Pater Trudbert an seinen gelehrten Werken im Stillen fort, und auch der härteste Schlag, die= selben von der neuen Landesregierung mißachtet zu sehen und die geliebte Heimat verlassen zu müssen, konnte ihm das Interesse für historische Studien und Arbeiten nicht rauben.

Neugart hatte an den Bemühungen seines Prälaten für die Erhaltung S. Blasiens unter Baden den lebhaftesten Antheil ge= nommen. Als nun alle Schritte vergeblich waren, bemühte er sich, die Propstei Krozingen auf lebenslang zu erhalten, und hätte als Ge= lehrter wohl diese Rücksicht verdient; man ignorierte ihn aber völlig, wie die Verdienste des Stiftes überhaupt. Der „klassisch gebildete" Aufhebungs=Commissär von Ittner wagte sogar zu behaupten, die Wissenschaften in S. Blasien hätten aufgehört, nachdem kaum vier Jahre zuvor der erste Band des episcopatus Constantiensis erschienen war, welcher auch bisher noch nicht übertroffen worden.

Im Jahre 1807 wurde Pater Neugart als Bevollmächtigter seines Abtes und Conventes an den Wiener Hof abgesendet, um wegen Übersiedelung des Stiftes nach Österreich die nöthigen Schritte zu thun. In Folge derselben überließ man den Blasianern das auf= gehobene Kloster S. Paul im Lavanthale bei Klagenfurt, worauf Abt Berchtold mit etwa 40 Conventualen die bisherige Heimat verließ und die neue bezog.

Unser Pater fügte sich als Mann in die Nothwendigkeit und suchte für Kärnthen zu erstreben, was er für Schwaben geleistet. Da= von zeugen die fünf trefflichen Schriften über kärnthische Geschichte, welche der Unermüdliche bei seinem Tode in der Handschrift hinter=

ließ [1]. Aber auch die alte Heimat wurde von ihm nicht vergessen, indem der zweite zu S. Blasien begonnene (bis 1306 reichende) Theil des episcopatus Constant. zu S. Paul seine Vollendung erhielt [2].

Pater Trubbert Neugart verstarb zu S. Paul am 15ten Dezember 1825, als presbyter jubilaeus, in seinem 83ten Lebensjahre — si tamen mortuus nobis est, immortali fama gaudet apud posteros, quamdiu erunt, qui literas colent patrias.

Neugart unterschied sich von vielen seiner Mitbrüder durch ein sehr strenges Wesen, weßhalb er mit dem freier sich bewegenden Gerbert ein wenig zerfallen war; damit aber verband derselbe ein freundliches Wohlwollen, besonders gegen seine Schüler, welche ihn innigst verehrten. Für seine eigenen ehemaligen Lehrer bewahrte er zeitlebens ein dankbares Andenken, wie er sich am Schlusse der Geschichte von S. Paul gegen den Abt Berchtold in den Worten ausspricht: Ego vero Deum singulis diebus vehementer oro, ut pater optimus vitae meae diu superstes sit.

Seine Anschauung und Auffassung geschichtlicher Ereignisse war nichts weniger als mönchisch beschränkt; er unterschied immer die bloße Legende oder Sage von dem wirklich Geschichtlichen, wie es sein kritisches Talent ja nicht anders zuließ. Und über seine eigenen Standesgenossen in früherer und späterer Zeit urtheilte er so unbefangen, wie es kaum zu erwarten war. Die Reformation des 16ten Jahrhunderts z. B. galt ihm als Abfall vom Dogma der Kirche, wozu aber die sittliche Verkommenheit vieler katholischen Geistlichen mehrfach beigetragen habe, während alle Neuerungen der Reformatoren in nicht dogmatischen Dingen fast weniger verwerflich seien, als jener traurige Sittenzerfall [3].

---

[1] Dieselben sind von Mone eingehend besprochen in den Heidelb. Jahrbüchern von 1855, Nr. 34.

[2] Neugart hatte die Handschrift des Werkes dem Schuldheißen von Mülinen zu Bern in der Hoffnung überlassen, daß derselbe es zum Drucke befördern werde. Dieser übergab sie aber zum gleichen Zwecke dem Freiherrn von Laßberg, welcher nach den ersten Druckbogen mit dem Verleger Cotta in Zerwürfniß gerieth, wodurch die Fortsetzung des Druckes unterblieb. Hierauf entschloß sich der Abt zu S. Paul, in Folge einer Besprechung mit Mone, die Handschrift mit einem namhaften Beitrage seines Klosters zu den Kosten zu veröffentlichen, was denn auch 1862 bei Herber in Freiburg geschah.

[3] Quis miretur, sagt er, tot populos ante et deinde, relictis ecclesiae catholicae sacris, ad sectarios transisse, quia sacerdotum catholicorum mores a sanctitate religionis, quam profitebantur, tanto intervallo distabant.

Schriften.

Beschreibung der feierlichen Übersetzung einiger Gebeine des heiligen Pirmin. S. Blasien 1777.

Doctrina de sacramento poenitentiae recte administrando. Daf. 1778.

Spicilegium precum quotidinarum ad usum sacerdotum. Daf. 1787.

Codex diplomaticus Alemanniae et Burgundiae transjuranae intra fines dioecesis Constantiensis. Tom. I, S. Blasii 1791. Tom. II, ibid. 1795 (zwei Quartanten).

Episcopatus Constantiensis alemannicus sub metropoli Moguntina. Partis I tom. I. S. Blasii 1803. Part. I tom. II. Friburgi Brisigaviae 1862 (zwei Quartanten).

Analecta Carinthiaca et Juvaviensia, Handschr. von 1816.

Codex traditionum monasterii *S. Pauli* notis illustratus, Handschrift von 1818.

Specimen lexici topographico-genealogici interioris Austriae, Handschr. von 1818.

Libellus maiores maternos Rudolfi I regis exhibens. Scripsit P. Trudp. Neugart, presbyter iubilaeus. Edidit P. Lud. Weber. Klagenfurt 1850.

Historia monasterii ad *S. Paulum* in valle Lavantina Carinthiae. Tom. I Clagenfurti 1848, tom. II ibid. 1854.

Kurze Geschichte des Chorherrenstiftes Eberndorf in Kärnthen, abgedruckt im Archive für kärnthische Geschichte und Topographie, Jahrg. I, 97.

Vinzenz Jlger.

Dieser Sanctblasier war, wie der gelehrte Pater Heinrich Grüninger (geb. 1680, gest. 1738), ein Bürgerssohn von Thiengen im Kletgau. Am 12ten Februar 1742 daselbst zur Welt gekommen, in der heimatlichen Schule und hierauf zu S. Blasien erzogen, trat er daselbst am 28sten October 1762 in den Orden und wurde am 13ten Juni 1767 zum Priester geweiht.

Der talentvolle junge Pater, nachdem er die Philosophie und Theologie absolviert, erhielt in seinem Stifte die Ämter als Censor morum, als Moderator fratrum religiosorum und als Magister novitiorum. Seine Studien und gelehrten Arbeiten scheinen sich vornehmlich auf disciplinarische, philosophische und kirchenhistorische Gegenstände bezogen zu haben.

Als Lohn seiner im Lehr- und Erziehungsfache geleisteten Dienste erhielt Jlger um's Jahr 1800 die Stelle eines Priors über das Klösterlein Sion bei Klingenau, wo sich dem geübten Schulmanne an der dortigen Bildungsanstalt ein weiteres Feld pädagogischer Thätigkeit eröffnete. Er lebte noch bei der Aufhebung des Stiftes S. Blasien und ist wahrscheinlich mit nach Kärnthen ausgewandert.

Schriften.

Observationes in secula christiana de disciplina et moribus ecclesiae catholicae in usum cleri utriusque. Einsideln et Basel 1791 (vier Theile).

Die beschämten Philosophen unserer Zeit durch die Philosophen des grauen Altertums. Etwas für Verstand und Herz. Handschr. von 1801.

Konrat Boppert.

Dieser, am 10ten Februar 1750 zu Constanz geborne, am 6ten Juni 1773 zu S. Blasien in den Orden getretene und am 23sten September 1775 zum Priester geweihte Sohn des heiligen Benedict wurde der literarischen Welt erst nach seinem Tode bekannt. Er ist der Verfasser des gelehrten asketischen Sammelwerkes Scutum fidei, welches im Jahre 1806 unter die Presse der stiftischen Druckerei gelangte, aber dem Commissär Ittner als ein mönchisches Machwerk so sehr mißfiel, daß er den Weiterdruck desselben verhinderte.

Die Handschrift nahm der Verfasser mit nach S. Paul, von wo man sie an Herder zu Freiburg überließ, in dessen Officin das Werk zwischen 1853 und 1855, unter der Leitung des Domcapitulars Dr. Buchegger, endlich vollständig gedruckt erschien. Über die Veranlassung desselben wird Folgendes erzält [1].

„Pater Boppert war von einer heftigen Gemüthsart, welche ihn leicht zu Streitigkeiten mit anderen Conventualen verleitete. So kam es eines Tages zwischen ihm und etlichen jüngeren Patres zu einer höchst unklösterlichen Scene, wobei er sich dermaßen vergaß, daß seine Rechte nach dem Messer griff, was von traurigen Folgen hätte werden können, wenn man nicht abwehrend dazwischen getreten. Als der fatale Vorgang an den Abt gelangte, verbannte derselbe den Schuldigen als Pfarrverseher nach Ibach, mit der weitern Auflage, aus den Schriften der Kirchenväter, Concilien, Liturgien und Theologen aller Jahrhunderte die für das Dogma der Eucharistie beweisenden Stellen zu sammeln.“

„Der Pönitent mußte an den hohen Festen und an gewissen anderen Tagen, wo sich alle Patres im Chore einfanden, nach S. Blasien reiten, durfte aber die Clausur nicht betreten, und wenn der Gottesdienst zu Ende war, erwartete ihn schon wieder sein Pferd an der Klosterpforte. Diese Verbannung dauerte vom Sommer 1799 bis zum Frühlinge 1803, und so entstund in dem abgelegenen Pfarrhause von Ibach das Scutum fidei, eine Arbeit von erstaunlichem Fleiße, großer Belesenheit und Erudition.“

---

[1] Briefliche Mittheilung des Herrn Professors König, gestützt auf die Aussagen der frühern Pfarrer Braun zu S. Blasien und Escher zu Ibach.

Das 12bändige Werk enthält für jeden Tag des Kirchenjahres eine **Meditation** über die Festzeit, immer im Hinblicke auf Messe oder Abendmahl; dann folgen die Beweisstellen aus den kirchlichen Schriften in chronologischer Ordnung, und endlich die **Preces ante et post missam.** Im Vorworte beklagt sich der Verfasser über die Lauheit vieler Geistlichen, indem er schreibt: Manifestum fit, tot sacerdotum in sacris peragendis irreverentiam, teporem, ne dicam scurrilitatem, non nisi ex defectu fidei oriri.

Er wußte recht wohl, daß Viele über seine Arbeit spotten würden, nämlich alle Diejenigen, welche die wirkliche Gegenwart Christi im Abendmale entweder geradezu läugnen oder sie zwar zu glauben vorgeben, aber thatsächlich mißachten (negligunt). Solchen Geistes war auch Herr von Ittner[1], der da meinte, „kein kluger Mensch werde ein so werthloses asketisches Buch lesen können." Dasselbe fand aber bei seinem späteren Erscheinen nicht allein in Deutschland, Österreich und Ungarn seine Abnehmer, sondern erlebte in Belgien und Italien auch einen Nachdruck, wie eine Übersetzung in's Deutsche und Französische! Konrat Boppert starb im Kloster S. Paul am 31ften Juli 1811.

Schriften.

Scutum fidei ad usus quotidianos sacerdotum. Tomi XII. Die ersten 3 Bände wurden 1806 erstmals in S. Blasien gedruckt, das Ganze zu Freiburg 1853 bis 1855.

Johann Baptist Weiß.

Derselbe war zu Wittichen, bei Wolfach, am 4ten Jänner 1753 geboren, hatte am 6ten Juni 1773 zu S. Blasien die Ordensgelübde abgelegt und im Sommer 1776 die priesterliche Weihe erhalten. Nachdem dann der junge Pater in der Stiftschule als Lehrer der Theologie gewirkt, übertrug man ihm die Pfarrei zu Schluchsee, von welcher Expositur er jedoch bald wieder in's Stift zurückgekehrt zu sein scheint, da er am 21ften Juni 1793 daselbst die Grabrede auf den verstorbenen Fürstabt Martin hielt.

Im Jahre 1794, nachdem die Schulen zu Constanz von den Benedictinern der vorderösterreichischen Stifte übernommen worden, betraute man den Pater Weiß mit der Präfectsstelle am dortigen Gymnasium, woraus auf seine Fähigkeiten und seinen Charakter wohl ein günstiger Schluß zu ziehen. Jedenfalls bewährte er sich als tüchtigen

---

[1] In seinen (von Schreiber herausgegebenen) Schriften, Bändchen III, S. 206. Es mangelte ihm eben, bei aller Bildung und Gelehrsamkeit, für die Beurtheilung derartiger Leistungen jeglicher Maßstab.

Redner und Schulmann, wurde aber schon während des Jahres 1800, im schönsten Mannesalter, vom Tode ereilt.

Schriften.

Festrede, gehalten am 8. Tage der Feierlichkeiten bei Einweihung der neuen Kirche zu S. Blasien. S. Gallen 1784.

Trauer- und Lobrede auf Martin Gerbert, weiland Fürstabten zu S. Blasien, gehalten von J. B. Weiß, Capitular daselbst, an seine Mitbrüder, bei dem feierlichen Leichenbegängnisse am 21. Brachmonat 1793. S. Blasien.

Über die Verbindung guter Sitten mit den Wissenschaften. Eine Ermahnungsrede an die Zöglinge des Gymnasiums zu Constanz, gehalten am 8. Christmonat 1794. Constanz 1795.

Practisches Rechenbuch oder Anleitung, die vorkommenden Rechnungen, ohne viele Multiplicationen, kurz auszurechnen, mit Beispielen, Regeln und Erläuterungen, nebst einem Anhange von 100 verschiedenen Rechnungsexempeln zur Übung. Grätz 1799.

Ambros Eichhorn.

Dieser Gelehrte, geboren am 6ten September 1758 zu Wittlighofen im Bonndorfischen, war der Sohn des dortigen Schullehrers, welcher den fähigen Knaben in den Elementarkenntnissen unterrichtete und hierauf nach Rotweil zu den Jesuiten schickte. Nachdem derselbe die Schule der eifrigen Väter fünf Jahre lang fleißig besucht, begab er sich, um die Rhetorik zu studieren, nach S. Blasien und erhielt einen Freiplatz im Stiftsconvicte.

Hier nun erwachte in dem strebsamen Studiosen die Neigung, ein Mitglied des unter dem Abte Gerbert so rühmlich aufblühenden Ordenshauses zu werden, und da seine Bitte um Aufnahme durch löbliche Zeugnisse unterstützt war, erhielt er dieselbe auch. Sofort widmete sich Eichhorn der Philosophie und Theologie, worin Pater Rottler, der nachmalige Abt, sein Lehrer war. „Unermüdet in der Lectüre," heißt es bei Waitzenegger, „sammelte er, gleich einer Biene, alles Gute und brachte es immer sogleich in Ordnung. So kam das Jahr 1779 herbei, wo ihm am 8ten November zu S. Blasien das Ordensgelübde abgenommen ward."

Im Jahre 1782 absolvierte Pater Ambros das Studium der Theologie, konnte jedoch die Priesterweihe, wegen Mangel des vorgeschriebenen Alters, erst 1783 erhalten; aber „eben in dieser Zwischenzeit legte der emsige junge Pater den Grund zu seinen später gewonnenen vielseitigen Kenntnissen, namentlich in der Diplomatik, Numismatik, Altertumskunde und Geschichte. Fürstabt Gerbert arbeitete gerade an seiner Historia Sylvae nigrae und Ussermann ſtand der quellenreichen Stiftsbibliothek vor — eine höchſt glückliche Conſtellation für den angehenden Geſchichtsforſcher."

Damals gelangte Gerberts Lieblingsgedanken, die Gründung einer ·Germania sacra, zur Ausführung und Eichhorn wurde dabei mit der Bearbeitung des Biſthums Chur betraut. Er zeigte dieß dem dortigen Fürſtbiſchofe von Roſt mit dem Geſuche an, ihm die Be= nützung der betreffenden Archive zu geſtatten, erhielt die Erlaubniß unter ſchmeichelhaften Ausdrücken, bereiste hierauf die Bezirke des Churer Sprengels, ſammelte unermüdlich fleißig und kehrte mit einem reich= haltigen Quellenmateriale nach S. Blaſien zurück, wo man ihn auf Stellen verſetzte, welche die nöthige Muße gewährten, das Geſammelte zu verarbeiten und an's Licht zu fördern.

Unter ſolchen Arbeiten verfloſſen unſerm Pater 17 Jahre, welche er theils in der Seelſorge, namentlich als Pfarrer zu Bernau, theils als Novizenmeiſter in S. Blaſien verbrachte. Seine Arbeit gelangte im Jahre 1797 unter die Preſſe der ſtiftiſchen Druckerei, worauf ihn der neue Fürſtabt Mauriz zum Bibliothekare, wie ſpäter deſſen Nach= folger Berchtold zum Archivare des Gotteshauſes und folgends, ſeiner vielfachen Verdienſte wegen, zum Prior von Oberried ernannte, wo er bis zum Unglücksjahre 1807 verblieb [1].

Nach ſeiner Ankunft in S. Paul wurde Eichhorn ſogleich zum Präfecte des Gymnaſiums zu Klagenfurt auserſehen und begann, in dieſem Amte auf's Thätigſte und Gewiſſenhafteſte zu wirken. Pater Ambros „war ſtreng, aber die Studenten liebten ihn, denn als weiſer Pſycholog mußte er die rechte aequitas zu treffen, und die pädagogiſche Grundregel: Nulli aetati facere injuriam ward bei ihm zur Hand= lungsmaxime. Um den Studierenden ein ihnen angemeſſenes und zu= gleich im Style nützliches Erbauungsbuch in die Hände zu geben, ſchrieb er ein kleines lateiniſches Gebetbuch, welches ſich durch religiöſe Nüch= ternheit, wie durch einige beſonders ſchönen Hymnen empfahl."

Alle von ſeinen Amtsgeſchäften zu erübrigende Zeit verwendete Eichhorn auf die Sammlung von Urkunden und Nachrichten zur Ge= ſchichte von Kärnthen. Manches Ergebniß ſeiner Forſchungen machte er in Hormayers Archive oder in der Zeitſchrift Carinthia be= kannt, was die erfreuliche Folge hatte, daß man ihn als Archivar wie=

---

[1] Das Wilhelmiter Klöſterlein zu Oberried war im Jahre 1727, zugleich mit den Gotteshäuſern Sion bei Klingenau und zu Mengen in Schwaben (des näm= lichen Ordens) dem Stifte S. Blaſien einverleibt worden. Der Ort mit dem Thale, bisher nach Kirchzarten pfarrhörig, erhielt 1787 eine eigene Pfarrei, welche von einigen ſanctblaſiſchen Capitularen unter einem Prior beſorgt wurde.

ber nach S. Paul zurück berief, um seine historischen Studien auf diese Weise am Entsprechendsten zu fördern.

Bereits hatte der Unermüdliche eine reiche Sammlung von Ur=kunden=Abschriften beisammen, welche derselbe als Grundlage zu einer Geschichte von Kärnthen zu veröffentlichen beabsichtigte, als ihm 1818 das Amt eines Präfecten am Gymnasium zu S. Paul aufgetragen ward. Freudig unterzog er sich diesem Berufe, aber schon 1820 ergriff ihn eine Lungenentzündung, welche seinen Tod herbeiführte. Pa=ter Eichhorn verschied den 21sten März genannten Jahres, am Tage seines Ordensstifters Benedictus, von allen Guten und Redlichen auf=richtig betrauert.

Schriften.

Gedanken über die Freiheit, für den deutschen Landmann (wider die Re=volution in Frankreich). Ohne Angabe des Namens und Druckorts (aber gedruckt in S. Blasien), 1793.

Episcopatus Curiensis in Rhaetia sub Metropoli Moguntina, chronologice ac diplomatice illustratus. Cum codice probationum 161 documenta praecipua complectente. Typis San-Blasianis 1797.

Kurzgefaßte Geschichte der Propstei Oberried und des Thales S. Wil=helm, von 1805 (abgedruckt in der Badenia von 1844, S. 137).

Libellus precum ad usus studiosae juventutis christianae. Klagenfurti 1811.

Beiträge zur Geschichte und Topographie des Herzogtums Kärnthen. Klagen=furt, erste Sammlung 1817, zweite 1819.

Urkunden=Sammlung zur Geschichte von Kärnthen, Handschr.

Anselm Buß.

Dieser heißspornige Religiose, welchem ein tragisches Ende bestimmt war, hatte das Licht der Welt am 10ten October 1759 in der Reichs=stadt Gengenbach erblickt, in den Schulen daselbst, wie hernach zu Offenburg und S. Blasien seine Anfangsbildung erworben und 1779 die Aufnahme in dieses Stift erhalten. Seine Talente wurden bald erkannt und verhalfen ihm zu der wichtigen Stelle eines Registrators oder Klosterarchivars, welches Amt er zwischen den Jahren 1787 und 1792 verwaltete.

Während dieser Zeit arbeitete Pater Anselm ungemein fleißig in den Urkunden und Acten des Archives, und erhielt sofort von Fürst=abt Gerbert den ehrenden Auftrag, für die Germania sacra das Bisthum Speier zu übernehmen. Er wendete sich deshalb im Som=mer 1788, wie an andere Gelehrte, an Lamey um Mittheilung von betreffenden Materialien, und erhielt auch solche in erfreulichster Weise. Seinen Dank dafür drückte Buß hierauf in dem folgenden Schreiben

Baber, St. Blasien. 8

vom 6ten März 1790 aus: Jubeor a Celsissimo meo, salutem Tibi dicere plurimam gratesque rependere obnixissimas pro iis, quorum nos reddere participes humanissime voluisti, subsidiis diplomaticis ad dioecesin Spirensem pertinentibus. Quodsi jussus non essem, nihilo minus lubenti animo haberes me devinctissimum, quum improbum aliquorum jam annorum laborem hisce adjuveris suppetiis, quarum continuationem adhuc a te sperari posse, mihi promissum est. Dicere nequeo, quantum delectet me talis promissio, *quantumque addiderit animi ad discutiendam ulterius istius dioeceseos historiam.* Quare vellem varia quidem ex te ipso, qui mihi fons limpidissimus es, quaerere, nisi absterrerent quam plurima, quibus te obrutum scio, alia negotia. Sed hoc forsan haud difficile tibi audierit, nominare mihi et conciliare viros eruditos, qui tua moti autoritate conatus meos suis augeant symbolis.

Der Eifer des feuerigen Paters an dieser Arbeit scheint aber bald erloschen zu sein, was wohl eine Folge der damaligen Zeitereignisse war. Denn gleich manchem jüngern Klostergeistlichen da und dort wurde auch Buß angeweht von dem aus Frankreich kommenden Geiste der „Freiheit und Gleichheit." Dieß verrathen sogar seine archivalischen Arbeiten, welche öfters Auslassungen enthalten, von denen man, ohne es zu wissen, nicht glauben würde, daß sie aus der Feder eines vorderösterreichischen Mönches geflossen.

In einem Auszuge aus den prälatenständischen Acten des Stiftsarchives ließ sich unser sanctblasischer Stiftsregistrator unter Anderem bei der Versicherung des Erzherzogs Ferdinand, daß die den breisgauischen Ständen auf dem Landtage von 1553 abgenöthigte Geldbewilligung „ihnen an ihren habenden Freiheiten keinen Abtrag thun solle", zu der Bemerkung hinreißen: „So höhnt ein Despot die Unbedachtsamkeit seiner Stände. Auf ihren Schultern bäumt er sich auf, preßt ihnen Gut und Blut ab und versichert sie dann auf dem Papiere, was in der That erlogen, sie seien frei und würden von der Landesregierung sehr mild behandelt."

Im Jahre 1792 wurde Pater Buß als Professor der Poesie und der griechischen Sprache an das Gymnasium zu Freiburg gesendet — zu seinem Verderben! Denn in der breisgauischen Hauptstadt gerieth er unter die Anhänger der französischen Revolution und ließ sich von seinem Hasse gegen die Fürsten, namentlich gegen das Erzhaus Österreich, zu dem tollen Schritte verleiten, nach Basel auszureißen, um sich bei dem republikanischen Büreau daselbst zu subscribieren.

Nach der Überlieferung in seiner Familie soll Pater Anselm zu

Basel sein Mönchsgewand auf einem Scheiterhaufen verbrannt und jauchzend um den Freiheitsbaum getanzt haben[1]. Von dem an verschwand er spurlos — wahrscheinlich ein trauriges Opfer der Revolutionswuth, wie sein ehemaliger Standesgenosse Eulog Schneider, mit welchem er auch sonst viele Ähnlichkeit gehabt.

Schriften.

Regeste aus dem Theile des gräflich lupfischen Archives, welcher nach S. Blasien gekommen, von 1256 bis 1423. Handschr.

Auszug aus den zu S. Blasien befindlichen Acten des prälatenständischen Archives, von 1523 bis 1636. Handschr.

Verschiedene Aufsätze (wohl die über die Propstei Bürgeln, über die Werke des Paters Herrgott und dergleichen) in Hirschings historisch-literar. Handbuche (biographische Nachrichten) III, 47, 112, wie im Stifts- und Klosterlexikon (Leipz. 1792) I, 629.

Victor Keller.

In den letzten zwei Decennien des 18ten Jahrhunderts hatten zu S. Blasien, nach dem Eintritte von Eichhorn und Buß (1779) in den Orden daselbst, die Novizen Umber (1780), Keller (1785), Meyer (1795) und Maucher (1798) die Ordensgelübde abgelegt, vier junge Männer, welche sich später theils als Gelehrte und Schriftsteller, theils als Seelsorger und durch wohlthätige Stiftungen verdient und bekannt gemacht.

Pater Philipp Jacob Umber, im April 1759 zu Laufenburg geboren und im Herbste 1783 Priester geworden, war als einer der talentvolleren jungen Patres, neben Keller, vom Fürstabte Gerbert zum Mitarbeiter an der Germania sacra bestimmt und deßhalb 1791 und 1792 nach den Bischtümern Augsburg und Eichstätt zur Sammlung der Materialien geschickt worden. Es ist aber aus seiner Feder nichts zum Drucke gelangt, als die Trauerrede, welche er am 22sten Christmonat 1801 auf das Absterben des Fürstabtes Mauriz an seine Mitbrüder gehalten.

Ein reicheres und schriftstellerisch weit thätigeres Leben zeichnete seinen etwas jüngern Genossen Victor Keller aus. Derselbe war als Sohn des Schmidmeisters Benedict Keller von Ewatingen am 14ten Mai 1760 daselbst geboren, zeigte schon frühe treffliche Anlagen, machte bei den Benedictinern zu Villingen seine ersten Studien und bezog nach zwei Jahren das Gymnasium zu Freiburg, wo unter sei-

---

[1] Mündliche Mittheilung des Herrn Hofraths von Buß.

nén Lehrern der ebenso freimüthige als gelehrte Professor Ruef und
der damals berühmte Musiker Umstatt ihn besonders liebten und
zu fördern suchten [1].

Nach absolviertem Gymnasium begab sich Keller zum weitern
Verfolge seiner Studien an die Hochschule von Wien. Dort hörte
er Vorlesungen über Philosophie und Theologie; besuchte aber nebenbei
auch fleißig das Theater, die Oper und verschiedene Gesellschaften,
wo der intelligente junge Schwabe immer gerne gesehen war. Das
naive, ungenierte Wiener Leben scheint einen nachhaltigen Eindruck auf
denselben ausgeübt zu haben.

In den Herbstferien 1778 nach der Heimat zurück gekehrt, besuchte
Keller (wahrscheinlich mit Empfehlungen des stiftischen Amtmanns zu
Ewatingen) das Gotteshaus S. Blasien, welches damals unter der
trefflichen Verwaltung Gerberts in seine schönste Blüthezeit getreten
war. Angezogen hievon, ließ der junge, für gelehrte und literarische
Thätigkeit geschaffene Mann sich leicht bestimmen, zu S. Blasien in
den Orden zu treten, was noch während desselben Jahres geschah.
Als Novize schon lehrte er die Philosophie, wurde vom Chordienste
befreit, mit Ausnahme der Sonn= und Feiertage, und zum Professor
der Mathematik, Diplomatik und Numismatik ernannt, legte sofort, in
seinem 25sten Lebensjahre, die Klostergelübbe ab und erhielt 1785
zu Constanz die Priesterweihe, worauf man ihm den Lehrstul der
Kirchengeschichte und des Kirchenrechtes im Stift anvertraute.

Um nun ungestört seinen Studien obliegen zu können, suchte sich
Pater Victor möglichst von den Geschäften der Seelsorge, namentlich
vom Beichthören, frei zu machen, was zuweilen durch sonderbare Mit=
tel geschehen sein soll. Mit unstillbarem Wissensdurste durchgieng er
die 36,000 Bände der Klosterbibliothek, und sammelte mit unermüd=
lichem Fleiße den Apparat zur Ausführung der Bisthumsgeschichten von
Verden, Eichstätt und Augsburg. Aber die folgenden Geschicke
des Stiftes ließen diese Arbeiten nicht zur Reife gelangen.

Auf das überraschende Hinscheiden des Fürstabts Mauriz wurde
unmittelbar nach Bestattung des Leichnams die neue Abtswahl (am
19ten November 1801) vorgenommen, wobei neben dem Propste Rott=
ler von Klingenau auch Pater Victor in Vorschlag kam; derselbe soll
jedoch bewirkt haben, daß sein Gegencandidat drei Stimmen mehr er=
hielt, weßhalb er sich hernach selber scherzweise einen „gefehlten Fürsten“

---

[1] Diese, wie die folgenden Nachrichten über Keller sind größtentheils der Bio=
graphie entnommen, welche seinem literarischen „Nachlaß“ vorausgeschickt ist, I Bd.
S. 1 bis 56.

nannte[1]. Der neue Fürstabt verlieh ihm die Propstei Gurtweil und später die Pfarrei Schluchsee, wo er sieben Jahre zufrieden verlebte und sich vieler angenehmen und ehrenden Besuche erfreute.

Sehr ungerne vernahm Keller deßhalb seine Versetzung nach der sanctblasischen Propstei Wislikon im Aargau. In Folge derselben aber erhielt er bei der Aufhebung seines Stiftes den Ruf als Pfarrer nach Aarau (14. Febr. 1806) eine Lebensveränderung, welche sehr folgenreich auf seine geistige Richtung und Thätigkeit einwirkte. Denn dort gefiel seine Freisinnigkeit; sie verschaffte ihm die Ernennung zum Mitgliede der Bibliothek-Commission und der obersten Schulbehörde des Cantons und die Freundschaft geltender Männer, wie eines Troxler, Zschokke, Sauerländer, Herzog, Feer und Fetzer, welche den ehemaligen Benedictinermönch völlig in ihre liberale, rationalistische Bahn hinein zogen. Im Jahre 1812 übertrug ihm das Constanzer Ordinariat das Amt eines bischöflichen Commissärs und als solcher wurde er im folgenden Jahre auch Präses der geistlichen Prüfungscommission für den Canton Aargau.

In Aarau verfaßte Keller seine „Ideale" und lieferte viele Aufsätze in die „Stunden der Andacht", so daß dieses viel gelobte und viel getadelte Werk größtentheils aus seinen allgemein beliebten Predigten entstanden sein mag. Wie angenehm ihm aber der Aufenthalt in der argauischen Hauptstadt sonst auch gewesen sein mochte, so fand er sich gleichwohl durch manches Mißfällige veranlaßt, um die Pfarrei Zurzach einzukommen. Er erhielt dieselbe im Frühjahr 1814 und wurde zugleich Decan des dortigen S. Verenenstiftes; jedoch nöthigte ihn die schon im nächsten Jahre erfolgte Abtrennung der Schweiz vom Bißthume Constanz, seine Entlassung aus dem schweizerischen Kirchendienste zu verlangen, im Mai 1816.

Durch einen Tausch mit dem Pfarrer zu Grafenhausen, welcher ein geborner Klingenauer war, erhielt Keller diese ehemals sanctblasische Pfarrei und bezog dieselbe am 26sten November 1816; sie entleidete ihm aber schon nach wenigen Jahren, weßhalb er um die vacante Pfarrei von Pfaffenweiler competirte, wegen „des mildern Klima's, der größern Muße und bequemen Nähe von Freiburg mit seiner Universitäts-Bibliothek."

Am 28sten November 1820 wurde Keller als Pfarrer daselbst bestätigt und befand sich längere Zeit ganz behaglich in dem freundlichen Dorfe, erhielt auch viele Besuche aus Freiburg, namentlich

---

[1] Die ausführliche Beschreibung dieser Wahlhandlung in Speckles Memoiren enthält hievon keine Sylbe.

von Studenten der Theologie, deren Lehrer in der Dogmatik er gerne geworden wäre [1]. Das „Katholicon", welches die erste Frucht seiner pfaffenweiler'schen Muße war, zog ihm aber viele Verdächtigungen und Verdrießlichkeiten zu; diesen folgte im Winter 1823 ein Schlaganfall, welcher ihn für längere Zeit der Sprache und des Gedächtnisses beraubte; ganz erholte er sich nie wieder, und erlag zuletzt einer Lungensucht am 7ten December 1827.

Ohne Frage war Victor Keller unter den letzten Blasianern einer der fähigsten Köpfe und trefflichsten Menschen. Gerbert hatte dieses Talent früh erkannt und für sein Unternehmen der Germania sacra ausersehen. Die freiere Richtung des jungen Paters, welche Manchen schon im Kloster verdächtig schien, mochte den aufgeklärten Fürstabt wenig beirren; er soll ihn deßhalb zwar zur Rede gestellt, dabei aber gesagt haben: „Lehren Sie, wie und was Sie wollen, nur lernen Sie auch ränken, wenn man Sie packen will."

Heiter, witzig und wohlwollend im Verkehre der Gesellschaft, gastfrei gegen Freunde, freigebig gegen die Armen, gerade und offen gegen Jedermann, ein Mann von klarem Denken, von vielem Wissen und redlichem Charakter — das war Keller; aber „die geistige Richtung, wie solche gegen das Ende des vorigen und im Anfange des gegenwärtigen Jahrhunderts herrschte, die s. g. Aufklärung, zumal der theologische Rationalismus, hatte ihn völlig ergriffen und Etwas aus ihm gemacht, was er ohne die zu Wien und Aarau empfangenen Eindrücke wohl nicht geworden wäre".

Als Schriftsteller war Keller sehr fruchtbar, aber vieles von ihm Begonnene blieb unvollendet. Er schrieb nicht ohne Kraft und Wärme, und da seine Schriften dem herrschenden Zeitgeiste entsprachen, so fanden sie einen ausgedehnten Leserkreis, was ihnen rücksichtlich des Einflusses auf denselben keine geringe Bedeutung verlieh. So arbeitete der ehemalige Schüler des großen Gerbert gerade dem entgegen, was dieser durch seine vielen Werke zu erstreben suchte.

Schriften.

Ideale für alle Stände. Aarau 1818 (dritte Auflage 1831, daselbst).
Katholicon. Aarau 1824 (dritte Auflage 1832, ebenda).

---

[1] Ich habe noch Freiburger gekannt, welche mir viel Schönes von dem „trefflichen Pfarrer und Prediger" zu Pfaffenweiler erzählt. — In seiner Eingabe an die theolog. Facultät gab er zu erkennen, wie er die Dogmatik aufheitern und von allen scholastischen Schlacken säubern wolle; daß er sie überhaupt nicht in der gewöhnlichen Form, sondern als Dogmengeschichte zu behandeln gedenke. — In der zu seiner Zeit üblichen Behandlungsweise schien ihm diese Wissenschaft zum „christlichen Talmud" geworden (Nachl. II, 61).

Mehrere Aufsätze in den Stunden der Andacht (Aarau von 1809 bis 1816).
Schutzschrift für den Bisthumsverweser von Wessenberg.

Nachlaß (eine Art von philosophisch=theologisch=politischem Real=Lexicon, unvollendet. Herausgegeben von Cooperator J. Barbisch). Freiburg 1830, zwei Bände.

Blätter der Erbauung und des Nachdenkens. Freiburg 1832. Die 2. Ausg. 1854. Vier Bände.

Lucas Meyer.

Dieser jüngste der aus S. Blasien hervorgegangenen Gelehrten und Schriftsteller war der Sohn einer armen mit Kindern überladenen Häuslerfamilie im Holzschlage bei Gündelwangen, ohnweit Bonndorf, geboren am 8ten Jänner 1774. Der lernbegierige Knabe besuchte zwar 1781 die Dorfschule von Boll, wurde aber bald wieder aus derselben weggenommen und zum Viehhüten, wie während der Winterszeit zum Mousselinesticken verwendet, welches damals ein hauptsächlicher Erwerb dortiger Gegend war.

Es läßt sich wohl denken, daß der Aufenthalt in der einsamen Bergnatur, auf der freien Waide, wie daheim in der väterlichen Hütte, wo man des Abends bei der Stickarbeit sich mit Liedern, Sagen und Mährlein die Zeit verkürzte, daß diese einfache, gemüthliche Lebensweise auf den empfänglichen, sinnigen Knaben einen Einfluß geübt, wodurch dessen Heimatliebe eine Innerlichkeit und eine Richtung gewann, welche später den gereiften Mann zur Bearbeitung der heimatlichen Geschichte ganz besonders angetrieben.

Aber bis Meyer zu dieser Bahn gelangte, wie viel Schweres und Bitteres hatte derselbe in seiner Jugend zu erdulden! Durch eine neue Heurat seines Vaters wurde er von Daheim vertrieben und begab sich (erst 12 Jahre alt) auf gutes Glück nach Bonndorf zu den Paulinern, wo man ihn aufnahm, aber so wenig beachtete, daß der Arme öfters in einem Winkel des Klostergartens bittere Thränen über seine trostlose Lage vergoß. Da endlich nahm sich der Gärtner des hilflosen Knaben an, dem es nun gelang, durch rastlosen Eifer seine schönen Anlagen besser auszubilden.

Seine gemachten Fortschritte erlaubten ihm, jetzt eine größere lateinische Schule zu beziehen; er begab sich daher zunächst zu den Benedictinern in Villingen, hierauf an das Gymnasium zu Donaueschingen und um's Jahr 1791 nach S. Blasien, wo man das Landeskind vorerst aber nicht aufnahm. Meyer setzte daher seine Studien an der Hochschule zu Freiburg fort, worauf ihm 1793 von S. Blasien aus endlich gewährt wurde, was er früher gewünscht.

Der für wissenschaftliche Studien begeisterte junge Mann trat im Herbste jenes Jahres in das Kloster, legte am 22sten Februar 1795

die Ordensgelübbe daselbst ab und wurde, nach Vollendung des theo=
logischen Curses, am 21sten September 1799 zum Priester geweiht. Es
geschah dieses nach einer längern sehr bemüthigenden Strafe und Zurück=
setzung, welche sich der mehrfach Enttäuschte durch ein Schreiben nach
Wien zugezogen, das zu Handen des Klosterdecanes gerieth und worin
es hieß: „Ich habe in meinem Streben nach den Wissenschaften einen
Fehltritt gethan; das Kloster ist der Musensitz nicht mehr,
wie ich ihn zu finden hoffte."

In der That hatte S. Blasien nach dem Hingange Gerberts
das Mißgeschick, daß dessen Nachfolger, der treffliche Fürstabt Mauriz,
einen großen Theil seiner Zeit in Angelegenheiten des Stiftes und
Prälatenstandes am Wiener Hofe verbringen mußte, wodurch es der
Partei, welche aus Neid oder Beschränktheit gegen die gelehrten
Patres eingenommen war, möglich gemacht wurde, dieselben zu chi=
kanieren, ihnen die bisher zu ihren Arbeiten gegönnte Zeit zu ver=
kümmern und sie mit einem strengern Chordienste zu belästigen.

Da unter solchen Machinationen auch Meyer besonders zu leiden
hatte, so mußte es eine wahre Erlösung für ihn sein, als er im Jahre
1800 zum Lehrer der griechischen Sprache am Lyceum zu Constanz
bestimmt wurde. Dort erfreute er sich einer freieren Bewegung und
des aufmunternden Umganges mit dem Generalvicare von Wessen=
berg, dem Herausgeber der „geistlichen Monatsschrift für das Bisch=
tum Constanz", welche später unter dem Titel „Archiv für die
Pastoralconferenzen" erschien. An diesen nützlichen Publicationen beab=
sichtigte unser Pater fleißigen Antheil zu nehmen, als ihn im Jahre
1804 seine Oberen plötzlich nach S. Blasien zurück beriefen!

Meyer wurde dem Lehrfache entzogen und für die Seelsorge be=
stimmt; derselbe erhielt zunächst die Pfarrei des Wallfahrtsortes Todt=
moos, bald indessen die angemessenere und freundlichere zu Oberried,
in der Nähe von Freiburg. Hier erlebte er die Aufhebung des Stiftes
S. Blasien, ohne Lust zu verspüren, mit dem Abte und seinen Ge=
treuen nach Kärnthen auszuwandern[1]. Im Jahre 1809 ward ihm
von S. Gallen aus der ehrenvolle Ruf zur Übernahme der Leitung
des dortigen neu gegründeten Gymnasiums; man veranlaßte ihn aber
durch Verheißung einer bessern Pfarrei, im Lande zu verbleiben.

---

[1] Schreiber, welcher die Abfassung solcher Biographieen gerne als eine Art
von Rechtfertigung seiner eigenen kirchlichen Richtung benützte, hat in dem Vor=
trage über „Lucas Meyer, Begründer der Lucasstiftung", erschienen zu Freiburg
in der Universitätsbuchdruckerei 1831, offenbar das Verhältniß Meyers zum Stifte
etwas zu trüb dargestellt. — Die Stiftungsurkunde bei Werk, Stiftg.-Urk. akademi=
scher Stipendien, S. 554 bis 560.

Nachdem er von Oberried nach Nötgersweil und endlich 1813 nach dem heiteren Gurtweil versetzt worden, begann seine angenehmste Lebenszeit, mit Ausnahme des Jahres 1814, wo das dortige Militär-Lazaret, und des Jahres 1817, wo die herrschende Hungersnoth ihm die größten Gefahren, Mühen, Sorgen und Verdrießlichkeiten verursachten [1]. Hierauf aber — je ruhiger Meyer sich seinen Studien und Arbeiten überlassen konnte; je mehr er die Liebe und Achtung seiner Gemeinde, wie aller benachbarten Gebildeten erwarb, desto mehr schwanden leider seine Leibeskräfte dahin. Vom Frühjahre 1821 an eilte der kränkliche Herr sichtbar dem Grabe zu, und am 18ten Juni endigte er in ruhiger Fassung sein viel bewegtes Leben [2].

Pfarrer Meyer war als Mensch, als Seelsorger und Schriftsteller höchst achtungswerth und hat viel Gutes bewirkt. Was ihm an Schärfe des Geistes und kritischer Gelehrsamkeit abgieng, das ersetzte er möglichst durch Fleiß und Eifer, durch redliches Streben, durch Wahrheitsliebe und Herzlichkeit. Ich habe niemals anders, als mit besonderer Achtung und Anerkennung seiner Eigenschaften und Verdienste von ihm reden hören.

Wie immer Zeitumstände und Berufsgeschäfte es gestatteten, überließ sich Meyer seinen Lieblingsstudien. Auf dem theologischen Felde beschäftigten ihn besonders praktische Fragen, das Pastoral-Archiv enthält mehrere Aufsätze aus seiner Feder. Seine historischen Arbeiten beschränkte derselbe auf ein Gebiet, welches er beherrschen konnte, auf das heimatliche. Und hier wurde ihm der Geschichtschreiber des Schweizerbundes zum Vorbilde. Darnach bildete sich seine Behandlung der geschichtlichen Stoffe und seine Darstellungsart; aber freilich wollte dem Jünger der eigentümliche Styl des Meisters so wenig gelingen, daß diese Nachahmung öfters höchst störend auf den Leser wirkt und demjenigen vielfach Abbruch thut, was der Verfasser durch die müllerische Geschichtsanschauung an historischer Umsicht und Einsicht gewonnen [3].

Meyer verdient aber nicht allein wegen seines segensreichen Seel-

---

[1] Beiderlei Elend habe ich als Knabe in nächster Nähe von Gurtweil (zu Thiengen und Waldshut) selber miterlebt.

[2] Als Meyers Bibliothek zur Versteigerung kam, erwarb mein Oheim (Gefäll-verwalter K. in Thiengen) mir etliche Bücher aus derselben, namentlich die manessische Sammlung von Minnesängern, welche Bodmer 1757 herausgegeben.

[3] Die meyerischen Manuscripte, welche in verschiedene Hände gerathen waren, habe ich beinahe sämmtlich wieder zusammengebracht durch Mittheilungen des sel. Oberamtmanns Schilling, des sel. Ministerialraths Merk und des Herrn Pfarrers Kürzel zu Ettenheim-Münster.

forgerwirkens und seiner hinterlassenen Schriften unser dankbares An=
denken, sondern auch wegen einer wohlthätigen Stiftung, welche
er in seiner letzten Willensverfügung gemacht, ähnlich wie es sein
jüngerer Mitbruder Roman Maucher zu Ringsheim that.

Pater Roman, am 21sten October 1777 zu Winterrieden in Schwa=
ben geboren, war am 28sten October 1798 zu S. Blasien in den
Orden getreten und am 19ten September 1801 zum Priester geweiht.
Nach der Aufhebung des Stiftes trat derselbe in die Seelsorge ein,
wurde zuerst Pfarrer zu Gütenbach, dann zu Sigelau und endlich 1827
zu Ringsheim, wo er am 20sten Dezember 1841 verstarb. Sein Ver=
mächtniß bestund in 29,000 Gulden, wovon die Zinsen „für arme ge=
sittete Jünglinge zur Erlernung eines Handwerks, oder für einen armen
talentvollen Sohn von Ringsheim zum Behufe des Studierens, ver=
wendet werden sollen" [1].

Die meyerische Stiftung betraf (neben schönen Vermächtnissen
zu einem Armenfond und an die Kirche in Gurtweil, an seine Bluts=
verwandten und Dienstboten) den Überrest seiner Verlassenschaft, woraus
an der Hochschule zu Freiburg eine „S. Lucasstiftung" gebildet wer=
den solle, um einen Studiosen der Theologie aus der Verwandt=
schaft des Stifters oder aus den Pfarrsprengeln Gündelwangen, Bonn=
dorf, Boll und Schluchsee, mit jährlichen Stipendien von 160 bis 300
Gulden zu unterstützen.

„Hiezu bewog ihn, wie er im Testamente versichert, sein eigenes
Jugendschicksal, damit von seinen Landsleuten sich künftig hin auch
ärmere Jünglinge dem so wichtigen Weltpriesterstande widmen
können, ohne eine Beute der Armuth und Lebensdrangsale zu werden,
worunter das höhere Geistesstreben so leicht erliegt oder verkümmert."

Schriften.

Zwölf Aufsätze im Archive für die Pastoralconferenzen, über den Nutzen der
Kirchengeschichte für den Seelsorger (1808 V, 345); Etwas aus dem Leben
Martin Gerberts (1811 III, 195); das Benehmen des Seelsorgers bei ge=
wissen außerordentlichen Verrichtungen (1811 VI, 401); Ansicht über die Litur=
gie (1812 II, 111); das Pfarrbuch von Kirchzarten (1813 XII, 401); wie Con=
ferenzen abzuhalten? (1815 III, 212); über zweckmäßige Regeneration der Li=
turgie (1816 VIII, 81); der hl. Gallus als Christenlehrer (1818 VII, 3); wie die
Kirchengeschichte des Bischtums Constanz für die Seelsorger zu schreiben sei (1819
II, 73); über den Gesammtwillen der einzelnen kathol. Kirchen bezüglich des
Bischtums Constanz (1819 VIII, 104); geschichtliche Beleuchtung des alemanni=
schen Volksglaubens (1819 II, 321) und Stiftungsurkunde über den Armen=
fond Gurtweil (1820 X, 259).

---

[1] Regierungs=Bl. 1843, S. 141. C. Jäger, Stip.=Stiftungen I, 116.

Geschichte des Thales S. Wilhelm bei Oberried, Beitrag zur einstigen Pfarr-geschichte, Handschr. von 1808.

Geschichte der Pfarrei Nötgersweil, von 1812.

Kulturgeschichte des Schwarzwaldes, von 1813.

Geschichte der Pfarrei Gurtweil, von 1814.

Aus dem Leben des Priesters Origenes, von 1815.

Schicksale der Wiedertäuferlehre auf dem Schwarzwalde, von 1815, abge-druckt in der Badenia von 1840, S. 276.

Römische Altertümer auf dem südöstlichen Schwarzwalde, besonders über die Ausgrabungen bei Lauchringen, von 1817.

Umriß der Geschichte des Kletgaues, von 1817, abgedruckt in meinen Brie-fen über das badische Oberland (1833).

Hercynia oder Eigentümlichkeiten der Schwarzwälder (Hauensteiner) Mund-art, von 1819.

(Ausführliche) Geschichte des Kletgaues, von 1820.

Geschichte der alemannischen Landgrafschaft Alpgau oder Hauenstein, 1821 vollendet.

VIII. Übersicht des Ganzen und Schlußbetrachtung.

Soweit in den Rhein- und Donauländern die römische Herr-schaft reichte, war seit dem 4ten Jahrhunderte das Christentum auch die herrschende Religion gewesen. Nachdem aber das gewaltige Römer-reich der großen Völkerwanderung hatte erliegen müssen, überschwemmten die heidnischen Germanen diese theilweise schon sehr cultivierten Länder, wobei die Alemannen, ein Volk der hartnäckigsten Wodans-diener, den Oberrhein besetzten. Da sie die alte, meistens christliche Bevölkerung unterjochten, so läßt sich denken, wie es mit den reli-giösen Zuständen derselben ausgesehen, bis das Evangelium am Rheine durch die fränkische Monarchie wieder hergestellt worden.

Indessen hatten zwei Dinge, wie anderwärts, so auch in den oberrheinischen Gauen, trotz allen Hindernissen und Unterbrechungen, eine Fortsetzung der christlichen Kirche unterhalten — Bischöfe und Einsidler. Jene erhielten sich zu Windisch (Constanz) und zu Augst (Basel); diese aber lebten im Lande umher, wo eine abgelegene Gegend, eine Wildniß, die nöthige Sicherheit versprach, ihrem Gottesdienste in hölzernen Hütten oder Zellen, aus denen hernach einflußreiche Klöster und Stifte entstunden. Solche Einsidler und Waldbrüder waren am Oberrheine die heiligen Männer und Märtyrer Trudbert, Lando-lin, Meinrat[1] — und die frommen Brüder an der Alb.

---

[1] Trudbert und Landolin lebten in der ersten Hälfte des 7. Jahrhunderts, also ohngefähr zu eben der Zeit, wo sich der Sage nach die Einsidler des schwarz-wäldischen Albthales in eine brüderliche Gesellschaft zusammen gethan. Und noch zwei volle Jahrhunderte später führte der hl. Meinrat dasselbe Einsidlerleben!

Als diese letzteren zu einer kleinen Colonie heranwuchsen, waren am Rheine hin schon zwei bedeutende Klöster vorhanden, das Fridolinsstift zu Säckingen und das Welfenstift zu Rheinau. Da wurde veranstaltet, daß die Albzelle mit Verwilligung des dortigen Grundherrn Sigemar im Jahre 858 an die rheinauischen Benedictiner übergieng, welche sofort ihre Ordensregel mit einer Reliquie des heiligen Blasius dahin verpflanzten, wenn den Brüdern die benedictinische Regel nicht schon früher durch ihren Diöcesanbischof ertheilt worden[1].

So gestaltete sich die „Zelle des heiligen Blasius am Albflusse" zu einem rheinauischen Priorate, verfiel aber bald hernach dem traurigen Geschicke, ein Opfer der Hungarn=Einfälle zu werden. Die Verwüstungen dieser wilden Horden erinnern an die Alles umstürzenden Erschütterungen der Völkerwanderung, wie an die grimmigen Fehden der Großen des merovingischen Zeitalters und vollenden das traurige Bild jener Jahrhunderte voller Verwirrung, Rohheit und Barbarei, voller Gewaltthaten und Blutströme, welche das aufgehende Licht der Christuslehre nur langsam überwand.

Zum Glücke für die neugegründeten christlichen Reiche war aus Nursia in Umbrien der Mann hervorgegangen, welcher durch seine Stiftung des Benedictinerordens die Überlieferungen der alten Cultur auf die Nachwelt verpflanzte. Die zu Monte Cassino niedergeschriebene Regula sancti Benedicti blieb das Gesetz für eine wunderbar anwachsende Menge von Bekennern, denen man seit jenem 5ten Jahrhunderte nicht allein die Beurbarung unzähliger Wildnisse, sondern auch die Pflege der geistigen Cultur in den verschiedensten Bevölkerungen verdankte[2].

So wichtig für das ganze abendländische Mittelalter war die Arbeit der Benedictiner zum materiellen und geistigen Anbau der Länder, zumal zur Fortpflanzung der literarischen Schätze des gebildeten

---

[1] Auffallender Weise erwähnt der Liber constructionis der Übergabe der Albzelle an das Stift Rheinau mit keiner Sylbe, sondern erzält von einer Deputation der Brüder nach Constanz, wo ihnen der Dioecesanus (welches nach der Überlieferung Bischof Erenfrid gewesen sein soll) sua authoritate regulam et habitum S. Benedicti ertheilt habe. Da Erenfrid aber im Jahre 748 verstarb, so hätten die Albzeller schon über ein ganzes Jahrhundert vor ihrem Anfalle an die Rheinauer diese Regel besessen, was indessen sehr unwahrscheinlich ist, da dieselbe Quelle bereits vom heiligen Blasius spricht, dessen Reliquie doch notorisch erst nach dem Jahre 858 von Rheinau in vicinum saltum (d. h. nach dem Schwarzwalde) verbracht wurde. Hiernach wäre also, was oben S. 11 gesagt worden, zu berichtigen.

[2] Insbesondere Germania nostra ordini S. Benedicti lumen fidei (et literarum) debet atque culturam soli. Gerbert.

Altertums, daß ein gelehrter Jünger der (ihnen sonst sehr abholden) Gesellschaft Jesu sich zu dem Bekenntnisse genöthigt sah: Nisi ordo divi Benedicti fuisset, tota literatura periisset!

In der That, durch ganz Italien, Frankreich, Deutschland und England bestanden nach der Eroberung dieser Länder durch die Germanen nirgends etwelche Schulen, als in den Gotteshäusern, und auch nach Errichtung der ältesten Hochschulen zu Rom, Pavia und Paris, wo die Benedictiner die ersten Lehrer waren, bildeten die Klosterschulen noch lange beinahe die einzigen Unterrichtsanstalten. Daher darf man für jene Zeiten mit allem Rechte sagen: Omnia Coenobia erant Gymnasia et omnia Gymnasia erant Coenobia.

Die Benedictiner haben, um nur von Deutschland zu reden, die ersten Schulanstalten bei uns gegründet, namentlich die trefflichen Schulen von Fulda, von S. Gallen, Reichenau, Corvei, Hirschau, Etthal, Kremsmünster, und welche Männer sind überhaupt aus den benedictinischen Klöstern hervorgegangen, wie viele Päpste, Bischöfe und kaiserliche Canzler, wie viele Missionäre, Künstler, Gelehrte und Schriftsteller ersten Ranges![1] Ex iis monasteriis, sagt Mabillon, velut ex arce sapientiae, innumeri viri prodierunt philosophiae cognitione praestantes divinae atque humanae.

So verdankte auch S. Blasien, nach seiner Wiederherstellung[2]

---

[1] Es seien hier nur die berühmtesten aufgezählt: Papst Gregor der Große (gest. 604), der ehrwürdige Beda (735), der heilige Bonifaz (755), Alcuin, der Lehrer Karls des Großen (804), der Abt Walafried Strabo (849), Erzbischof Rabanus Maurus (856), Cardinal Damiani (1072) und Papst Gregor VII (1085), die Erzbischöfe Lanfrank (1089) und Anselm von Canterbury (1109), die Geschichtschreiber Hermann der Lahme (1054) und Bernold von Constanz (1100), der Bibliothekar Petrus Diaconus (1140), der heilige Bernhard von Clairvaux (1153), Abt Cäsarius von Heisterbach (1240), Abt Suger von S. Denis, Regent von Frankreich (1152) und der englische Historiograph Matthäus Parisius (1259), Thomas Aquinas, zu Monte Cassino gebildet (1274), Papst Clemens VI (1352), Abt Trithemius von Spanheim (1516), der Diplomatiker Mabillon (1707) und Generalpropst Dionys von Saint-Marthe (1725), der Historiker Meichelbeck (1734), der Bibliothekar Bernhard Pez (1735), der Procurator von Montfaucon (1741), Abt Gottfried Bessel (1749), Fürstabt Gerbert (1793).

[2] Cella in sylva Swarzwalt a beato Reginberto heremita *noviter* constructa, heißt es im kaiserlichen Diplome von 983. Noviter kann hier den Sinn haben von neulich, aber auch von denuo oder iterum; denn war keine ältere Zelle vorhanden gewesen, wofür überhaupt dieser Beisatz? Cella a Reginberto constructa (ubi primus habitaverat) hätte hingereicht. Nach meiner Auslegung würden jene Worte also heißen: Die von Reginbrecht erneuerte Zelle, welche er zuerst wieder bewohnte.

durch den frommen, welterfahrenen Einsidler Reginbrecht, dem benedictinischen Bekenntnisse schon während des 11ten und folgenden Jahrhunderts eine für damals in der That ungemeine Blüthe materieller
und geistiger Cultur.

Denn nachdem die rheinauische Adoptivtochter an der Alb [1] durch
Kaiser Otto den Großen und seinen Sohn mit einem eigentüm-
lichen Gebiete bewidmet und mit dem kaiserlichen Schutze begnadet
worden, um auf eigenen Füßen stehen zu können, gieng der regin-
bertische Wunsch in Erfüllung — die Cella S. Blasii wurde von ihrem
Mutterstifte Rheinau getrennt und zur selbstständigen Abtei erhoben; sie verbesserte sofort ihre vielbesuchte Schule, erweiterte ihre
Bücherei und erzog eine Reihe gelehrter Mönche, welche theils
daheim, theils als Äbte oder Lehrer nach anderen Gotteshäusern berufen, im Geiste ihres Ordensstifters zu wirken bemüht waren.

Der ottonischen Schenkung folgten die frommen Vermächtnisse der
Fürsten und des Adels, welche gerade in den Zeiten am reichlichsten
flossen, da die Kirche ihre größten Gefahren und Drangsale erlitt. So
gelangte S. Blasien unter seinen acht ersten Äbten zu einem Reich-
tume irdischen Besitzes, zu einer Ordnung häuslichen Gedeihens, zu
einer Blüthe der Regelzucht, der klösterlichen Handarbeit, des Gottesdienstes und der Gelehrsamkeit, welche den benedictinischen Geist
in glänzender Weise offenbarten.

„Das Gotteshaus [2], nachdem es unter Vorschub einer frommen
Kaiserin die Gewohnheiten von Fructuar angenommen, erschien neben

---

[1] So stellte Pater Vandermeer die Sache dar. Das aber genierte die Blasianer, welche ihren Ursprung als „benedictinisches Gotteshaus" nicht einem andern
Kloster wollten zu verdanken haben, sondern eine eigene Entwickelung hierin be-
haupteten. Dieß jedoch widersprach den urkundlichen Nachrichten zu sehr, wenn man
nur eine Albzelle festhielt; daher schlug Abt Gerbert den Ausweg ein, zwei an
verschiedenen Orten des Albthales gelegene Zellen anzunehmen — eine ältere an
Rheinau übergebene, von den Hungarn zerstörte, und eine neuere von Reginbrecht
gegründete, selbstständig zur Abtei S. Blasien erwachsene.

Das Richtige hierin hatte schon Schöpflin angegeben, indem er bemerkte:
Blasiana cella per tempus aliquod juncta fuit coenobio Rhenaugiensi. At
seculo X ineunte, irruptionibus Hungarorum monasteria ad Rhenum et in vi-
cinia destructa quum essent, cella Alba *novum fundatorem* nacta est Re-
ginbertum, qui ab imperatore Ottone II obtinuit, ut cella in abbatiam sub
patrocinio S. Blasii converteretur, a quo tempore nexus inter Rhenaugiensem
abbatiam et cellam Albam desiit. Auch aus den actis Murensibus geht hervor,
daß die cella S. Blasii ehedem die cella Alba gewesen.

[2] Diese und die folgenden mit Anführungszeichen versehenen Stellen sind aus
der trefflichen Festpredigt des Capitulars Schmid von Muri auf die Klosterein-
weihung von 1783.

Hirſchau und Schaffhauſen durch ganz Deutſchland als Vorbild
klöſterlicher Vollkommenheit[1]. Es hoben ſeine goldenen Zeiten an; die
Gebäude wurden zu eng, denn es drängten ſich Arme und Reiche,
Geringe und Vornehme heran, Ritter, Freiherren und Grafen kamen
in die Wüſte des Albthales, bekleideten ſich mit dem Mönchsgewande
und fragten: Was muß ich thun, um abzubüßen und Heil zu erlangen?
Sie entſchlugen ſich alles menſchlichen Troſtes, ſchloſſen ſich in einſame
Zellen ein, verzehrten ihr kärgliches Brot unter Thränen der Reue,
verbrachten halbe Nächte mit Beten, und züchtigten ihren Leib bis an
den Rand des Grabes."

„War es da zu verwundern, wenn andere Klöſter aus S. Bla‐
ſien ſich Äbte und Lehrer holten, wie Engelberg einen Adelhelm
und Frowin, Donauwerd einen Dichterich, Wiblingen einen
Werner und Garſten einen Berchtold, welche ſich ebenſoſehr durch Ge‐
lehrſamkeit, als Sittenſtrenge und Frömmigkeit ausgezeichnet? Und als
viele Klöſter durch eigene oder fremde Schuld in traurigen Zerfall ge‐
riethen, befand ſich unſer Schwarzwald‐Stift unter denen, welche den‐
ſelben zur Hülfe kamen. So lag das Gotteshaus Muri beinahe
völlig darnieder, als ihm Abt Giſelbrecht ſeinen Mönch Leutfrid
ſchickte und mit einer neuen Colonie wieder empor half."

„Was Leutfrid hier gethan, das leiſteten ſanctblaſiſche Brüder auch
zu Kettwein und Kempten, zu Alpirsbach, Erlach, Weſſen‐
brunn, Rheinau, Isny und in noch gar vielen Klöſtern, da
S. Blaſien in deren ſieben neue Colonieen, wie in mehr denn dreißig
anderen ſeine Mönche als Äbte, Lehrer und Verbeſſerer eingeführt.
So blieb die Quelle unerſchöpft, wie freigebig man auch daraus mit‐
zutheilen pflegte, jene fruchtbringende Quelle, welche aus dem Geiſte
des großen Erzvaters Benedict entſprang."

„Dabei bedurfte S. Blaſien ſeit jener Einführung der fructuari‐
ſchen Gewohnheiten zur Handhabung der Kloſterzucht niemals einer
fremden Hülfe[2]. Unter 45 Äbten, von Werner I bis auf Mar‐
tin II, im Verlauf ſo vieler Jahrhunderte, findet ſich kein einziger von
Auswärts poſtulierter Vorſteher."

Ja, die „goldenen Zeiten" von S. Blaſien traten ein, als die
Kirche und ihre Diener unter der furchtbarſten Verfolgung litten; als

---

[1] Per divi Blasii monasterium invecta fuit monasticae disciplinae re‐
formatio, Cluniacensi non dispar, *et in nonnullis aliquantum districtior*, utpote
multis in eam ex S. Benedicti Anianensi adscitis, qui cognomen supra
Regulam fuit sortitus. Gerbert.

[2] Monasterium nostrum proprio semper, ut ajunt, natavit cortice, nec
unquam peregrinos in sedem suam adscivit praesules. Wülberg.

Bischof Gebhart flüchtig nach dem schwarzwälbischen Gotteshause kam und eine Menge verfolgter, oder reuiger, oder lebensmüder Menschen aus allen Ständen dahin sich retteten. Das Stift gieng reicher an Gütern, stattlicher an Gebäuden und glänzender an Ruhm aus jener wirren und brangsalvollen Zeit hervor!

Diese Blüthe verdankte dasselbe vornehmlich seinen zwei Schulen — neben den geheimnißvollen Wirkungen jener wunderbaren mystisch=schwärmerischen Frömmigkeit, welche zur Erlangung des „ewigen Seelenheiles", in beschaulichem oder werkthätigem Leben, unter den Beschwerden und Entsagungen ascetischer Bußübung, nach der Palme des Mönchtumes rang; jenes heiligen Wahnes, welcher das höchste Verdienst darin erblickte, alle Genüsse und Wünsche des irdischen Daseins der ewigen Betrachtung einer himmlischen Zukunft zum Opfer zu bringen; jenes seltsamen Strebens nach Selbstbemüthigung, Selbstherabsetzung, welches viele Söhne der vornehmsten Familien bestimmte, im härenen Gewande die gemeinsten, niedrigsten Knechts= und Handlangerdienste [1] zu verrichten!

Wenn der denkende Mann vor diesen Erscheinungen steht, und nach den Ursachen, nach den Quellen derselben fragt, so wird sich als Antwort wohl ergeben — hier der tief in die Menschenseele gelegte Drang des Glaubens an ein jenseitiges Leben, dort die täglich vor Augen liegende Eitelkeit alles irdischen Daseins, und der täglich zum Himmel schreiende Jammer des menschlichen Elendes, welches damals noch häufiger und heftiger über die Bevölkerungen kam.

„Hatten die ersten Brüder an der Alb ganz im Kleinen und Verborgenen angefangen, so verbanden die Sanctblasier nachmals, durch ihre Zeiten belehrt, wie nöthig der Kirche die Gelehrsamkeit sei, die Wissenschaft mit dem Gebete, die Arbeit des Geistes mit der Arbeit der Hände, und erlangten dadurch einen weit verbreiteten Ruhm [2]. Aus ihrer Schule giengen würdige Diener des Altars, unterrichtete Priester und erleuchtete Lehrer hervor. Hier erwuchs Bruder Arnold von Straßburg, in der Schriftauslegung gelehrt, wie kein anderer; hier Bruder Berchtold von Donauwerd, vielgewandt im Lateinischen und Griechischen, in gebundener und ungebundener Rede, dessen Namen bis nach Constantinopel brang; hier Bruder Albrecht von Frohburg, in

---

[1] Quanto nobiliores erant in saeculo, tanto se contemtibilioribus officiis occupari desiderabant. Gerbert.

[2] Quum paullatim a suo splendore remitteret Hirsaugiensis congregatio, Sau-Blasiana contrario quotidiana fere incrementa accipere visa est. Gerbert.

göttlicher und menschlicher Weisheit wunderbar erfahren [1]; hier endlich erwuchsen die Brüder Werner, Bernhart und Bernold, allzeit rüstige Streiter für den Sieg ihrer Kirche."

„Werner schrieb von der heiligen Dreieinigkeit gegen die Manichäer, Bernhart griff die Simoniten an, und Bernold nahm es mit allen Feinden der ächten Kirchenlehre auf. Die Nicolaiten, Simoniten, Reordinanten, Manichäer, Schismatiker — alle mußten vor seine Feder [2]. Derselbe griff an, kämpfte, verteidigte, fragte und antwortete, überall nach dem Siege der Tugend und Wahrheit strebend. Er schrieb gegen die Unenthaltsamkeit der Geistlichen, gegen das Treiben der Simoniten und Schismatiker; er schrieb für den Papst und dessen Decrete, für die priesterliche Gewalt und das Priestertum der Mönche."

„Und Bruder Hartmann, welcher aus der Einöde des Schwarzwaldes als Abt nach Kettwein gegangen — war er nicht ein Liebling der Fürsten, ein Vertrauter des Kaisers, ein Günstling des Papstes? Mit welch' kluger Vorsicht, mit welch' weiser Mäßigung wußte dieser Nathan die einander widerstrebendsten Dinge zu vermitteln! Unvermögend, nach irgend einer Seite das Unrecht zu begünstigen, opferte derselbe, wenn es seinen eigenen Vortheil betraf, Alles dem Wohl der Kirche. Ein Wink von Rom und er fügte sich in allem Gehorsam [3]. So geschah es, daß zwei sich damals bekämpfende Mächte diesem Manne gleichzeitig ihre Gunst zuwendeten, indem Kaiser Heinrich V ihm Abteien und Bischtümer zudachte, während Papst Paschal II ihn zu seinem Legaten in Deutschland ernannte."

Diesem freudigen Aufblühen S. Blasiens folgte eine Periode des Stillstandes; denn seit den Tagen des frommen, an Gesinnung und

---

[1] Albertus, S. Blasii monachus, ab Henrico blasiano praesule Ochsenhusano coenobio praeficitur, ibi cum nominis eius famam magna prudentia et disciplinae severioris laude quotidie augeri cernerent Wiblingenses, eum sibi abbatem expetierunt impetraruntque. Wülberz.

[2] Die Nicolaiten waren gegen den Cölibat der Priester und verlangten, daß dieselben sich verehelichen sollten. Die Simoniten, Anhänger des Gegenpapstes Wibert, hieltens mit der Käuflichkeit der geistlichen Ämter und Pfründen. Unter Reordinanten aber verstund man diejenigen, welche die reuigen Simoniten nicht wieder für aufnehmbar hielten ohne neue Weihe. Simoniaca haeresis et Nicolaica in episcopatu Constantiensi ultra modum regnabat. Gerbert.

[3] Hartmannus principibus totius regni erat acceptissimus et ipsi Henrico V familiarissimus, qui et eum in archiepiscopatu Juvaviensi sublimare disposuit, in abbatia Campidonensi praefecit. Praeterea et papa Urbanus eum valde familiarem habuit eumque Gebhardo Constantiensi episcopo in apostolica legatione adjutorem constituit. Pez.

Herkunft gleich edeln Abtes Werner von Küssenberg[1], des ausgezeich=
neten Lehrers Arnold, des fleißigen Chronisten Konrat und des
trefflichen Geschichtsschreibers Otto, seit jenen rühmlichen Tagen war
im Stifte gar Vieles nicht besser und gar Mancherlei schlimmer ge=
worden. Der Erwerb zeitlichen Besitztums dauerte fort; aber im
Innern des Klosterwesens schlichen sich mehr und mehr Mißbräuche
ein, und von Außen traten mehr und mehr Gefahren heran, zumal
durch die Gewaltthätigkeiten des Faustrechts=Adels, welcher das
reiche Stift mit Fehden bedrängte, um es zu Vergleichen zu nöthigen,
deren Bedingung gewöhnlich ein Sümmlein Geldes war.

Die Studien fiengen an, unter dem Ueberhandnehmen eines ver=
äußerlichten Chordienstes zu leiden, und nachdem der hochverdiente
Abt Arnold sein Gotteshaus durch die Wirren des großen Zwischen=
reiches glücklich hindurch geführt, wurde dasselbe durch eine gewaltige
Brunst mit allen Schätzen seiner berühmten Bücherei gänzlich ein
Raub der Flammen! „So viel vermag ein einziger Unglückstag."

Die Wiederherstellung des Stiftes war das Verdienst des würdigen
Prälaten Ulrich, unter dessen Verwaltung die Musen zwar wieder
aufzuleben begannen, leider jedoch nur, um bald beinahe völlig zu ver=
stummen und unwissende Mönche einem mechanischen Chordienste
oder verderblichen Müßiggange zu überlassen.

Doch ist anzunehmen, daß das wissenschaftliche und sittliche Ver=
kommen unter den Blasianern weit den Grad nicht erreicht habe,
wie damals in vielen anderen Klosteranstalten; gleichwohl aber kann
man sich nach Allem, was aus jener Zeit über das Stift an Nach=
richten vorliegt, kein besseres Bild von demselben machen, als das eines
gewöhnlichen Klosterwesens ohne hervorragende Aebte und be=
sonders gelehrte oder verdiente Männer.

Nur Eines stellt sich heraus, was den damaligen sanctblasischen
Aebten und Conventen zum Verdienste gereicht — auch während der
schlimmsten Zeiten handhaben sie eine Hausöconomie, Güter=
Verwaltung und Landwirtschaft, welche von dem meistens
höchst wirtschaftslosen Treiben der benachbarten Fürsten und Edelherren
sehr löblich abstach. Während dieselben sich mit Schulden überluden,

---

[1] Das Titelbild seiner Blumenlese stellt den Abt dar, wie er das Buch dem
über ihm, neben der hl. Jungfrau stehenden hl. Blasius hinaufreicht, worunter
folgende Verse zu lesen sind:

Hoc syntagma tibi: jussi rex coelite scribi.
Suscipias a me: quod suscepi prius a te.
Theotecon natum: scriptori fac miseratum.
Codice me Christo: Blasi sacer offer in isto.

war S. Blasien beinahe immer in der Lage, ihnen kleinere oder größere Darleihen zu machen, gegen Verschreibung von Gütern und Gerechtsamen, welche großentheils nie mehr ausgelöst wurden [1].

Dergestalt konnte das Stift die Schäden und Verluste immer wieder ersetzen, welche ihm die faustrechtlichen Zugriffe des Adels, die Verwüstungen des alten und neuen Schweizerkrieges, die Bauern-empörung und die Kirchentrennung verursachten. Es ist erstaun-lich, mit wie vielen Leiden und Bedrängnissen S. Blasien während der vierthalb Jahrhunderte vom Tode König Rudolfs bis zum west-fälischen Frieden heimgesucht worden.

Durch die Reformation namentlich erlitt das Stift in der Eid-genossenschaft und im badischen Breisgau an Einkommenstheilen und Gerechtsamen schwere Einbußen, und der 30jährige Krieg schlug ihm die tiefsten Wunden. Aber auch in diesen Zeiten, wo so viele Gotteshäuser veröbet standen und andere sich nur mit höchster Noth zu erhalten mußten, auch in diesen wirrevollen und blutigen Zeiten war S. Blasien im Stande, den Klöstern Schuttern und Schwarzach zu ihrer Wiederherstellung zu verhelfen, und der als Vorsteher nach letzterem berufene Placidus Rauber war es, welcher als Visitator der oberrheinischen Benedictiner-Congregation dieselbe beinahe allein noch am Leben erhielt [2].

Niemals sind zu S. Blasien die Wissenschaften ganz darnieder gelegen, immer hat in diesem Gotteshause die unverwüstliche Wurzel derselben neue Schosse getrieben, neue Blüthen und Früchte getragen. „Nach dem Beispiele eines Mabillon, Ruinart, Martene und b'Achery that sich das Stift beinahe in jedem gelehrten Fache hervor. Nicht allein die Theologie, sondern auch die Kritik, Geschichte und Di-plomatik, die Beredsamkeit und selbst die Dichtkunst, die Natur- und Sittenlehre fanden hier von Zeit zu Zeit ihre Pfleger und Förderer. In der Geschichte glänzten ein Bernold, Frowin, Otto und Konrat, ein Schullehrer Letsch, ein Abt Caspar, ein Pater Strölein, Eiselein und Wülberz; in den schönen Wissenschaften ein Pater Zink [3] und Rauber; in der Theologie aber verließ man endlich den scholastischen

---

[1] Gewöhnlich nahmen diese Herren bei dem Stifte auf ein verschriebenes Unter-pfand (meistens Leute und Güter, Zinse, Zehenten und Vogteirechte) nach und nach neue Summen auf, bis der Werth desselben erreicht oder die Schuld so groß war, daß sie nicht mehr getilgt werden konnte.

[2] P. Placid. Rauber, e S. Blasio evocatus, disciplinam collapsam Ni-griaci restituit, ac congregationem Alsaticam, cujus visitatorem 1658 egerat, jamjam labentem unice retinuit. Wülberz.

[3] Johannes Strölin historiam synodi Constantiensis reliquit 1567. Cos-

9*

Weg, betrat einen lichtern, und stellte ein verbessertes, wohlgeordnetes und zusammenhängendes Lehrgebäude derselben her."

„Die Klöster S. Trudbert, Muri, Schwarzach, Schuttern, Gengen= bach, Reichenau und andere begehrten von S. Blasien Lehrer und Wiederhersteller der Wissenschaften; gelehrte Gesellschaften in Italien und Baiern rechneten sich's zur Ehre, von dort aus Mitglieder zu er= halten; öffentliche Prämien[1] bezeugten die vorzügliche Achtung der Verdienste des Stiftes; die Hochschule von Freiburg verdankte dem= selben mehrere Lehrer der öffentlichen Rechte, der Geschichte, der schönen Wissenschaften und morgenländischen Sprachen, und jene von Salz= burg endlich erhielt bei ihrer Gründung von ihm Rath und Hilfe, bei ihrem Fortgange verdiente Mitarbeiter und Lehrer, wie die Patres Sedelmaier, Troger, Enhel, und ihre erste Geschichtsbeschreibung."

An das Haus Habsburg=Oesterreich bewahrte unser Stift eine entschiedene Anhänglichkeit von König Rudolfs Zeiten bis auf Kaiser Karl VI und seine Tochter. Dasselbe verdankte den Herzogen, seit sie seine Schutz= und Schirmherren geworden, manches schöne Besitz= tum und mancherlei Förderung, wie endlich einen bedeutenden Ein= fluß am erzherzoglichen und kaiserlichen Hofe, was zumal unter den Äbten Augustin, Blasius III und Franz II der Fall war.

Der große Prälat Blasius Bender, welchen seine ungewöhnlichen Gaben zum Lieblinge dreier Kaiser gemacht, zierte den Altar und unter= stützte den Thron, ebenso geeignet für die großen Geschäfte des Staates, als für das Wohl der Kirche. Als bevollmächtigter Minister bei der schweizerischen Eidgenossenschaft wußte derselbe die alte Erb= vereinigung eines billig auf seine Freiheit stolzen Volkes mit dem Erz= hause zu erneuern, und dem Grafen von Daun in der graubündisch= mailändischen Angelegenheit die wesentlichsten Dienste zu leisten. Abt Franz aber erwarb dem Stifte durch seine Gunst am Kaiserhofe den reichsfürstlichen Rang, wodurch es unter den breisganischen Stiften die oberste Stelle und die leitende Hand erhielt[2].

Der treuen Anhänglichkeit der Sanctblasier an das Erzhaus gab Fürstabt Gerbert noch ganz besonderen Ausdruck durch seine Crypta nova, welche er als ein Lieblingsunternehmen mit vieler Mühe und nicht geringen Kosten ausgeführt. Sein Verhältniß zu Maria The=

---

mannus Zink fuit vir insigni eloquentia, humanioribus literis ac poësi excul- tus. Mülberg.

[1] Gerberti iter alemannicum, edit. 1773, S. 441.

[2] Omnes Austriae anterioris ecclesiae in auctoritate eius firmissimum sibi praesidium collocatum agnoscunt. Herrgott.

resia, der hohen Begünstigerin dieser Schöpfung, daß einen so viel
verheißenden Gang genommen, wurde aber sehr getrübt durch die kirch=
lichen Reformen Josephs II, des Lothringers, deren Neuerungen den
kirchentreuen Prälaten schwer betrafen und in eine ebenso peinliche,
als haikle Stellung versetzten.

Wie Gerbert nicht allein als Abt ein großes Klosterwesen, son=
dern auch als Fürst und Landesherr eine nicht unbedeutende Graf=
schaft väterlich zu regieren verstund, haben wir gesehen. Noch heute
bemerkt man im Bonndorfischen die Folgen seiner segensreichen Ver=
waltung und noch heute erinnert sich die dortige Bevölkerung mit Ver=
ehrung der Wohlthaten, welche er ihren Vätern durch Verordnungen,
Anstalten, Einrichtungen und Stiftungen so reichlich erwiesen.

Und wie freudig entwickelte sich unter diesem trefflichen Vorsteher,
dessen edler Geist schon aus seinem heitern, intelligenten Antlitz
leuchtete [1], die Gelehrten=Academie von S. Blasien! Sie bleibt eine
einzige Erscheinung im Bereiche der schwarzwäldischen Berg= und Wald=
gegenden, wie schon das Bild des neuen Kirchen= und Kloster=
gebäudes in der einsamen, wildkräftigen Natur andeutet.

So erscheint unser Stift vornehmlich als eine Schule der Philo=
sophie, Theologie, Geschichte und ihrer Hilfswissenschaften, daneben aber
war es auch längere Zeit eine Schule der Musik, wie denn diese
schöne Kunst in den Klöstern von jeher mit aller Liebe gepflegt und
geübt worden, oft bis zum Uebermaße. Jeder Novize erlernte ein In=
strument und beinahe jeder Pater spielte eines, dieser und jener mit
ausgezeichneter Meisterschaft.

Jenes Uebermaß aber, wie überhaupt die Ausartung der kirchlichen
Instrumentalmusik (die Oper und die Messe unterschieden sich
bald allein noch durch ihren Text) riefen das Bestreben hervor, an
deren Stelle etwas Würdigeres einzuführen. So verfiel man auf den
Choralgesang, welchen Abt Gerbert ganz besonders bevorzugte.
In einem Schreiben aus jenen Tagen [2] heißt es hierüber: „Der jetzt

---

[1] Ein Bildniß (Brustbild) des Fürstabts befindet sich vor dem 60. Bande der
allgem. deutsch. Bibliothek von Nicolai (Berlin 1785), welches aber nicht sehr ge=
lungen. Besser ist das Brustbild desselben auf der zur Einweihungsfeier von 1783
geschlagenen Denkmünze (durch Guillemard gefertigt), deren Revers das neue
Klostergebäude darstellt, mit der Umschrift: Optimo patri ob rem restauratam
Capitulum S. Blasianum. Wohl das beste aber zeigt ein halb lebensgroßes Brust=
bild in Schwarzkunst auf Kupfer gearbeitet, wovon ich, wie von der Denkmünze, ein
Exemplar selber besaß.

[2] Bei Baron von Böcklin, Beiträge zur Geschichte der Musik, besonders in
Deutschland. Freiburg 1790.

regierende Fürstabt liebt die Studien mehr, als die Musik, obwohl derselbe ihren Werth gehörig zu schätzen weiß. Er trachtet allein, Gelehrte aus seinen Leuten zu bilden, unter denen er glänzt, wie der Mond unter den Sternen. Der weltberühmte Herr ist sogar ein Feind der heutigen so ausgearteten und verdorbenen Kirchenmusik[1], und mit Recht; denn in der That sollte man dieses gotteslästerliche Wesen, wie es meistens getrieben wird, aus unseren Tempeln überall strengstens verbannen."

Eine andere Ursache des Zerfalles der Instrumental=Musik zu S. Blasien lag in dem Umstande, daß von den dortigen Conventualen immer gegen 40 meist jüngere Männer auf die stiftischen Priorate, Propsteien und Pfarreien ausgesetzt waren, welche bei der Rückkehr in's Kloster meistens ihre Kräfte und ihre Übung in der Musik eingebüßt hatten. Auch wurden die daheim verbleibenden Fratres mit Schulstudien und Hausämtern zu sehr überladen, um zur Pflege der Musik etwas Ersprießliches beitragen zu können.

Dagegen hörte man in S. Blasien einen besonders guten und schönen Choral. „Bei der Einweihung der neuen Kirche daselbst," berichtet von Böcklin, „wurde ein Choral (die Antiphon: Ecce sacerdos magnus) intoniert, wozu die Orgel, die Posaunen, Zinken, Trompeten und Pauken, sammt einigen harmonischen Glocken wechselweise mitspielten, von welcher Art ich in Deutschland noch niemals eine Musik gehört. Sie hatte große Aehnlichkeit mit dem Choralgesange in der Peterskirche zu Rom." Der Fürstabt selber hatte die Composition dazu geliefert und Pater Schell, der „herrliche Organist", trug besonders zur imposanten Ausführung bei[2].

Das ist die Summe der 1000jährigen Geschichte des ehemaligen Benedictinerstiftes S. Blasien, welches dreimal nach großen Feuersbrünsten (1322, 1525 und 1768) wie ein Phönix aus der Asche jedesmal herrlicher wieder erstanden! Es mag daselbst in so vielen Jahrhunderten intra muros et extra Vieles gefehlt und gesündigt worden sein; aber vor der urkundlichen und actenmäßigen Darstellung seines äußern und innern Lebens und Wirkens im großen Ganzen schmilzt die Mode gewordene Beschuldigung von mönchisch=zelotischer Feind=

---

[1] Die übertriebene Steigerung und Geltung der Instrumental=Musik in den Klöstern tadelte schon Pater Bisenberger zu Salmannsweil in einer besondern höchst interessanten Abhandlung de musica monachorum figurata, wovon ich in meinen „Fahrten und Wanderungen" (I, 76) einen Auszug mitgetheilt.

[2] Nach dem Vorworte der Schrift: Feierlichkeit des Stifts S. Blasien bei Einweihung des neuen Tempels, S. 13.

schaft gegen den Fortschritt, von pfäffisch=listiger Untergrabung der Volks=
rechte, von unersättlicher Habgier, gewissenloser Erbschleicherei, geist=
licher Hoffahrt und schwelgerischer Üppigkeit, auf gewisse Zeiten
und einzelne Äbte zusammen.

Wollte man die menschlichen Leidenschaften hervorheben, welche auch
in S. Blasien wiederholt das „Haus des Friedens" mit Neid, Haß
und Haber erfüllten — nun, zu allen Zeiten gab es Sterbliche von so
eingefleischter Jchheit, daß sie nicht irgendwelche Überlegenheit geduldig
ertragen konnten. Solche Leute aber, wenn sie geistig beschränkt
sind, fürchten und hassen instinktmäßig jeden Begabteren, feinden ihn
öffentlich und heimlich an und suchen seine Vorzüge womöglich zu ver=
dächtigen und in den Schatten zu stellen.

Bei dem engen Zusammenleben der verschiedentlichst begabten Per=
sönlichkeiten in den Klöstern mußte dieses Übel von desto schlimmeren
Folgen sein, je weniger freie Bewegung daselbst herrschte. Die minder
begabten Köpfe stützten sich auf strenges, ja ängstlich pedantisches Beob=
achten der herkömmlichen Satzungen, fleißigen Chordienst und ähn=
liche Klosterübungen, und suchten von da aus die Verdienste und Be=
vorzugungen ihrer wissenschaftlich gebildeten, gelehrten Mitbrüder miß=
günstig zu verkleinern, als unklösterlich und eitel anzuklagen[1].

Unter dem Drucke dieses Übels, das freilich nicht allein in den
Klöstern herrschte, hatten talentvolle, gelehrte und wissenschaftlich
strebende Religiosen oftmals schwer zu leiden, und gar manchen
mochte zuweilen eine bittere Reue über den gewählten Stand beschleichen.
Um so mehr muß daher die Erscheinung überraschen, daß in Gottes=
häusern, wie S. Blasien, das Licht der Wissenschaften auch während
der ungünstigsten Zeiten niemals ganz erlosch und die Pflege der Ge=
lehrsamkeit immer bald sich wieder erneuerte, wenn ein Vorsteher sich
als Freund derselben bewährte.

Wollte man, um einen andern Schatten auf unser Stift zu werfen,
die Jahrhunderte langen Unruhen der Hauensteiner herbeiziehen, so
würde zu bedenken sein, daß die stiftischen Leibeigenen, von den
Freileuten auf der Bahn ihrer gemeinschaftlichen Einungsverfassung
mit fortgerissen, auch vielfach weiter gegangen, als die verbrieften
Rechte es erlaubten.

---

[1] Gab es doch zu Gerberts Zeit (wie noch später) in Klöstern da und dort
sehr zweideutige Verehrer des strengkirchlichen Prälaten, Eiferer, welche den
Werth des Mannes, als eines Gelehrten erster Klasse, freilich nicht in Abrede stellen
konnten, ihm aber seine Verordnungen gegen unnütze und abergläubische Reli=
gionsgebräuche sehr verübelten und ihn deßhalb nicht zu den „Ächten" zählten. Nach
mündlicher Mittheilung von Pfarrer Speidel.

Wollte man von Eingriffen in die unterthänlichen Erbrechte reden, so wäre dem gegenüber auf die Prozeßacten und Urtheilssprüche der zuständigen Gerichte zu verweisen. Oder wollte man dem Stifte die strenge Erhebung des Drittels, des Leib- und Gutsfalles, oder die Vermengung dieser verhaßten Abgaben, die übertriebene Jagdpolizei und die Nachsicht gegen willkürliche, gewaltthätige Amtleute[1] zum Vorwurf machen, so wird die Thatsache dasselbe einigermaßen entschuldigen, daß diese Härten im Geiste der früheren Zeit gelegen und bei weltlichen Fürsten, Herren und Obrigkeiten noch in weit ärgerer Weise vorgekommen.

Was vielleicht am meisten böses Blut bei den Unterthanen des Stiftes machte, war die Rücksichtslosigkeit, womit dasselbe unsolide und gantmäßige Bauern behandelte, wie die unerbittliche Strenge, womit es systematisch an der Untheilbarkeit der geschlossenen Hofgüter festhielt. Dabei mögen Fälle vorgekommen sein, daß man ungerechterweise auch solche Güter, welche die Hofbesitzer aus eigenem Gelde erworben, zu den Höfen schlug und überschuldeten Bauern grausam versagte, diese Güterstücke zu verkaufen, um sich mit dem Erlöse noch weiter fortzuhelfen.

Das und Ähnliches mag vorgekommen sein, und die einzelnen Fälle mögen nicht wenig erbittert haben; aber im Ganzen waren die Strenge und die Sorgfalt, womit S. Blasien auf weltliche und kirchliche Ordnung hielt, womit es seine großen Bauernhöfe ungeschmälert zu bewahren und alles Proletariat möglichst zurück zu drängen suchte, nur eine Wohlthat für Herrschaft und Unterthan.

Hier, am Schlusse dieser Darstellung, dürfte es noch von Interesse sein, aus der Feder eines Benedictiners zu erfahren, wie die bewunderten Blasianer als „Klostergeistliche" dem Verdammungsurtheile ihrer „aufgeklärten" Mitwelt eben auch verfallen waren. In den Festreden von 1783 finden sich hierüber folgende bezeichnende Stellen.

„Wir leben in einem Jahrhunderte, welches für den ganzen Mönchsstand nicht betrübender sein könnte. Während man uns einer

---

[1] Und hier, bei den weltlichen Beamten des Stiftes, hatte schon früh ein Krebsschaden angesetzt, aus welchem wohl das meiste Übel entsprang. Ich habe es in den stiftischen Acten gelesen und weiß, daß der sanctblasische Unterthan überall weit besser daran war, wo ein Klostergeistlicher das Amt verwaltete. Namentlich haben sich Justiz- und Polizeibeamte der Grafschaft Bonndorf gar Vieles zu Schulden kommen lassen. Es sei nur an den Obervogt Johler erinnert.

seits unsere Güter wegnimmt und auf alle Weise beschränkt, soll uns andererseits auch unsere Ehre geraubt und alles Verdienst abgesprochen sein. Eine zügellose Presse sucht die ganze Klosterverfassung als nutzlos und lächerlich darzustellen. Wir Mönche werden wie eine Bande von Schurken und Taugenichtsen behandelt[1], wie Insecten linnäisch klassificiert und beschrieben! Jeder eingebildete Scribler will an uns seine Rittersporne verdienen, indem er uns mit allem möglichen Tadel und Spotte überhäuft."

„Das ist unsere Lage. Wir müssen Vorwürfe hören, welche sich widersprechen. Bald soll unser Dasein für's Leben unnütz, für Kirche und Staat verloren sein; bald aber will man uns weder an der Seelsorge, noch an der Pflege der Wissenschaft theilnehmen lassen, oder gnädigst etwa gar Fabrikanten und dergleichen aus uns machen, wie der Verfasser der Briefe über das Mönchswesen."

„Der Eine tadelt uns wegen Übertretung der Klosterzucht, während ein Anderer diese Zucht selber lächerlich und abgeschmackt findet. Man macht sich lustig über die strenge, einförmige Ordnung in den Klöstern, und bezeichnet die festgesetzte Zeit des Stillschweigens, der Erquickung, des Gebetes und der Arbeit als unnatürlichen Zwang, den Gehorsam gegen die Obern als dumme Selbstverläugnung, gewisse Strafen als kindische Abschreckung und die Strafcapitel als ein despotisches Gericht."

Was Herr von Ittner[2] an ähnlichem Tadel, angeblich aus dem Munde eines ehemaligen Benedictiners, veröffentlichte, enthält allerdings manches Wahre; höchst ungerecht aber ist es in solcher Allgemeinheit, wenn er den Klöstern vorwirft, daß in denselben, bei ihren vielen Hülfsmitteln an Geld, Büchern, Handschriften, Urkunden und physicalischen Instrumenten, dennoch so wenig geschrieben und der Anbau der Wissenschaften so unverantwortlich vernachlässigt worden sei.

Jedenfalls haben die schwarzwäldischen Benedictinerstifte S. Blasien, S. Peter und S. Georgen solchen Tadel nicht verdient. Dort war es dem vielfach verkommenen Ritteradel nicht gelungen, sich in die Abtswürden einzudrängen und dieselben zu einer Versorgungsan-

---

[1] Das war nichts Neues. Schon der Prior Fleury zu Argenteuil schrieb um's Jahr 1700: Lector prudens caute seipsum muniat contra Protestantium praejudicium et quorundam effrenem licentiam Catholicorum in homines monasticae professionis debacchantium. His enim monachi solum nomen causa abundans videtur, hominem despiciendi et optimas, quibus praeditus, dotes contemnendi. Nonnulli ideam universalem monachi sibi fingunt tanquam *hominis ignorantis, creduli, superstitiosi.*

[2] In seinem Aufsatze: Die Klöster.

stalt für seine nachgebornen Söhne zu machen. Diese Gotteshäuser wurden größtentheils aus armen oder wenig bemittelten Bürgers- und Bauernfamilien rekrutiert; ihre Zöglinge hatten meist eine harte Jugend durchgemacht und brachten eine „hausbackene Moral" mit in's Kloster; in ihrem Wesen lag etwas Solides, Ernstes, und das Albthal, der Kandel und die Hochebene der Baar erhielten durch ihre stählende Luft das dortige Leben frisch und gesund.

Immer haben sich, wie in der ältern, so in der neuern Zeit, unter den Äbten und Mönchen dieser Stifte einige der Gelehrsam- keit gewidmet und fleißige Arbeiten geliefert, von denen die Welt ein- fach nichts erfuhr, weil sie ungedruckt geblieben [1].

Doch, auch das Gedruckte kam nicht ohne Tadel davon; wenigstens hieß es: „Welch' barbarisches Latein," oder: „Welch' ungenießbares Deutsch." Gestehen muß man allerdings, daß z. B. der sanctblasische Pater Neble seine Umarbeitung von Abt Caspars Klosterchronik durch Geschmacklosigkeit der Sprache und Darstellung beinahe unlesbar gemacht, was um so mehr mißfällt, als die Urschrift noch in einem ganz einfachen, treuherzigen und kernhaften Schwarzwälder Deutsch abgefaßt ist. Aber die Verschlechterung der Muttersprache war seit dem Wiederaufleben der altklassischen Literatur und seit dem Einflusse der französischen in Deutschland ein allgemeines Übel, welchem auch die gebildetsten Geister unterlagen.

Gleichwohl schrieb schon Abt Gerbert wieder ein richtiges, reines Hochdeutsch, welches leicht besser sein dürfte, als zuweilen sein ungleiches Latein. Und das „barbarische Latein" der Mönche hatte sich auch gebessert, nicht als todte, sondern als lebende Sprache, welche ihren eigenen Entwicklungsgang gehabt, und nicht allein geschrieben, sondern auch gesprochen wurde, in gewissen Kreisen mehr und geläufiger, als das Deutsche. Ich weiß nicht, was in solchem Sinne einfacher, klarer geschrieben, wie leichter und angenehmer zu lesen wäre, als die Werke eines Neugart oder Ussermann.

---

[1] Von S. Blasien finden wir bei Mone (Quellenf. I, Einleit. 64) ein langes Verzeichniß der ungedruckten Arbeiten. Zu S. Peter sammelten und verarbeiteten der gelehrte Abt Steyerer und die Patres Bürgi und Baumeister das ganze Material des Klosterarchives; die Annales monasterii S. Petri des letztern (3 starke Quartanten) verdienten wohl noch jetzt, gedruckt zu werden. In S. Georgen, wo der ausgezeichnete Abt Gaißer (gest. 1690) das Beispiel eines ebenso fleißigen, als gelehrten Schriftstellers hinterlassen, verfaßte der emsige Archivar Lenz (wenn ich mich im Namen nicht irre) eine ausführliche Geschichte seines Stiftes mit einem reichen Urkunden-Buche, welches Werk aber durch die Klosteraufhebung unterbrochen wurde.

„Kein Fach der Gottesgelehrtheit," sagt Gerbert am Schlusse seiner Sylva nigra, „blieb während unseres Jahrhunderts unter den Benedictinern des Schwarzwaldes unbebaut. Das bezeugen ihre zahlreichen Werke aller Gattung. Das Studium der heiligen Schrift förderten die Gebrüder Cartier zu Ettenheim-Münster durch ihre trefflliche, mit Erläuterungen aus den Kirchenvätern und einer deutschen Übersetzung versehenen Bibelausgabe. Der gelehrte Pater Dornblut zu Gengenbach machte sich durch Herausgabe einer Reihe eigener, wie durch Übertragung fremder Schriften religiösen Inhaltes in's Deutsche verdient; und das Studium der orientalischen Sprachen pflegten und verbreiteten unsere beiden Patres Linder und Ussermann durch ihre Grammatiken und Lexica, wie mündlich in den Schulen zu S. Blasien, Freiburg und Salzburg."

„Die Bearbeitung des Kirchenrechtes erhielt eine andere Gestalt durch Riegger, welcher unserm Orden zwar nicht angehörte, aber in der Schule der Benedictiner seiner Vaterstadt Villingen erzogen war, wie denn gar viele Familien ihre Knaben in die Klosterschulen zu schicken pflegen, um dieselben nicht allein in den Anfängen der Wissenschaft, sondern auch in der Frömmigkeit und guten Sitte erziehen zu lassen. Daher wurde von den Benedictinern auch immer für gute Erbauungsbücher gesorgt und namentlich dem Brevier eine entsprechendere Einrichtung gegeben."

„Im Bereiche der Geschichtswissenschaft gibt es kaum ein Feld, welches von unseren schwarzwälbischen Ordensbrüdern nicht bearbeitet wäre. Die Namen Herrgott, Heer, Neugart, sind durch ganz Deutschland bekannt, und manche unserer Gelehrten haben zur Cultivierung historischer Fächer mit literarischen Ordensgenossen außerhalb der Gränzen des Schwarzwaldes da und dort Verbindungen angeknüpft, wodurch der Gedanke einer benedictinischen Gelehrten-Gesellschaft in's Leben trat, wie ihn zunächst Pater Ziegelbauer [1] zur

---

[1] Man vergleiche über diesen gelehrten und unermüblich fleißigen Mann das Diöcesan-Archiv IV, 292. Er hinterließ eine Reihe von Schriften; nebenbei beschäftigten ihn verschiedene schöne und großgedachte Pläne zur Hebung der kirchlichen Gelehrsamkeit.

So unternahm er das großartige Werk einer umfassenden „Geschichte der Literatur des Benedictinerordens", und da sich's bald herausstellte, daß dasselbe unmöglich von einem Einzelnen, sondern nur von einem Vereine gelehrter Mitarbeiter ausführen sei, so entwarf Ziegelbauer den Plan, den bisher vereinzelten Studien und Arbeiten dieser Richtung einen Vereinigungs- und Mittelpunct zu verschaffen durch die Gründung einer Societas literarum Germano-Benedictina. Derselbe fand eine vielseitige Zustimmung in der gelehrten Welt, selbst von Protestanten, wie

Begründung einer umfassenden Literaturgeschichte seines Ordens auf=
gefaßt. Hieraus entwickelte sich sofort der Plan eines gemeinsamen
Seminars oder Collegiums für die deutschen Benedictiner nach dem
Vorbilde der Congregatio S. Mauri in Frankreich."

„Dergestalt kam es, daß auch protestantische Literaturhistoriker, wie
Heumann, das Bekenntniß ablegen mußten: Hoc saeculo XVIII
monachi quoque nonnulli otio suo uti coeperunt ad strenuas
colendas literas. Habemus ex hisce claustris progressos historicos,
oratores et poëtas eximios. Maxime Benedictini ac Jesuitae
de eruditionis palma inter se certarunt."

So stund es in den schwarzwäldischen Benedictiner=Klöstern.
S. Georgen und S. Peter besaßen treffliche Schulen, pflegten Kunst
und Wissenschaft, und gediehen auch ökonomisch durch wohlgeordnete
Hauswirtschaft. Und S. Blasien, dieses wahrhaft fürstliche Stift —
es war eine Academie von Gelehrten, eine klösterliche Musteranstalt,
welche unter Gerberts Führung und Verwaltung zur vollsten, schön=
sten Blüthe gedieh.

Abt Gerbert sah sich durch seine Wahl aus der Stille geliebter
Studien herausgerissen [1] und durch den Brand von 1768 in ein pein=
liches Gedränge von Sorgen und Geschäften gestürzt. Der Mann aber,
welcher die Pflichten und Arbeiten eines Klostervorstehers so klar
vor Augen hatte, bewältigte sie auch und lieferte den glänzendsten Be=
weis, was aus einer Anstalt des „unnützen Mönchswesens" zu schaffen
und heranzubilden sei.

Als Fürstabt Martin verschied, erfüllten Schmerz und Betrübniß
alle Treu= und Redlichgesinnten der ganzen Klosterfamilie; denn sie
empfanden es tief, was es heiße, einen solchen Vorsteher zu verlieren.

---

namentlich von Gottscheb. Da starb der unternehmende Pater und sein bisheriger
Gehülfe, der Benedictiner Legipont, setzte zum Behufe der Ausführung des be=
gonnenen Literatur=Werkes die Bemühungen pro inienda et stabilienda Societate literaria unter den deutschen Benedictinern mit allem Eifer fort. Obwohl
aber der gelehrte Cardinal Quirinus die Protection übernommen und eine Reihe
der angesehensten Prälaten des Ordens ihren Beitritt zugesagt, scheiterte das Unter=
nehmen dennoch an damals unüberwindlichen Hemmnissen und Schwierigkeiten.

[1] Nunc, schrieb er unterm 24. März 1765 an den Abt von S. Georgen,
nunc sub prelo est iter alemannicum, dumque haec scribo, affertur ad me
plagula illa, quae de tuo agit monasterio tuisque in rem literariam promoven-
dam meritis. Sed jam omnia lente procedunt, neque aliquid moliri licebit, nisi
quod prius jam elucubraveram *antequam a jucundissimo meo otio literario
avellerer, in quo sorte mea contentissimus eram, nihil unquam aliud cogitans
aut affectans.* Id quod ipsum facit, ut velut in alium orbem translatus videar
et quidem difficillimis his temporibus statui ecclesiastico tam funestis.

Dieses drückte sich auch sprechend in dem herrlichen Chorale aus, welcher am Grabe des Hingeschiedenen gesungen ward. Der gedruckte Text[1] desselben trug die Überschrift: „Der Untergang der Sonne" und ließ den Schutzgeist des Stiftes sagen:

> Sanct Blasien, für dich ist es bestimmt
> Das bitt're Loos, daß deine Sonne weichet.
> Ergieb dich Gott, der Fürsten schickt und nimmt,
> Und trink' den Kelch, den dir der Himmel reichet.
> Trink' ihn, den Kelch der schon gewöhnten Leiden,
> Trink' ihn und fei're deines Vaters Scheiden;
> Feir' es im trauerschwarzen Florgewand,
> Weil deine Sonne,
> Weil deine Wonne
> Zu früh', ach viel zu früh' verschwand!

Es gab wohl einige Stiftsglieder, welchen (aus ganz gegentheiligen Gründen) diese Trauer wenig von Herzen gieng; aber ihre Hoffnungen schlugen fehl, denn Gerberts Nachfolger huldigten weder einem Rück=schritte, wie ihn der und jener Conventuale heimlich wünschte, noch der belobten Zeitrichtung, wie es etliche jüngere Patres gerne gesehen. Die Fürstäbte Mauriz und Berchtold hielten sich ebenso streng an den Geist ihrer Kirche, als an die Satzungen ihres Ordens, und be=traten im Übrigen einen gemessenen Mittelweg, wie sehr auch zelotische Aufklärer mündlich und schriftlich es tadelten.

---

[1] „Der Untergang der Sonne. Ein Trauerlied auf den hochsel. Hintritt des Fürstabtes Martin II. S. Blasien 1793." Die Singenden stellten dar den Schutzgeist des Stiftes, die Religion und vier Bewohner des Albthales. Beim Leichenbegängnisse befanden sich außer dem Weihbischofe von Baden, der Regierungs=präsident von Summerau, der landständische Präsident von Baden, der Vice=präsident von Bissing, die Grafen von Durant und von Sickingen aus Freiburg, die Prälaten von Rheinau und S. Trudbert, der Domherr von Thurn und der Waldvogt aus Waldshut. Die Trauerrede verfaßte (da der dazu bestimmte Pfarrer von Thiengen durch's Podagra verhindert war) der sanctblasische Capitular Weiß, „wozu er nur drei Tage Zeit hatte, und dennoch ein Meisterstück lieferte." Nach einem Schreiben aus Bonndorf vom 25. Juni 1793.

Inhalt.

	Seite
Quellen und Hilfsmittel	3
Vorwort	5
I. Die Brüder an der Alb bis zur Errichtung der Abtei S. Blasien . .	7
II. Schicksale der Abtei bis zum ersten Klosterbrande	15
III. Die Abtei bis zur Erhebung des Abtes zum Fürsten	31
IV. Erwerbung der Grafschaft Bonndorf und der reichsfürstlichen Würde . .	45
V. Rückblick auf die gelehrten und literarischen Leistungen von S. Blasien	52
VI. Die sanctblasische Gelehrten-Academie unter den drei letzten Fürstäbten .	62
VII. Die sanctblasischen Gelehrten des 18. Jahrhunderts	76
Marquart Herrgott	77
Stanislaus Wülberz	84
Meinrat Troger	87
Roman Endel	87
Hugo Schmidfeld	88
Rustenus Heer	89
Martin Gerbert	94
Fintan Linder	111
Franz Kreuter	112
Ämilian Ussermann	113
Trudbert Neugart	115
Vinzenz Ilger	120
Konrat Boppert	121
Johann Baptist Weiß	122
Ambros Eichhorn	123
Anselm Buß	125
Victor Keller	127
Lucas Meyer	131
VIII. Übersicht des Ganzen und Schlußbetrachtung	135